Safeta Obhodjas, Sargon Boulos

Legenden und Staub

Begegnung Christen und Muslime

Band 1

LIT

Safeta Obhodjas, Sargon Boulos

LEGENDEN UND STAUB

Auf den christlich-islamischen
Pfaden des Herzens

(Aus dem Bosnischen von Brigitte Kleidt)

LIT

Stiftung Künstlerdorf Schöppingen

Die Autoren bedanken sich herzlich bei der Stiftung Künstlerdorf Schöppingen, besonders bei ihrem Leiter Dr. Josef Spiegel. Ohne ihre Unterstützung hätte dieses Buch nie entstehen können.

Safeta Obhodjas richtet ihren herzlichen Dank an den Ökumenischen Kreis "Fremde brauchen Freunde" e. V. Verlbert-Dalbecksbaum, besonders an Dr. Paul-Jürgen Stein, die seit Jahren ihre Arbeit und ihr Engagement unterstützen.

Die Deutsche Bibliothek – CIP-Einheitsaufnahme

Obhodjas, Safeta; Boulos, Sargon:
Legenden und Staub : Auf den christlich-islamischen Pfaden des Herzens : Aus dem Bosnischen von Brigitte Kleidt / Safeta Obhodjas, Sargon Boulos. –
Münster : LIT, 2002
 (Begegnung Christen und Muslime ; 1)
 ISBN 3-8258-5583-x

© LIT VERLAG Münster – Hamburg – London
Grevener Str. 179 48159 Münster Tel. 0251–23 50 91 Fax 0251–23 19 72
e-Mail: lit@lit-verlag.de http://www.lit-verlag.de

Inhaltsverzeichnis

i

Einleitung

Im Frühling des Jahres neunzehnhundertachtundneunzig trafen sich zwei Schriftsteller aus unterschiedlichen Gegenden der Welt im Künstlerdorf Schöppingen, Nordrhein-Westfalen: Safeta Obhodjas, bosnische Muslimin, die Sprache ihrer Prosa ist slawisch, Deutschland ihr Exil, und Sargon Boulus, arabischer Dichter, assyrischer Christ aus dem Irak, seit langem schon Weltreisender.

Bereits in den ersten Gesprächen entdeckten sie, daß sie sich mit einem bescheidenen Vokabular arabischer, türkischer, und persischer Herkunft unterhalten konnten, das in Safetas slawischer Sprache überlebt hatte. Es seien nur einige schöne Worte erwähnt: *Asik* (Liebster), *Nadir* (einmalig), *somun* (Fladenbrot), *sevdah* (Liebe), *dud* (Maulbeere), *hamam* (Bad). Beide haben zudem dasselbe Sternzeichen: Wassermann. Wenn man in ihren Biographien weitere Berührungspunkte finden will, muß man sich schon anstrengen.

Ihre wie seine Familie waren arm, aber auf unterschiedliche Weise. Sein Vater war ein landloser Arbeiter, der bei den Engländern, den damaligen Kolonialherren des Irak, eine Anstellung fand, später bei Erdölgesellschaften in Kirkuk und Bagdad. Ihr Vater war Arbeiter, aber als seine Jugend verrann, kaufte er ein paar Äcker in der Nähe von Pale, sechzehn Kilometer vor Sarajevo, und schuftete dort Tag und Nacht, um seine Kinder zu ernähren. Sargons Heimat ist bekannt für die langen und heißen Sommer, Safetas für die langen, schneereichen Winter. Er begeisterte sich in seiner Jugend eine Zeitlang für die kommunistische Revolution und Revolutionäre, träumte davon, daß diese große arabische Welt über Nacht in eine 'helle Zukunft' gehen würde. Dann begriff er, daß er persönlich nur an einer einzigen Revolution teilhaben wollte: der Erneuerung der arabischen Poesie, seit seinem sechzehnten Lebensjahr widmet er sich ihr und wurde rasch zu einem ihrer Hauptvertreter. Safeta kam zu ihrem 'Glück' in einem Land zur Welt, das nach dem Zweiten Weltkrieg den hinterwäldlerischen Kapitalismus mit dem Sozialismus vertauscht hatte. In ihrer Jugend glaubte sie an Titos Illusionen, daran, daß die Völker ihrer Heimat auf Dauer in

1

Frieden und gegenseitigem Verständnis leben würden. Ihre persönliche Revolution ereignete sich – viel später als die seine -, als sie sich dem dreißigsten Lebensjahr näherte und beschloß, in der Literatur jenes Landes neue Themen aufzugreifen: Sie wollte die Gesellschaft der Gegenwart und die Rolle der Frauen beschreiben. Ihr Sinn für praktische und rasche Problemlösungen wurde durch langjährigen Zeitmangel geformt. Nur mit einem gut organisierten Alltag konnte sie neben allen Verpflichtungen einer ganztags arbeitenden Ehefrau und Mutter einige Stunden fürs Schreiben und Lesen abzweigen. Im eng abgezirkelten Familienleben war für Spontaneität und durchwachte Nächte kein Platz. Eine regelrecht professionelle literarische Arbeit begann sie erst in reifen Jahren, im Exil. Lange dauerte es, bis sie sich daran gewöhnt hatte, daß ihr das Schreiben eine besondere Rolle in der Öffentlichkeit verschaffte und ihre Lebenserfahrung und ihr Denken für andere Menschen interessant waren.

Sargon hat niemals geheiratet, er hat keine Kinder, hat sich nie an einen Ort gebunden und nie geglaubt, daß er irgendwohin gehöre. Für ihn gestalten sich die einfachsten Dinge des praktischen Lebens zum Problem. Mit fünfzehn oder sechzehn begann er seine Laufbahn als Berufsschriftsteller, er hat in Krisenzeiten diesen Weg oft verlassen, kehrte aber jedesmal zu ihm zurück, denn er konnte nicht ohne die Illusion leben, daß dem dichterischen Wort jene Magie eignet, welche die Welt im Innersten zusammenhält. Seine umfassende Kenntnis verschiedener Kulturen, besonders ihrer jeweiligen Literatur, gibt er mit Begeisterung weiter, besonders an junge Menschen. Er hat längst vergessen, daß die Nacht zum Schlafen da ist. In ihr feilt und hämmert er mit leiser Intensität in seiner Dichterwerkstatt. Während er mit seinem gemächlichen orientalischen Schritt um die halbe Welt gezogen ist, hastete sie immerzu auf kleinem Raum hin und her, denn ihr standen nur die fünfzehn, sechzehn Kilometer zwischen Sarajevo und Pale zur Verfügung. Als Safeta neunzehnhundertsiebenundsechzig ihre erste Tochter gebar, brach Sargon mit dem Kopf voller Träume von Bagdad nach Beirut auf. Dort angelangt, träumte er von dem Tag, an dem er sich nach Amerika einschiffen würde. Als neunzehnhundertdreiundsiebzig ihre zweite Tochter zur Welt kam, war ihm Amerika schon zu eng geworden. Er bereiste mehrmals den alten Kontinent, weilte monatelang in Paris und London, fuhr durch Deutschland, kehrte aber immer wieder nach San Francisco zurück. Vor fünf Jahren verkraftete seine Psyche das Tollhaus der amerikanischen Zivilisation nicht mehr, er ließ alles zurück, sogar seine umfangreiche Privatbibliothek, in der er alle bedeutenden literarischen und philosophischen Werke von Orient und Okzident zusammengetragen hatte, packte seine Koffer und kaufte ein One-way-Ticket nach Europa. Berlin, Köln und München waren Stationen, an denen er sich länger aufhielt, ab und zu sogar für mehrere Monate.

Kurz bevor er Amerika verließ, zerschnitten der Krieg in Bosnien und der Genozid an dem Volk, dem sie angehörte, Safetas Bindung an einen Ort. Mit ihrer Familie kam sie nach Deutschland. Der Instinkt, die Kinder aus der Kriegskatastrophe des Balkan zu retten, führte sie dorthin. Sie hatte das Glück, daß sie in dieser Wartehalle auf Rückkehr in die Heimat nicht nur warten mußte, ihr Exilland wurde zum Ort schriftstellerischer Arbeit.

So trafen sich ihre Wege im Künstlerdorf Schöppingen. Er war neunzehnhundertsiebenundneunzig dort Stipendiat, sie neunzehnhundertachtundneunzig.

Nachdem sie sich ein paar Nächte hindurch über Gott und die Welt unterhalten hatten und er sich schon auf seine Fahrt nach London vorbereitete, sagte Sargon: "Wenn wir gescheit wären, würden wir unsere Gespräche aufzeichnen, daraus kann ein ganzes Buch werden."

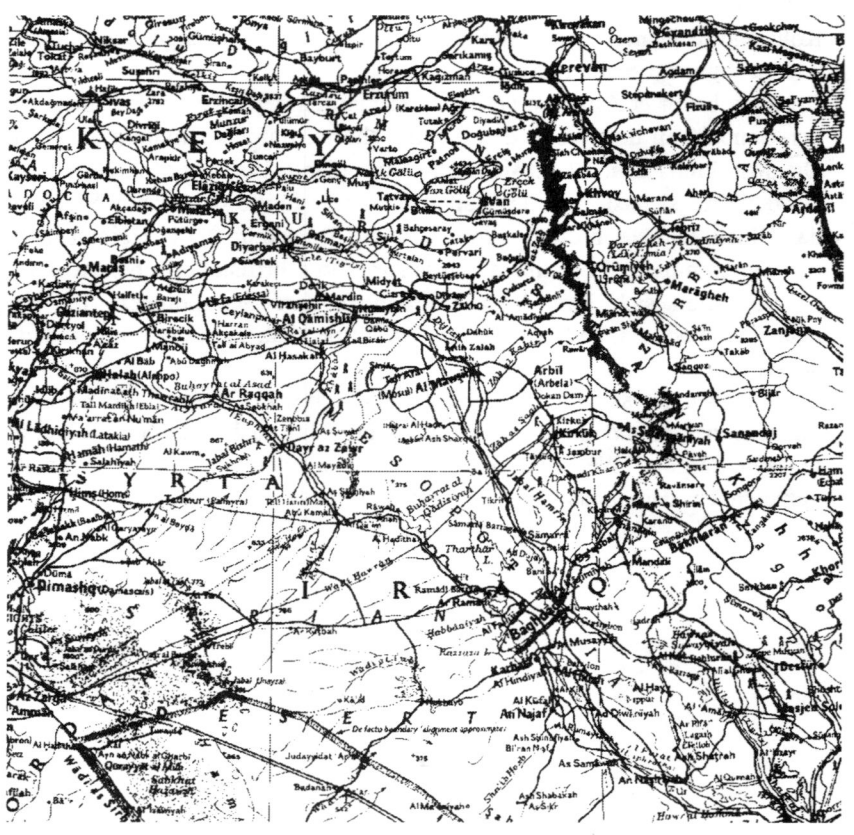

Irak

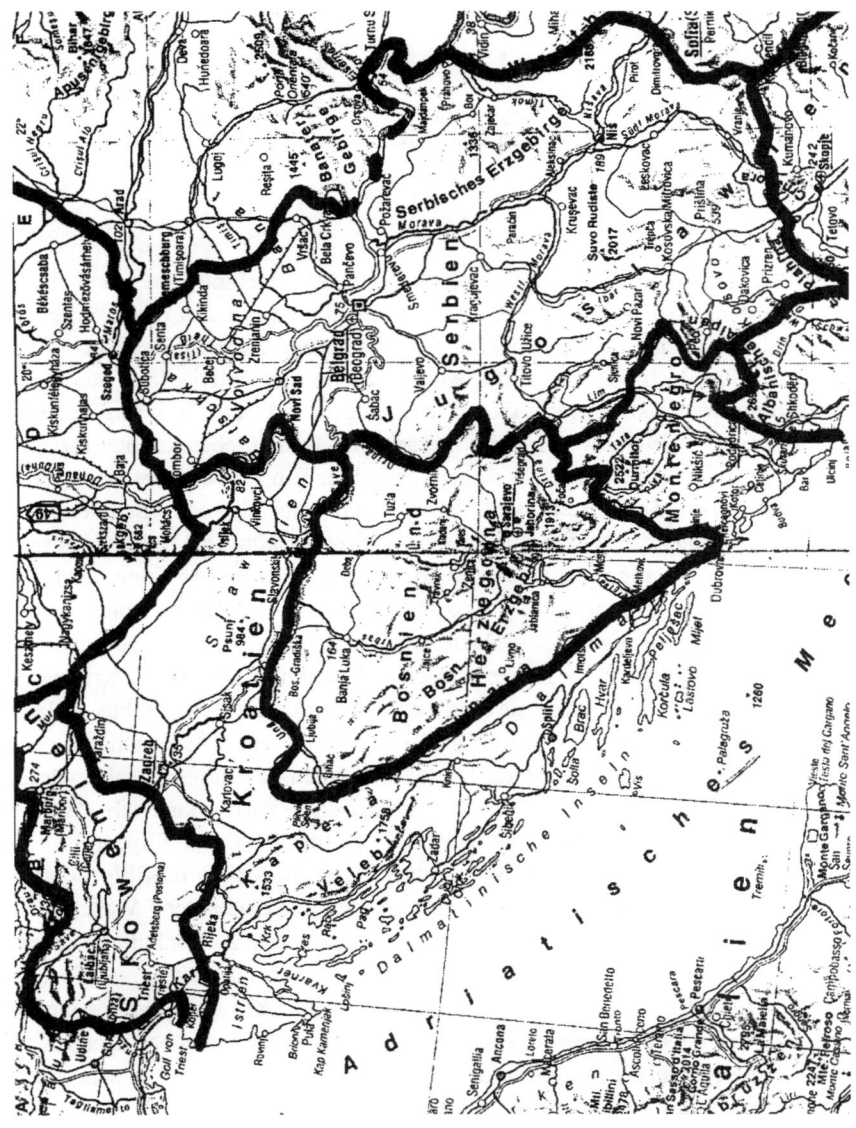

Bosnien und Hercegovina

Annäherung

Im Sommer neunzehnhundertsechsundneunzig beschloß ich, wenn möglich, meinen Status eines geduldeten Kriegsflüchtlings aus Bosnien gegen den eines freien Künstlers im Exil zu vertauschen. Zwei meiner Bücher lagen auf Deutsch vor, das dritte war im Druck. Ich mußte 'nur' noch die Beamten im Ausländeramt davon überzeugen, daß ich als Schriftstellerin etwas vorweisen und von meiner literarischen Arbeit leben konnte. Das gelang mir mit Hilfe meines Verlegers und einer Empfehlung des nordrheinwestfälischen Schriftstellerverbandes. Mich selbst konnte ich allerdings nicht täuschen, ich wußte nur zu gut, wie meine künftige Existenz aussehen würde. Mich packte panische Angst, die meine Erschöpfung nur noch verstärkte. Ich ging nicht zum Arzt und hatte deswegen keine Ahnung, was mit mir los war. Die Beschwerden, Blässe, Schwindelanfälle, geschwollene Gelenke, Atemnot, begleiteten mich seit Jahren. Während des Krieges in Pale und der Flucht hatten sie sich nur verschlimmert. Ich glaubte, es läge an zuviel Arbeit und dem psychischen Chaos. Es würde sich sicher geben, sobald ich Zeit zum Ausruhen fände. Nur wann das möglich sein würde, wußte ich nicht. Sehnsüchtig und ein bißchen neidisch hörte ich, daß die Arbeit einiger bosnische Schriftsteller in Deutschland mit Stipendien unterstützt wurde. Als mir der Status eines freien Künstlers bewilligt wurde, wünschte ich mir nichts auf der Welt so sehr wie eine solche Verschnaufpause. Ich hörte mich danach um, wer mehrmonatige Aufenthalte in einem Literaturhaus vergab oder wo einsame Künstlerdörfer zu finden seien, in denen ich mich vor allen Problemen hätte verstecken und den vor langer Zeit begonnenen Roman beenden können, einen Roman über Menschen, die nirgendwohin gehörten und sich plötzlich, ohne zu wissen, wie ihnen geschah, mitten in der bosnischen Kriegskatastrophe fanden.

Ich meldete mich für zwei, drei Stipendien, beim Kultusministerium von Nordrhein-Westfalen, beim Schriftstellerhaus Stuttgart, bei der Heinrich-Böll-Stiftung, und ich bereitete das Material für die Bewerbung im Künstlerdorf Schöppingen vor. Und genau zu dieser Zeit verfiel ich auf die Idee, Blut zu spenden. Das hatte ich schon lange vorgehabt, aber nie in die Tat umgesetzt. Wer weiß, warum ich es nun tat, obwohl ich mich vor Erschöpfung kaum auf den Beinen halten konnte. Morgens ging ich zur Blutuntersuchung, und mittags rief mich ein Arzt an und sagte, ich solle unverzüglich ins Krankenhaus gehen. "Nein, Sie dürfen keinen Moment warten", herrschte er mich an, als ich sagte, ich würde am nächsten Tag kommen.

So kam es, daß ich meine erste Bewerbung um ein Stipendium in dem 'intellektuellen Laboratorium', wie Dr. Spiegel, der Direktor, jenen Künstlerzufluchtsort auf Zeit nennt, vom Krankenhaus in Wuppertal abschickte - den Medizinern zum Trotz, die mich wegen meines Blutbildes behandelten, als habe meine letzte Stunde geschlagen. Wartet nur, noch lebe ich, dachte ich, als ich nach Infusionen und Transfusionen wieder ein wenig Mut gefaßt hatte. Die Ärzte hatten nicht Recht, es gab keine Geschwüre in meinem Körper, er war nur ausgelaugt vom jahrelangen Sauerstoff- und Nahrungsmangel, meine niedrigen Eisen- und Hämoglobinwerte hielten ihn gerade noch so am Leben. Als ich das hörte, dachte ich nur noch an ein Stipendium, ich betete zu allen Göttern, sie sollten es mir geben, damit ich mich ein bißchen ausruhen könnte. Zu Hause fand ich die erste Zusage vor, drei Monate im Schriftstellerhaus Stuttgart. Das war immerhin etwas, schien mir aber zu kurz, um zu Kräften zu kommen. Noch sechs Monate Schöppingen - das würde genügen, um nachzudenken und richtig zu arbeiten. Aber es kam eine Absage, ich gehörte nicht zu den sieben Auserwählten. Wen die Jury ausgesucht hatte, wurde nicht mitgeteilt. Ich unterdrückte meine Enttäuschung und fuhr am ersten April nach Stuttgart. Im Gepäck schleppte ich drei Versionen des bereits erwähnten Romans mit, über Freundschaften aus Friedenszeiten, die im Bosnien des Krieges zu Verrat und Haß ausarteten. Nachdem ich einen Monat lang daran gearbeitet hatte, begriff ich, daß ich ein anderes Buch schrieb. Es hatte nicht mehr viel mit dem Entwurf, den ich mitgebracht hatte, zu tun. Als mein Aufenthalt in Stuttgart zu Ende war und ich die geschriebenen Seiten in einen Umschlag steckte, war ich mir nicht klar darüber, was ich da eigentlich geschrieben hatte, was in diesem Manuskript autobiographisch, was erfunden war, wieviel von mir in meiner Heldin Nadira steckte, einem Mädchen, das 'allen zum Trotz' Schriftstellerin werden wollte. Aber ich wußte, daß sich in meinem Kopf etwas verändert hatte. Auf einmal sah ich vieles aus meiner Kindheit und

Jugend deutlicher, sah es mit ganz anderen Augen. Es war, als hätte ich mich verlaufen und nach langen Irrungen die Orientierung wiedergefunden. Ich kannte den Weg, der aus dem Labyrinth führte.

Ein halbes Jahr später hatte mein Manuskript die Form eines Romans und den Titel 'Scheherezade im Winterland'. Mit Teilen aus diesem Buch bewarb ich mich neunzehnhundertachtundneunzig erneut in Schöppingen, und diesmal erreichte mich die glückliche Einladung, meine Koffer schon im April zu packen und in das Dorf bei Münster zu fahren.

"Schon wieder, Mama?" rief meine ältere Tochter halb spöttisch, halb vorwurfsvoll, als sie sah, daß ich in unser altes, von zu Hause mitgebrachtes Englischlehrbuch guckte. "Dein Deutsch hat sich noch nicht richtig gesetzt, da fängst du schon wieder mit Englisch an. Wozu?" "Keine Ahnung", gab ich zurück. "Mein Instinkt sagt mir, daß ich es für irgendwas brauchen werde. Und wenn man so eine Ahnung hat, lohnt es sich, wenigstens das aufzufrischen, was man schon mal konnte." "Allah selamet", winkte meine Tochter mitleidig ab. "Die Frau glaubt wirklich, mit Hartnäckigkeit könne man alles erreichen." "Ich habe nur meine Ausdauer, du und deine Schwester seid euch ja seit langem einig darüber, daß ich in bezug auf Intelligenz ein Spätzünder bin, aber ich halte wenigstens durch", lachte ich, ohne eine richtige Erklärung geben zu können, warum ich nun partout auch noch Englisch lernen wollte. Ich wiederholte die Anfängerlektionen, aber die Tage flogen rasch dahin, und ich mußte mich auf sechs Monate in Schöppingen vorbereiten.

In meinem Koffer lagen wieder die Versionen des Manuskripts, die schon nach Stuttgart mitgereist waren. 'Na, in sechs Monaten mache ich daraus bestimmt einen Roman', redete ich mir ein, obwohl mich der bloße Gedanke schreckte, daß ich mich schreibend und intensiv nachdenkend in den Todessommer neunzehnhundertzweiundneunzig zurückversetzen sollte. 'Morgen fang ich an, morgen', doch jeden Morgen verschob ich den Beginn und hörte mir statt dessen eine neue Englischlektion an. Ich sah selbst keinen Sinn in dieser Lernerei, die neuen Wörter aus der zweiten Fremdsprache sorgten für Verwirrung in meinem Deutsch, und ich war trotzdem nicht in der Lage, auch nur einen einzigen Satz laut auf Englisch zu sagen. 'Die Töchter haben Recht, ich verliere nur Zeit', dachte ich. 'Englisch oder Schreiben', rumorte es in meinem Kopf nach einer Woche Faulenzen. 'Jetzt bin ich wie dieser Esel bei Buridan, der verhungert, weil er sich nicht zwi-

schen zwei Heuhaufen entscheiden kann. Bis morgen muß ich das für mich
klären: Englischlernen oder einen Roman schreiben.' Ein paar Tage später
löste die Begegnung mit Sargon Boulus mein Dilemma.

Dabei mochte ich mir anfangs nicht mal den Namen dieses Mannes
merken. Ich sah ihn gleich am ersten Tag im Künstlerdorf. Einige Kunst-
lehrer veranstalteten dort ein Seminar, und als 'Gegenleistung' gaben sie
am Abend eine Party. Neben vollen Gläsern und Tellern wollten sie auch
Geistiges anbieten, die anwesenden Schriftsteller sollten aus ihren Werken
lesen. Ich nahm die Einladung an und stürzte mich in das nächtliche Lite-
raturintermezzo, obwohl meine Energie wegen des erneuten Eisenmangels
weit unter Null lag. Auch Sargon kam zu dem Fest, und Dr. Spiegel stellte
ihn mir vor: Einen Dichter aus dem Irak, der zwischen Amerika und Europa lebe. Er sei letztes Jahr, als man mich abgelehnt hatte, Stipendiat im
Künstlerdorf gewesen und habe danach seinen Aufenthalt in Schöppingen,
in diesem Ort "am Ende der Welt", verlängert. Ein flüchtiger Blick, nichts
deutete darauf hin, daß diese Bekanntschaft mein Interesse erregen könnte. Sein Gesicht erinnerte mich an jene Männer aus dem Orient, die mir auf
meinen einsamen Spaziergängen durch Stuttgarts Straßen und Parks begegneten oder folgten. (Dieses Erlebnis werde ich später beschreiben, es ist eine Geschichte für sich.) Die Verständigung war in jedem Fall ein Problem,
denn all die englischen Sätze, die ich in Gedanken leicht bilden konnte,
brachte ich einfach nicht über die Lippen. Dann sagte er etwas, das keineswegs meine Neugier weckte, sondern Unbehagen. Er erklärte mir, er sei im
Irak geboren, deswegen aber mitnichten Muslim, seine Wurzeln reichten
ins alte Babylon, seine Eltern seien Christen, Mitglieder der assyrischen
Kirche, sein Vater spreche assyrisch, seine Mutter arabisch. Ich hatte noch
nie einen orientalischen Christen getroffen, aber im Unterbewußtsein meldete sich Alarm, irgendwie verband sich etwas sehr Quälendes damit. Was
es war, wußte ich nicht, die Assoziation blieb unklar. Er fragte nach Bosni-
en. Ich antwortete auf Deutsch, was er sicher nicht verstand. Ich sagte, wer
das nicht selbst erlebt hätte, wüßte nicht, wie schrecklich es dort war. Ich
hatte das erste Kriegsjahr in Pale überlebt und mußte fliehen, weil ich jenem dritten Volk angehörte, das aus der eigenen Heimat vertrieben wurde.
Damit war die Unterhaltung beendet. Ich verließ die Party gleich nach der
Lesung, teils aus Müdigkeit, teils aus Langeweile.

'Wie hieß dieser Dichter doch gleich?' fragte ich mich am nächsten Morgen, noch bevor ich ganz wach war. Ich hatte es vergessen, nicht aber, daß er mich nach Bosnien gefragt hatte. Warum? Andererseits: Was sonst fragt man jemanden, der aus dem Land mit den jüngsten und größten Konzentrationslagern kommt, mit den Schlachthäusern Sarajevo, Gorazde, Srebrenica, Ost-Mostar. Wie er wohl darüber dachte?

Diese Tragödie, die Vertreibung des Volkes, in dem ich meine Wurzeln habe, stand in meinem Bewußtsein an zentraler Stelle. Seit meiner Ankunft in Deutschland 'sortierte' ich die Menschen nach ihrem Verhältnis zum Krieg im ehemaligen Jugoslawien. Ich übte mich in Toleranz, aber ich konnte diejenigen einfach nicht ertragen, die die Ereignisse auf dem Balkan gleichmütig oder mit Unverständnis betrachteten. Und die Auffassung, daß alle in Bosnien gleichermaßen schuld seien, widerte mich an und weckte in mir den Wunsch, das Gegenteil zu beweisen. Daran hatte ich ziemlich viel Nerven und Kraft verschwendet.

Der erste Morgen in Schöppingen begann dank Sargon sehr nachdenklich. Ich mußte für mich klären, warum ich einen Christen aus dem Orient ablehnte, den ich nicht kannte und der mir nichts getan hatte. Hatten die Vorurteile meinen Kopf verstopft oder ging es um etwas anderes? 'Safeta, hast du schon mal einen Muslim aus dem mittleren Orient kennengelernt, mit dem du über Bosnien hättest reden und dem du die Wurzel des Übels hättest erklären können? Nein. Hast du je geglaubt, daß Menschen befreundet sein oder sich verstehen können nur aufgrund eines gemeinsamen Glaubens oder einer Volkszugehörigkeit? Früher wäre dir das nie eingefallen.' Aber inzwischen weiß ich, daß so etwas vorkommt. Haben meine russischen und griechischen Kollegen nicht schon mit den ersten Worten durchblicken lassen, auf wessen Seite sie stehen? Sie brachten für die orthodoxen Stämme auf dem Balkan, für ihre Waffenorgien stets Verständnis auf. Ganz zu schweigen von jenen russischen Dichtern, die in den Bergen um Sarajevo herumkraxelten und gemeinsam mit ihren serbischen Gastgebern, die die tödliche Macht der Heckenschützen über die Stadtbewohner auskosteten. Und dann später Heimatlyrik daraus machten. Aber warum denke ich jetzt daran, immer komme ich vom Hundertsten ins Tausendste. Ausgangspunkt war ein Mann mit babylonischen Vorfahren. Was ist mit ihm? Wie ist sein Gesicht, hat er einen Schnurrbart oder nicht? Er hat keinen, seltsam, aber er trägt diesen beliebten Schmuck der Orientalen nicht.

Ich erinnere mich nicht an sein Gesicht, und es geht auch gar nicht um sein Aussehen. Da ist etwas anderes! Was assoziiere ich mit seiner christlichen Herkunft? Was hat sie überhaupt mit meinem Land zu tun? Plötzlich wußte ich es, natürlich, Boutros Boutros Ghali, der ehemalige Vorsitzende der Vereinten Nationen, Kopte aus Ägypten. Ich weiß nicht, ob ich Recht habe, aber mir wird schlecht bei dem Gedanken an die Rolle, die dieser Mann in der bosnischen Tragödie gespielt hat. Alles spricht dafür, daß er wie einige andere Mächtige dieser Welt ganz einverstanden war mit jenen, die den Genozid an den Bosniaken geplant und durchgeführt haben, daß er alles aus der Ferne verfolgte und ihm das Sterben gar nicht schnell genug vonstatten gehen konnte. Ich denke, daß man auch ihn wegen Srebrenica und Zepa nach Den Haag schicken müßte. Die beiden bosniakischen Enklaven waren UN-Schutzzonen; niemand wird mich je davon überzeugen, daß diese Organisation nicht auch nach dem serbischen Einfall ihre Bewohner vor den Massakern hätte bewahren können. Wenn es, versteht sich, Boutros Boutros Ghali gewollt hätte. Tausende hat er der serbischen Armee ausgeliefert, und ein paar Tage später haben Aufklärungsflugzeuge ihre hingemetzelten Leichname und die Massengräber fotografiert. Bis heute kennt man das Schicksal von achttausend jungen Männern nicht. 'Aber was hat der Politiker Boutros Ghali mit diesem irakischen Dichter zu tun? Beide sind orientalische Christen, vielleicht denken sie dasselbe wie diese serbischen und russischen Dichter. Dauernd neue Halluzinationen, jetzt hast du wirklich den Punkt erreicht, an dem du in den Menschen zuerst das Ungeheuer siehst. Hör auf zu grübeln, du bist hier zum Lernen und Schreiben, nicht um herumzurätseln, was in diesem und jenem Kopf vorgeht. Vielleicht fiele der Mann ja aus allen Wolken, wenn er ahnte, daß du ihn mit einem Ex-UN-Generalsekretär in Verbindung bringst.'

Es war Nachmittag, als ich mich mit Mühe aus diesen verwickelten, undurchschaubaren Gedanken und Assoziationen befreit hatte. Dennoch blieb das Gefühl, daß mit mir etwas nicht stimmte, weil ich die Schuld des einen auf den anderen übertrug. Ich beschloß, diesem Mann auszuweichen, denn bei mir weiß man nie, ob meine Zunge mit mir durchgeht.

Mehrere Tage verbrachte ich mit Eingewöhnen. Ich hatte ein riesiges Apartment, ein längliches Wohnzimmer mit einer niedrigen dunklen Holzdecke. Da vor dem Fenster ein großer Baum wuchs, war es sehr düster; auf der Suche nach mehr Licht schob ich den Schreibtisch von einem Fenster zum anderen. Und dann war die Grundreinigung an der Reihe. Diese Gewohnheit rührt noch aus meiner frühesten Jugend, ich behielt sie auch dann noch bei, als Notwendigkeit und Verpflichtung dazu längst entfallen waren.

Als ich mit der Schriftstellerei anfing, wohnten wir in einer Wohnung mit neunundvierzig Quadratmetern: mein Mann, zwei Töchter, die Schwiegermutter und ich. Ohne Aufräumen und Saubermachen wäre dort im Handumdrehen das Chaos ausgebrochen. Und ein sauberes Heim spiegelte den Fleiß der Hausfrau. Es zählte nicht, daß sie vielleicht andere Fähigkeiten hatte oder einem Beruf nachging, all das wurde nicht anerkannt, wenn die Wohnung nicht ordentlich war und das Essen nicht pünktlich auf dem Tisch stand. Aber ich schwang nicht nur ob des 'wachsamen Auges' meiner Schwiegermutter jeden Morgen Besen, Putzlappen und Staubsauger, wusch und bügelte. Ich wollte meinen Töchtern ein angenehmes Zuhause bieten. Während meiner ersten Schwangerschaft las ich einen Aufsatz über Marina Zwetajewa und ihre Kinder. Die Dichterin setzte sich nach dem Aufstehen ungewaschen und ungekämmt, am Raucherhusten fast erstickend, an ihren Schreibtisch und arbeitete an den tags zuvor begonnenen Versen weiter, als gäbe es weder Realität noch berechtigte Ansprüche. Das Feuer im Herd erloschen, die Kinder naß und durchgefroren, die Milch übergekocht, der volle Nachttopf hinter der Tür: dieses Bild hat sich mir tief eingeprägt, wie eine Vogelscheuche, und es hat mich davon abgehalten, mich ganz und gar dem literarischen Schaffen hinzugeben. Zuerst erfüllst du deine Mutterpflichten, sagte ich mir, Schreiben und Lesen kannst du nur, wenn eine Stunde übrig bleibt. Allerdings war ich oft unglücklich, weil wirklich nur sehr wenig Zeit übrig blieb. Später, als die Kinder größer waren und ich meine ersten Erzählungen und Dramen veröffentlicht hatte, fand mein Mann immer neue Wege, wie er mich, so nannte er es, vor mir selbst 'schützen' konnte: Er lasse nicht zu, daß ich allzusehr vergeistige und den Bezug zur Realität verliere. Gerade als ich mich von dieser ständigen Kontrolle ein wenig befreien wollte, veröffentlichte eine Belgrader Zeitung einen Artikel mit Foto über die bedeutende Zagreber Dichterin Vesna Parun. Sie mußte die Ruine von einer Wohnung, in der sie hauste, verlassen, wußte aber nicht wohin, fand kein neues Obdach, und die Kulturinstitutionen halfen ihr nicht. Ich wußte, daß Vesna, eine der beliebtesten und wichtigsten Vertreterinnen in der Poesie des ehemaligen Jugoslawiens, in Armut lebte, aber deren Ausmaß hatte ich nicht geahnt. Entsetzt betrachtete ich das Bild: Eine alte Frau, in

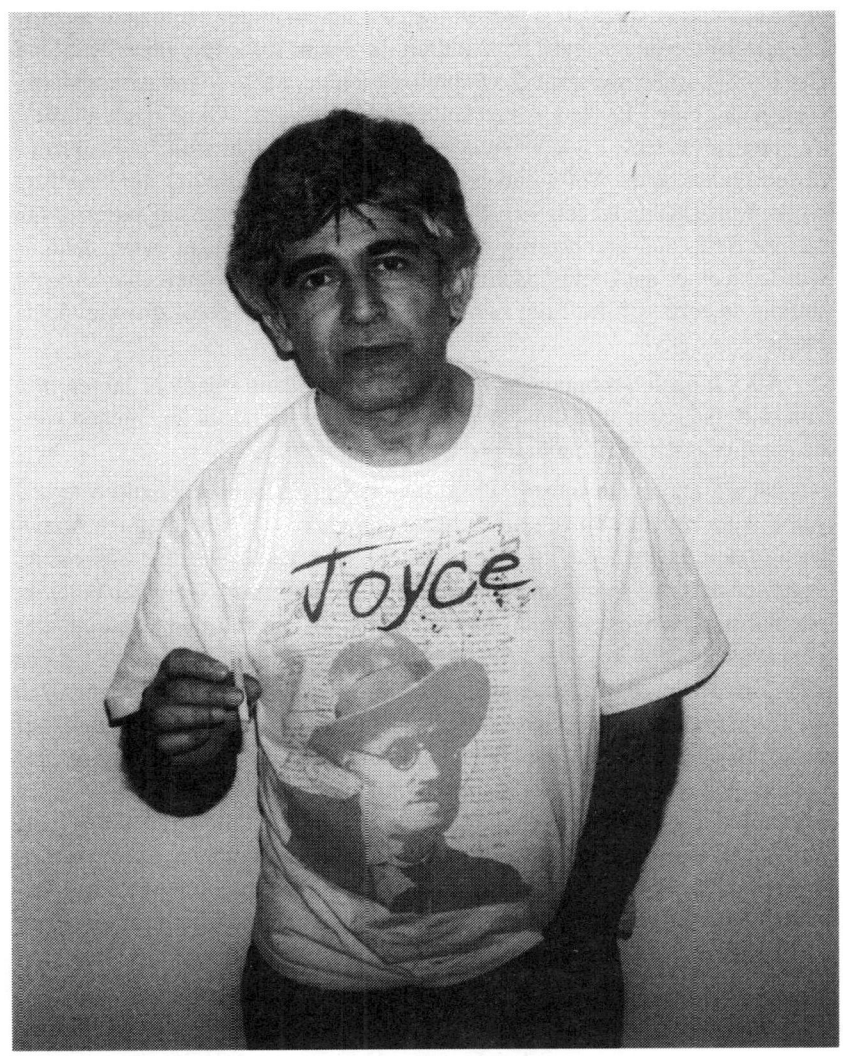

Sargon Boulos, als Stipendiat im Künstlerdorf Schöppingen 1997

ihren schwarzen Mantel gewickelt, saß auf einem in der Mitte durchgebrochenen Sofa, vor ihr zwei Plastiktüten, in denen sich ihr ganzes Hab und Gut befand, unter anderem die Schreibmaschine. Mein Mann triumphierte, hielt er doch den Beweis seiner Güte in den Händen. 'Ohne mich würdest du genauso enden', sagte er zu mir, während ich das kroatische Kultusministerium anklagte. Wofür gab es das überhaupt, wenn sie uns nur beweisen wollten, daß Künstler letztlich Bettler sind. Später bereute ich zutiefst, daß ich die Seite nicht rechtzeitig herausgerissen und versteckt hatte, denn es wurde zu einer der Lieblingsphrasen meines Mannes: "Wenn ich dich nicht ständig wieder auf die Erde herunterholen würde, ginge es dir wie Vesna Parun."

Als ich nach Schöppingen kam, lebte mein Mann seit zwei Jahren fern von mir, und ich wollte ihm beweisen, daß ich keineswegs untergehen würde, weil er mich nicht mehr am Abheben hinderte.

Da ich außerdem mit mir rang, ob ich schreiben oder Englisch lernen sollte, kam mir das Putzen als Ausrede gerade recht. Also ging ich hinunter, um den Staubsauger zu holen. Annette, die liebenswürdige Sekretärin, sagte, er sei bei Sargon, und der wohne in dem kleinen Nebengebäude, im ehemaligen Hühnerstall. Ich begriff es erst, als sie mit der Hand auf das Häuschen gegenüber wies. Am liebsten hätte ich sie gebeten, ob sie das Gerät herbeischaffen könne, aber das war mir dann doch unangenehm. Ich erledigte ein paar Dinge und hoffte, jemand anders würde den Staubsauger holen. Aber das geschah natürlich nicht, und so mußte ich selbst gehen. Unschlüssig stand ich vor der Tür, sollte ich klingeln oder nicht? Was wird der Mann denken, wenn er mich sieht? Wie hieß er doch gleich? Wieder hatte ich es vergessen. Ich werde es nicht mit Englisch versuchen, dachte ich, er wird wohl einen Gruß und die Sache mit dem Staubsauger auf Deutsch verstehen. Als ich endlich auf den Klingelknopf drückte, klopfte mein Herz, als würde Boutros Ghali persönlich in der Tür erscheinen.

Ein barfüßiger Mann mit zerzaustem grauem Haar öffnete, mit dem Bild von James Joyce auf seinem T-Shirt und langen grauen Pyjamahosen, als sei es früher Morgen und nicht später Nachmittag. Mit einer raschen Bewegung rückte er seine Lesebrille hoch in die Stirn und betrachtete mich. Ich brachte kein Wort heraus, grüßte nicht einmal, er war verblüfft und ich verlegen wie nie zuvor. Ich sah den Staubsauger und ging darauf zu, nur den wollte ich haben und wieder verschwinden. Aber er faßte sich, machte die Tür weit auf und bat mich herein. "Entschuldigen Sie, ich will nicht stören, dieser ... nur den Staubsauger ... , stotterte ich, aber er beharrte auf seiner Einladung. Während ich mir den Joyce auf seiner Brust anguckte, spürte ich, wie mich meine Neugier packte. Wer war das, was machte er hier, was schrieb er? Ich hatte Ghali vergessen, meine Neugier auf das neue Schreibmaterial wuchs von Minute zur Minute. Trotzdem trat ich nur zögernd und bedrückt in die Wohnung. Bei uns nennt man die Behausungen von Einsiedlern Höhlen, Bärenhöhlen. Kaum fuhr mir das durch den Kopf, korrigierte ich mich schon: Bärenhöhlen sind meistens frei von Bücherregalen und Papierstapeln, von den Spuren schöpferischer Suche. Offensichtlich hielt ich den Dichter von der Arbeit ab, noch ein Grund, mich unbehaglich zu fühlen. Sein Blick folgte mir aufmerksam, er fragte etwas, das ich nicht verstand. Ich sah nicht ihn, sondern seine Sachen an. Auf dem Tisch lag ein Blatt mit arabischer Schrift, für mich leider unleserliche Krakel. Ich hatte es in meiner Kindheit versäumt, im Religionsunterricht Arabisch zu lernen, damals schien es mir interessantere Dinge zu geben als die Gebete in einer Fremdsprache, die ich ohnehin nicht verstand. "Some coffee", fragte er. "Yes", antwortete ich, um überhaupt etwas zu sagen und meine ungemütliche Stimmung zu verscheuchen. 'Wenn ich schon wegen dem Staubsauger herkomme, könnte ich hier mit dem Putzen anfangen', dachte ich, während meine Augen durch den Raum streiften. In der Ecke unter dem Fenster lag eine Matratze mit zerwühltem Bettzeug, daneben ein Bücherstapel, Ohrenkriecher auf der Lampe, langbeinige Spinnen an der Decke, ein Haufen Kleider im Sessel, dreckiges Geschirr neben dem Spülbecken, Staubflocken am Boden. Bevor er mir Kaffee einschenkte, spülte er die Tasse aus, aber die Bakterien, die sich vermutlich zuhauf in der Spüle tummelten, hatten sich bestimmt gut gehalten. Ich mußte mich zusammenreißen, um ein paar Schluck von dem giftig bitteren Kaffee ohne Milch herunterzuschlucken. Er führte die Unterhaltung, erzählte, daß er derzeit eine Abhandlung über den amerikanischen Roman schreibe, er habe vier Autoren ausgewählt, Paul Bowles, Paul Auster, Philip Roth, Don DeLillo, aber das sei zuviel für einen Essay von fünfzehn, sechzehn Seiten. Er habe übrigens seinen Aufenthalt im Künstlerdorf verlängert, um einige Manuskripte abzuschließen, aber jetzt wäre es langsam Zeit, die Koffer wieder zu packen, Ende Juni wolle er nach London. 'Amerika, Deutschland, London, wo bist du zu Hause, Mann?' fragte ich mich. Was war das für ein

Leben, wenn man nicht zurückkehren konnte zu einem Haus oder zu einer Wohnung? 'Na, so sieht das aus, wenn jemand nur für die und von der Literatur lebt', das hätte wohl mein Mann dazu gesagt. 'Wenn ich dich nicht halten würde, ginge es dir wie Vesna Parun, alles was du besitzt, paßt in zwei Tüten.' Die Assoziationen der letzten Tage waren verflogen, Bosnien und Boutros Ghali unwichtig, mich erschreckte und befremdete, wie dieser Mann lebte. Ob es mir wohl auch so ergehen konnte?

Unvermittelt stand ich auf, um zu fliehen, ich fürchtete fast, mich anzustecken. 'Das geschieht dir recht, wenn du deine Nase überall hineinsteckst und literarisches Material suchst', dachte ich auf dem Rückweg. Unten bei der Wandzeitung hielt ich an und las einen Text über Sargon. Ich verstand ihn nicht, die Eindrücke aus seiner Wohnung waren so stark, daß nichts daneben Bestand hatte. Ich fühlte mich schutzlos, zum ersten Mal begriff ich richtig, daß mich nichts mehr an die Wirklichkeit band. Die Ehe war zerbrochen, die Kinder erwachsen, übrig blieben Einsamkeit und literarische Illusionen.

Am Abend versuchte ich mir das Gesicht des Dichters in Erinnerung zu rufen, sah aber nur seine dunklen, neugierigen Augen klar vor mir. 'Und wenn er mich auch als literarisches Material betrachtet?' dachte ich vor dem Einschlafen. 'Wenn der wüßte, was für Gedanken er in mir ausgelöst hat. Dabei hat er mir nichts getan, ich habe ihn nur zweimal gesehen. Welcher Teufel hat mich bloß geritten, daß ich diesen Staubsauger holen mußte.' Seither vergaß ich zwar den Namen nicht mehr, aber jedesmal, wenn er erwähnt wurde, war mir unwohl, ich wollte mich von ihm fernhalten.

Es gibt ja dieses Sprichwort: Der Mensch denkt, Gott lenkt. Ich weiß nicht, wer dahintersteckte, aber Sargon und ich konnten uns nicht aus dem Weg gehen.

Wir trafen uns ein, zwei Wochen später bei einem Spaziergang in der Dämmerung.

An dem Tag waren Vergangenheit und Gegenwart über mich hergefallen, und die verdrängte Einsamkeit lauerte hinter jeder Ecke. Ein Telefonat mit meinem Mann in Sarajevo wies mich darauf hin, daß es jetzt keine Rettung mehr gebe, jetzt sei ich wirklich wie Vesna Parun, triebe mich mit zwei Tüten in Deutschland herum. Als ich über die Einsamkeit klagte, antwortete er, das habe ich mir selbst zuzuschreiben. 'Aber reg' dich nicht auf, manche sind noch schlimmer dran als Vesna Parun, die erste Dame der bosnischen

Dichtung. Sie lebt noch, ich habe einen Film über sie gesehen, wenn du wüßtest, in was für einem Dreckloch die lebt.' Den ganzen Tag legte ich in Gedanken meinem Mann die Sachlage dar und ging abends spazieren, um mich abzulenken. Vergebens. Ich setzte mich an einem Spielplatz auf eine Bank und erklärte dem Unsichtbaren: Ich hab das also gewollt? Ich wollte, daß der Krieg ausbricht und alles, was wir hatten, du und ich, in Staub verwandelt? Daß wir unsere Arbeit und unsere Wohnung verlieren und flüchten müssen? Ein Glück, daß ich meine Schriftstellerei hatte, sie hat mich gerettet. Bin ich schuld, daß du meine Aktivität und mein Engagement nicht ertragen konntest? Du hast dich dem entzogen, bist zurückgegangen. Jetzt vegetierst du in diesem gemieteten Zimmer in Sarajevo vor dich hin. Meinst du wirklich, daß du mehr hast als ich?

Das Chaos in meinem Kopf scheuchte mich von der Bank auf, ich eilte über den Weg zu dem Bauernhof, den man in eine Kulturinstitution zur Unterstützung von Künstlern umgebaut hatte. Plötzlich tauchte er hinter der Statue eines Heiligen auf, lachte, als er mich erkannte. Seine Zähne und Augäpfel leuchteten im Halbdunkel. Ich sagte "Hallo' und wollte vorbeigehen, aber er hielt mich auf, drehte sich um und begleitete mich. Ich war überrascht und verunsichert, in Gedanken weit weg von Schöppingen. Ich versuchte mich zu fassen und seine Fragen zu beantworten. Er war der erste und einzige Kollege im Dorf, der Interesse für mich zeigte, nach meiner Familie, den Kindern fragte, wo mein Mann sei, wie lange ich ihn nicht gesehen hätte. Das war angenehm, unglaublich, ich vergaß, daß ich mir eben noch gewünscht hatte, dieser Dichter möge so schnell wie möglich aus Schöppingen verschwinden und mich von seiner Nähe befreien.

Es tat mir leid, daß der Weg so kurz war und unser Spaziergang nach fünfzig Schritten endete.

Am nächsten Tag ging es mir nicht gut; ich mochte weder Englisch lernen noch schreiben, nichts. Ich wollte zu einem längeren Spaziergang aufbrechen, aber als ich aus dem Haus trat, sah ich Sargon vor seiner Wohnung sitzen. Er lud mich zu einem Glas Orangensaft ein. Der Saft kann nur besser sein als der Kaffee, und die Bakterien vergißt du einfach, dachte ich.

Ich vergaß nicht nur die Bakterien, sondern auch die Zeit und den Spaziergang. Sehr geschickt, mit sicher schon oft erprobten Mitteln der Konversation, weckte er mein Interesse. Er erzählte ein bißchen vom Irak, ein bißchen von Amerika, von der Mutter, die seit Jahren darauf warte, daß er sich irgendwo häuslich niederlasse, eine Familie gründe und Kinder zeuge. Sie hoffe sogar, daß sie selbst ihm nach alter Sitte eine amerikanisch-orientalische Schönheit als Braut suchen dürfe. Und er antworte jedesmal: Mama, wenn ich wollte, hätte ich schon längst eine Lebensgefährtin gefunden. Der Dichter zeigte mir seine erste Buchveröffentlichung mit einem Bild, das ihn in jungen Jahren zeigte. "Damals, als das Foto aufgenommen wurde, hättest du nicht eine Lebensgefährtin, sondern einen ganzen Harem haben können", sagte ich und wollte ihn damit aufziehen. Er nahm es als Kompliment und lachte. Ich beschwerte mich, daß seine Verse für mich unverständliche Hieroglyphen seien, woraufhin er mich fragte, wie gut mein Deutsch sei. Dann holte er eine deutsch-arabische Auswahl seiner Gedichte aus dem Zimmer, 'Zeugen am Ufer'.

Abends kochte ich mir einen Tee und öffnete das Buch, las 'Herrin der Schatten' und 'Mit nur einer Berührung pflegst du mich zu besiegen', dann stand ich plötzlich auf, räumte alle angefangenen Manuskripte vom Schreibtisch und ließ nur den Kassettenrecorder und das Englischbuch liegen. Jetzt wußte ich, was mir mein Instinkt hatte sagen wollen.

Ich verbrachte noch eine Woche mit dem Auffrischen alter Kenntnisse und lernte neue, wichtige Worte. Dann wagte ich es, ihn zu meinem bosnischen Kaffee einzuladen, den man in der Dzezva kocht. Das kleine Metallkännchen habe ich immer im Gepäck.

Beim bosnischen Kaffee fing dieses Buch an, auch wenn wir uns dessen nicht bewußt waren. Drei Tage vor seiner Abreise fragte sich Sargon, warum wir unsere Gespräche nicht aufgenommen hätten, und ich antwortete, daß wir sie nicht aufnehmen brauchten, weil ich mich gut daran erinnern würde. Während er in den folgenden Monaten nach Düsseldorf, London, Paris und Amman fuhr, übertrug ich unsere Themen aus dem Gedächtnis auf Papier, daraus entwickelte sich später der Aufbau dieses Buches. Diese Arbeit füllte neben dem Englischlernen den regnerischen Sommer achtundneunzig in Schöppingen aus. Und im Winter neunundneunzig kehrten Sargon und ich ins Künstlerdorf zurück, um unsere Idee eines gemeinsamen Buches zu realisieren.

Den Roman über den Krieg habe ich noch immer nicht abgeschlossen.

Initiation in die Welt der Literatur

Sargon: Ich begann sehr früh, Gedichte zu schreiben, mit zehn, elf Jahren. Da hatte ich bereits viel gelesen, weil mein älterer Bruder arabische und englische Bücher sammelte und nach Hause brachte, meistens Bücher für Erwachsene. Obwohl ich viel mit den Kindern in unserer Straße spielte – ich war der Anführer einer rauflustigen Bande -, stand ich geistig damals schon in der Welt der Erwachsenen. Warum, was mich dazu brachte, so früh die besten Autoren der klassischen arabischen Poesie zu studieren, kann ich mir bis heute nicht erklären. Wenn ich klassisch sage, dann denke ich an die Form, an jene alte arabische Metrik, die in vorislamischer Zeit entstand. Auch meine ersten Verse hatten diese Form, denn damals dachte ich noch nicht über die Revolution in der arabischen Literatur nach, auch noch nicht über die wahren Möglichkeiten dieser Sprache. Ich bemühte mich, interessante Themen und ungewöhnliche Worte zu finden, ich war bestrebt, sie vom Schwulst zu befreien, eine Eigenart der damaligen Lyrik. Mit vierzehn Jahren schrieb ich ein Gedicht über einen Fischer und schickte es einer linken Zeitung in Kirkuk. Ein paar Tage später erblickte ich mein Gedicht auf der ersten Seite des Blattes. Für mich, ein Kind, öffnete sich eine neue Welt. Mein erstes veröffentlichtes Gedicht spornte meine Phantasie an, meine Neugier und die Suche nach mehr Wissen. Mit sechzehn, siebzehn Jahren war ich besessen von dem biblischen Motiv des alten Königs David, dem ganz am Ende seiner Herrschaft die hübsche Abischag geschenkt wird, damit sie sein erkaltendes Blut wärme. Während der Greis, blind und taub für alles andere, den Tanz der feurigen Schönheit genoß, zettelte sein Sohn einen Aufstand an, um ihn vom Thron zu stoßen. Ich schrieb ein Gedicht darüber, für mich stand der entmachtete Souverän für das Sein der arabischen Kultur überhaupt. Ich schickte das Gedicht nach Beirut, an die Zeitschrift 'Shi-r'; es wurde auf der ersten Seite gedruckt.

Safeta: Obwohl ich gern Gedichte las, diese hübschen Reimspielereien, die es in unserer Kinderliteratur zuhauf gab, habe ich selbst keinen einzigen Vers geschrieben. Meine Phantasie spann immerzu Geschichten, noch

SARGON BOULUS
ZEUGEN AM UFER

Gedichte

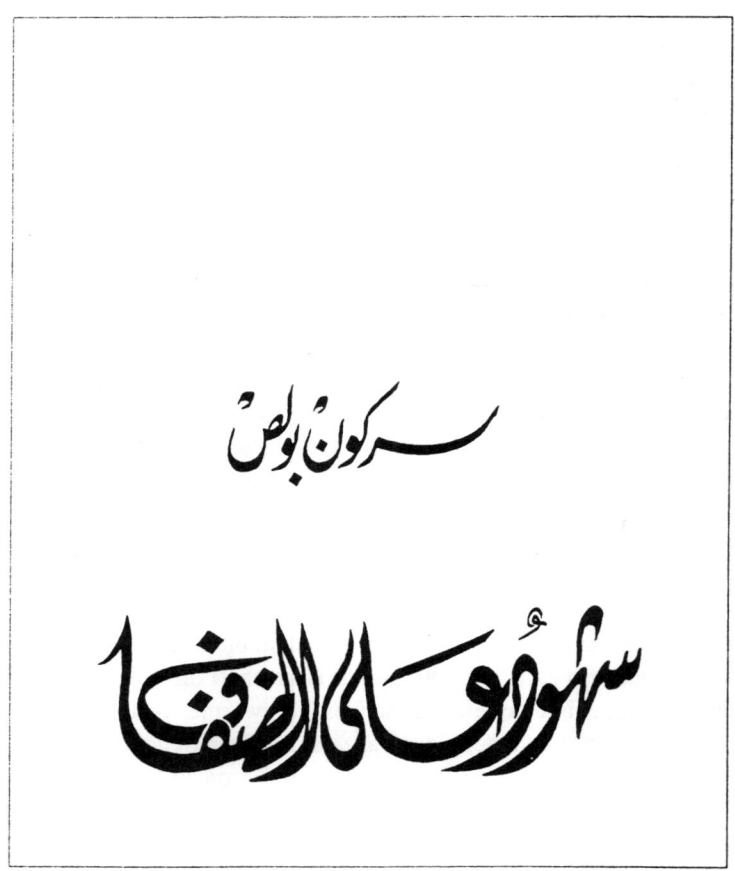

Das Arabische Buch

Sargon Boulus, "Zeugen am Ufer – Gedichte", zweisprachig, Arabisch–Deutsch, Berlin 1997

bevor eine endete, entstand in Gedanken schon die nächste. Verwundert fragte ich mich, was das war, ob es dem ähnelte, was man in den Büchern finden konnte. Ich hatte nur wenig Freizeit, weil ich neben der Schule meiner Mutter im Haushalt und auf der Weide helfen mußte. Die Zeit zum Lesen mußte ich stehlen; meistens las ich beim Viehhüten oder abends, wenn die anderen schon schliefen. Es gab nicht viele Bücher zur Auswahl, denn Pale besaß nur eine kleine Provinzbibliothek im Haus der Kultur. Dort händigte man mir lediglich die jeweils altersgemäßen Titel aus, so daß ich die Kinderliteratur nicht überspringen konnte. In meinem Kopf wechselten sich deren Weltklassiker mit der russisch-jugoslawischen Erziehungsprosa für die neue sozialistische Jugend ab. In der Schule lasen wir fast nur Bücher über Tito und die Partisanen, und wir mußten Russisch lernen. Ab und zu nahm ich Papier und Bleistift, um im Schwung der Begeisterung eine der Geschichten aus meinem Kopf aufzuschreiben, aber selten führte ich das Vorhaben zu Ende. Meistens unterbrach mich meine Mutter, wütend, weil ich mich im Zimmer verkroch, während die Hausarbeit liegenblieb. Mit Unterstützung meiner Lehrerin für Muttersprache gelang es mir manchmal, in einem Zug einen kürzeren prosaisch-lyrischen Text zu schreiben, aber meine Themen war sehr gewöhnlich: der Frühling, ein Morgen in meinem Dorf. Sie fand, ich schreibe sehr interessant und grammatisch korrekt, deswegen heftete sie die Seiten mit meiner Handschrift ans Schwarze Brett. Zwei, drei meiner Aufsätze wurden neunzehnhundertdreiundsechzig und vierundsechzig in der Kinderzeitschrift 'Male novine' (kleine Zeitung), Sarajevo, veröffentlicht, aber zu meiner Enttäuschung so stark überarbeitet und gekürzt, daß ich sie nicht wiedererkannte.

Sargon: Ich beschränkte mich nicht auf Poesie, mit fünfzehn Jahren wagte ich mich an einen Essay über einen anderen Dichter. In der Bücherei war ich zufällig auf eine Übersetzung von Majakowski gestoßen, einschließlich Biographie und einer ausführlichen Würdigung durch den Herausgeber der Ausgabe. Er erörterte vor allem die Rolle dieses Dichters in der modernen russischen Poesie. Ich beschäftigte mich tagelang mit diesem Buch, untersuchte und verglich die Verse, prüfte, inwieweit ich dem Kritiker zustimmen konnte. Dann schrieb ich eine Rezension und schickte sie wiederum der Zeitung, in der mein erstes Gedicht erschienen war. Aber ich wußte natürlich weder, daß es eine linke Zeitung war, noch, was 'links' überhaupt bedeutete. In der nächsten Ausgabe füllte mein Text eine ganze

Seite; als ich die Zeitung zur Hand nahm, hatte ich das Gefühl, ich hielte da nicht Papier, sondern die Flügel meines künftigen literarischen Schaffens zwischen den Fingern.

Ein paar Tage später bog, während ich barfuß und in kurzen Hosen mit den Nachbarskindern Fußball vor unserem Haus spielte, ein junger, fein angezogener Mann auf einem Fahrrad in die Straße ein. Er fragte die Kinder, wo Sargon Boulus wohne. 'Da ist er, frag ihn selbst', sie wiesen auf mich. 'Nicht der, sondern der Schriftsteller Boulus, der Gedichte und Kritiken schreibt. Vor ein paar Tagen ist in der Zeitung sein Text über Majakowski erschienen.' 'Das habe ich geschrieben', sagte ich und ging zu ihm. Der Mann glaubte mir nicht, er sah mich an, als ob ich mir einen dummen Scherz erlaubte. Ich wiederholte, ich sei wirklich der Verfasser des Textes, führte ihn in unseren Garten und holte aus meinem Zimmer die Notizen und das Buch über Majakowski, aufgrund dessen ich meine ersten Gedanken über die Lyrik eines anderen formuliert hatte. Ich zeigte ihm Hefte mit meinen Gedichten. Der Mann konnte es nicht fassen, mehrfach wiederholte er, er sei hundertprozentig davon überzeugt gewesen, daß der Text von einem erfahrenen Linksintellektuellen geschrieben sei und treffe statt dessen einen mageren Knaben, der keinen Schimmer von Ideologie habe. Als wir zwei uns anfreundeten, versuchte er seine Ideen in meinen Kopf zu verpflanzen, aber zu seinem Leidwesen wollte aus mir kein rechter Kommunist werden. Trotzdem war diese Bekanntschaft für mich sehr wertvoll, sie eröffnete mir neue Wege. Über ihn lernte ich seine Kollegen und Freunde kennen, die sich begeistert dem Studium von Marx, Engels und Lenin widmeten. Mich interessierten diese Titel in seiner Bibliothek nicht besonders, ich lieh mir immer nur literarische und philosophische Werke. Ich durfte kommen, wann ich wollte, und so viele Bücher ausleihen, wie ich tragen konnte. Da ich kein Fahrrad besaß, mußte ich eine ganze Stunde zu seinem Haus am anderen Ende von Kirkuk laufen. Das neue Wissen erwarb ich nicht nur mit dem Kopf, sondern auch mit Schwielen an den Füßen.

Safeta: In der Wirklichkeit wie in der Literatur lebte ich bis zu meiner Hochzeit mit sechzehn Jahren in einer Kinderwelt. Als ich in die siebte Klasse ging, bekam ich meinen ersten Literaturpreis. Ein Jugendbuchverlag in Sarajevo stiftete ihn Lesern, die fünf Titel aus der Reihe 'Lastavica' gelesen hatten. Als Grundlage mußte man kurze Essays mit Inhaltsangabe und eigenen Gedanken über die Hauptfiguren einreichen. Ich sehnte mich nach dem zweiten Preis, fünfzig Bücher des Verlags, dann hätte ich einen Vorrat für die ganzen Sommerferien gehabt, aber ich bekam den ersten, vierzehn Tage Sommerurlaub an der Adria. Das sorgte in meiner Familie für Aufruhr, tagelang wurde darüber gestritten, ob man ein Mädchen auf so eine weite Reise schicken dürfe zu fremden Leuten. Ich war unglücklich wegen des Preises, man schimpfte mich aus, weil ich so etwas Ungewöhnliches getan hatte, ohne vorher um Erlaubnis zu fragen.

Eines Morgens, am Anfang der Sommerferien, warf mich meine Mutter aus dem Bett, böse, weil ich nicht schon längst aufgestanden war und die Kühe auf die Weide getrieben hatte. Hastig zog ich das alte Kleid an, das früher meiner Mutter gehörte, nahm einen Kanten Brot als Frühstück, schnappte mir die Rute und tappte zum Stall. Auf halbem Weg sah ich, daß zwei Städter auf unser Haus zukamen. Sie fragten etwas und Mutter rief, ich solle zurückkommen. 'Dieses Mädchen hat unseren Preis bekommen?' entwischte es dem jungen Kerl. Er hatte ein hübsches Gesicht und halblange Locken. Sein Blick war erstaunt und neugierig. Da erst wurde mir bewußt, wie ich aussah, ungewaschen, mit strubbeligen Zöpfen, einem zu großen Kleid mit abgeschabtem Saum, an den Füßen Schlappen, die man aus alten Gummistiefeln zurecht geschnitten hatte, eine lange Haselrute in der Hand. Ich hätte im Boden versinken mögen vor Scham. Der junge Mann sagte, er heiße Nikola Martic, arbeite in dem Verlag und sei unterwegs nach Gorazde. Da unser Haus am Weg liege, habe ihn der Vorsitzende der Jury beauftragt, mich zu besuchen und sich davon zu überzeugen, daß die Eltern mir den Ausflug erlauben. Vielleicht ahnten sie, daß die Preisträgerin Unannehmlichkeiten bekam wegen des Preises. Nach längerem Nachdenken erlaubte mir mein Vater die Reise, ich fuhr mit fünfzig anderen Kindern aus ganz Jugoslawien nach Split ans Meer. Aber später erinnerte ich mich eher an den Wirbel in meiner Familie und an das zerzauste, unglückliche Kind in Gummischlappen, das beschämt vor den fremden Leuten stand, als an den aufregenden Urlaub mit anderen Kindern, voller Zug- und Schiffahrten, Spiel und Schwimmen.

Sargon: Ich bin Schritt für Schritt in die weite Welt gezogen. Der zweite Umzug war der von Kirkuk nach Bagdad. Dort hatte ich mich an der Universität eingeschrieben, ich wollte studieren. Aber das Studium war sterbenslangweilig, es bot mir nichts Neues.

Safeta Obhodjas "Zena i tajna" – "Die Frau und das Geheimnis", auf bosnisch erschienen 1987, V. Maslesa, Sarajevo. Deutsche Ausgabe: Melina Verlag Ratingen: 1996.

24

Es war, als habe sich das Unterrichtssystem aus osmanischer Zeit herübergerettet. Oder ich war ungeduldig. Ich wollte nicht wiederholen, was ich schon wußte, sondern wollte mehr wissen, weiterarbeiten. Ich las gierig alle Neuerscheinungen, derer ich habhaft werden konnte. Ich brauchte keine Professoren für meine Art des Studiums, mein analytischer Verstand arbeitete aus eigenem Antrieb. In dieser Zeit schrieb und veröffentlichte ich viele Kurzgeschichten, mein Name stand in allen wichtigen Blättern der verschiedenen arabischen Zentren. Später habe ich sie nicht mehr zusammengetragen, sie blieben so, über Literaturzeitschriften der sechziger und frühen siebziger Jahre zerstreut. Erst jetzt versuchen einige Freunde, sie in einem Buch zusammenzustellen.

Safeta: Mit noch nicht ganz sechzehn Jahren verliebte ich mich, heiratete und ging vom Gymnasium ab. Mit siebzehn bekam ich das erste Kind. Aber ich spürte ständig eine Leere in mir, versuchte sie mit Lesen und dem Studium der Menschen in meiner Umgebung zu füllen. Auf diese Weise verschaffte ich mir Distanz, so daß mich ihre Bösartigkeit und Aggressivität nicht so tief verletzte. Manchmal träumte ich vom Schreiben, aber meine Tage gehörten anderen. Die Jahre vergingen, durchzogen von Krisen, bis ich zu sagen wagte, ich will schreiben, ich muß mir selbst Raum dafür schaffen. Ich begann damit am Küchentisch und nutzte jede Minute, die ich allein war.

Sargon: In Beirut entdeckte ich Bibliotheken und Buchhandlungen. Ich wußte genau, wann die neuen Ausgaben amerikanischer und englischer Kulturzeitschriften eintrafen, kein neuer Name oder Terminus in der Welt der Literatur entging mir. Die politischen Verhältnisse in Beirut waren stürmisch, aber der Bürgerkrieg war noch nicht abzusehen. Auf der Tagesordnung stand ein anderer Krieg, der in Vietnam. Mein Freund und Mentor Yousif al Khal, Gründer und Herausgeber der Zeitschrift 'Shi-r', gab mir eine englische Übersetzung der Gedichte des Führers der vietnamesischen Widerstandsbewegung Ho Chi Minh und fragte mich, ob ich das ins Arabische übertragen könne, er würde das Buch gern als unseren Beitrag zum Protest gegen die asiatische Hölle veröffentlichen. Ich war überrascht und begeistert von der Tatsache, daß eine so herausragende politische Persönlichkeit in ihrer Jugend Gedichte verfaßt hatte, und zwar nicht politische Lyrik, sondern Verse über den vereinzelten Menschen, der eingesperrt zwischen vier Wänden nur die Läuse in seinem Haar und seiner Kleidung zum

Reden hatte. Ho Chi Minh schrieb sie als Gefangener des chinesischen Regimes. Ich las das Buch, übersetzte alle Gedichte innerhalb weniger Tage und verfaßte ein langes Vorwort. So kam es, daß mein erstes publiziertes Buch nicht eigene Poesie und Prosa enthielt, sondern eine Übersetzung. Adonis, mein Freund, der bekannte syrische Dichter, und Yousif fragten häufig, wann ich endlich ein eigenes Manuskript zur Veröffentlichung bringen würde. Aber ich fand nicht die Zeit, meine Arbeiten zusammenzutragen, zu redigieren und für den Druck vorzubereiten. Es gab so viel zu tun. Ich hatte das Gefühl, daß meine besten Gedichte noch nicht geschrieben waren.

In Beirut habe ich sehr viel übersetzt, ich lebte fast ausschließlich davon. Unter anderem übersetzte ich die Anthologie 'Amerikanische Dichter gegen den Krieg in Vietnam' und füllte damit einschließlich meines Vorwortes eine ganze Nummer des Magazins 'Shi-r'. So etwas ließ sich nur mit Hilfe meines Mentors Yousif al Khal verwirklichen. Er ermutigte mich. Das war in den Jahren neunundsechzig/siebzig.

Safeta: Ich schrieb ungefähr zehn, elf Jahre später, also achtundsiebzig oder neunundsiebzig, mein erstes Hörspiel. Radio Sarajevo hatte damals eine sehr fleißige Hörspielredaktion, sie bot ein breites literarisches Programm an mit klassischen und experimentellen Stücken, Hörspielfassungen der Weltliteratur und von jugoslawischen Romanen. Besonders gern hörte ich die Reihe mit griechischen Tragödien. Wahrscheinlich veranlaßten mich diese Hörspiele dazu, meinen ersten Text in Dialogform zu schreiben. Die Themen brauchte ich nicht lange zu suchen, ich fand sie sozusagen vor meiner Haustür. Ich besuchte Verwandte in einem Dorf, dessen Bewohner als Freiwillige und auf eigene Kosten eine Wasserleitung verlegten, die Arbeit daran jedoch aufgrund von Mißverständnissen und Streitigkeiten dreimal unterbrachen. Ich erinnere mich nicht mehr daran, an welchen Anlässen sich die Auseinandersetzungen in Wirklichkeit entzündeten. In meinem Hörspiel 'Heißes Wasser' teilten sich die Protagonisten in Atheisten und Traditionalisten. Der Held ist der kommunistischen Religionsfeindlichkeit verpflichtet und fordert, dem Hodza des Dorfes den Wasseranschluß zu verweigern, mit der Begründung, er habe sich weder finanziell noch durch Mitarbeit an dem Projekt beteiligt. Andere vertraten die Auffassung, daß der Mann der Religion privilegiert sein müsse, daß man ihn nicht in einen Topf mit gewöhnlichen Menschen werfen dürfe, auch nicht nach dem sozia-

listischen Prinzip. Nebenstrang ist eine Liebesgeschichte: Ein junger Bos-
niake, der in Deutschland arbeitet, verbringt seinen Urlaub zu Hause und
findet sich unversehens im Mittelpunkt des Geschehens wieder. Dabei trifft
er seine ehemalige Freundin, die Tochter des Organisators der Aktion 'Wasser fürs bosnische Dorf', und die zwei wärmen alte Gefühle auf.

Durch dieses erste Hörspiel wurde mein Mentor, Sreten Kluberic, auf
mich aufmerksam. Er arbeitete damals in der Hörspielredaktion von Radio
Sarajevo.

Mentoren

Bereits nach den ersten veröffentlichten Gedichten, verfaßt in der herkömmlichen Metrik, drängte es mich, weiter vorzudringen und mich von dem vorgeschriebenen Versabschluß zu befreien. Die arabische Poesie steckte mitten im Umbruch, ihre erste Revolutionierung ging auf den irakischen Dichter Badr Shaker al Sayyab und die Dichterin Nazik al Malaika zurück. Beide hatten die Reimfolge verändert. Al Sayyab litt an einer Knochenkrankheit und starb zu jung, um seine Mission zu Ende zu bringen. Anfangs folgte ich seinem Beispiel und begnügte mich mit kleineren Neuerungen in der Metrik. Aber bald schon reichte mir das nicht mehr, ich wollte einen wirklichen Umschwung in der arabischen Lyrik. Wenn du jung bist, wenn du voller Energie und Idealismus steckst, glaubst du, daß man alles, selbst die Änderung des kollektiven Bewußtseins, über Nacht verwirklichen kann. Damit du Bestätigung findest, fängst du an, nach Gleichgesinnten zu suchen. In Kirkuk und Bagdad, überhaupt im Irak, fand ich keine solche Unterstützung. Deshalb interessierte ich mich für Nachrichten aus den anderen arabischen Kulturzentren, wollte hören, daß der Fortschritt stattfand, ich war offen für alles Neue, das meinem künstlerischen Ausdruckswillen entsprach.

In den späten fünfziger Jahren – ich hatte gerade meine ersten Verse veröffentlicht – trafen sich in Beirut zwei Schriftsteller, der Syrer Adonis, Muslim, und der Libanese Yousif al Khal, Christ. Sie hatten sich über die Poesie kennengelernt. In einem Magazin, 'The Lyre', war das lange Gedicht 'Leere' von Adonis erschienen, und Yousif las es in New York, wo er eine Zeitlang lebte und studierte. Daraufhin entspann sich zwischen beiden ein Briefwechsel über die Entwicklung der arabischen Literatur. Yousif kehrte ein paar Jahre später nach Beirut zurück, wollte dort mit seiner Präsenz den Wandel beschleunigen und die neuen Kräfte ermutigen. Er trug sich mit der Absicht, eine Zeitschrift zu gründen, in der die Schriftsteller den traditionellen Rahmen verlassen konnten, und bat Adonis, der den Ruf eines äußerst talentierten Dichters und Kenners der arabischen Litera-

tur genoß, mitzumachen. Adonis war von der französischen, Yousif von der
englischen Literatur beeinflußt. Sie führten zahlreiche Gespräche und Verhandlungen mit Kollegen und tauften die neue Zeitschrift schließlich 'Shi-
r' (Poesie). Sie erlangte sofort politische Bedeutung. Als die erste Ausgabe
erschien, brach über ihre Gründer eine Welle der Ablehnung herein. Von
allen Seiten wurden sie des Verrats bezichtigt, man nannte sie amerikanische oder westliche Agenten und subversive Elemente. Die Kritiker achteten nicht auf den Inhalt oder die künstlerische Qualität des Gebotenen, auch
nicht auf Neuerungen in der Zeitschrift. Der Ausbruch aus vorgeschriebenen Normen wurde politisch als Angriff auf die arabische Freiheitsbe-
wegung verstanden, auf die arabische Kultur überhaupt. Einige bekannte
Literaturzeitschriften, die über erheblichen politischen Einfluß verfügten,
beispielsweise 'al Adab', erklärten der 'Shi-r' und ihren Gründern den heiligen Krieg. Auch die Sprachfundamentalisten meldeten sich; für sie war
diese Poesie Sünde, weil sie Worte verwendete, die nicht im Koran standen, Worte mithin, die nicht arabischen Ursprungs waren. Sie vergaßen,
daß der Koran viele Worte kennt, die aus anderen Sprachen stammten; das
Arabische hatte schon immer die Fähigkeit, fremdländische Vokabeln zu
absorbieren.

Trotz der Drohungen und Angriffe wurde die Zeitschrift fortgesetzt.
Wenn man von der modernen arabischen Poesie spricht, muß man 'Shi-r'
als ihr Hirn und Herz nennen. Sie wurde zum Sammelbecken der Neuerer,
sie bot die Möglichkeit, Modernismus und Tradition zu vergleichen, sie gab
uns, die anders schrieben und dachten, Mut, sie beschleunigte den Wandel,
sie sorgte für einen Ruck vorwärts, für mehr noch: es war ein gigantischer
Sprung dank der Beherztheit und des Engagements zweier Schriftsteller.
Die Zeitschrift stellte viele Talente vor, sie veröffentlichte Dichter, die später eine wichtige Rolle in der modernen arabischen Lyrik spielten, zum
Beispiel Unsi al Hajj, Fouad Rifqa, Shaqi Abi Shaqra.

Die ersten Ausgaben wurden im Irak frei verkauft, und mich interessierte jede Neuerscheinung. Durch die Erkenntnis, daß Menschen in Beirut, nicht irgendwelche, sondern namhafte, angesehene Menschen ähnlich
dachten wie ich, fühlte ich mich erleichtert und freier. Die Mehrzahl meiner Gedichte konnte ich im Irak nicht veröffentlichen, leider hatten wir keine 'Shi-r'. Neunzehnhunderteinundsechzig lernte ich zufällig einen Freund
von Yousif kennen, nutzte die Gelegenheit und bat ihn, sechzehn neue Ge-

Sargon Boulus in Bagdad 1967

dichte mit nach Beirut zu nehmen. Mit der Post wären sie vermutlich nie
angekommen. Die Antwort ließ nicht auf sich warten, meine Verse erschienen auf der Titelseite der nächsten Ausgabe. Ohne zu ahnen, welche Rolle
die beiden für mein Leben und meine Arbeit spielen würden, knüpfte ich
so die Verbindung zu al Khal und Adonis.

Ich hatte die Schule in Kirkuk beendet und zog nach Bagdad, um zu
studieren. Ich wurde furchtbar enttäuscht. Was man damals an der hiesigen
Universität über Literatur lernte, war dermaßen veraltet, daß ich mich geradezu in die Steinzeit versetzt fühlte, das Niveau lag noch unter dem der
ersten Grundschulklasse. An anderen arabischen Universitäten sah es nicht
besser aus. In diesem Punkt teile ich die Ansicht meines Freundes Adonis:
an den Hochschulen wurden Poesie und literarischer Geschmack abgetötet,
das Beharren auf der arabischen Tradition geriet zur Negation nicht nur des
Lebens, sondern auch der Menschlichkeit und des Fortschritts. Adonis sagte oft, die Sprache habe wie der Mensch ein tragisches Schicksal. Tausende
tot geborene Bücher seien geschrieben und publiziert worden, Bücher voll
von leerem Wortgeplänkel. 'So viele Bücher – und alle Ruinen!' Er hatte in
Damaskus studiert, ich in Bagdad Jahrzehnte später, die Verhältnisse waren
praktisch dieselben. Mir wurde klar, daß ich auf eigene Faust lernen und die
Quellen des Wissens wie bisher selbst auftreiben mußte. Bagdad bot dazu
wesentlich mehr Gelegenheit als Kirkuk.

Ein paar Wochen oder Monate lang, genau kann ich mich nicht mehr
erinnern, versuchte ich herauszufinden, wie ich weiterkommen konnte. Die
alten intellektuellen Kräfte saßen noch immer fest in ihren Positionen und
hatten keinerlei Ambitionen, Jüngeren Platz zu machen. Jugend, Energie,
Visionen und Glaube trieben mich und ließen mich vor Ungeduld über das
Schneckentempo der anderen aus der Haut fahren. Da ich offen über all das
sprach, sammelte sich rasch eine Gruppe junger Menschen um mich, überwiegend angehende Schriftsteller, die ähnlich dachten, aber nicht wußten,
wie sie ihre Kräfte bündeln, ihren Handlungen Sinn geben konnten. Die
Gruppe war zu keinem Zeitpunkt organisiert, allein der Wunsch nach und
die Vorstellung von einer Veränderung der arabischen Literatur und Gesellschaft einten die Mitglieder. Wir lernten viel von einander, viel mehr als
von den Professoren. Ich gebe zu, daß meistens ich den Ton angab, weil ich
weit mehr als die anderen gelesen, gelernt und übersetzt hatte. Es gab keine
weiblichen Mitglieder, obwohl an der Bagdader Universität durchaus auch

Frauen studierten. Sie lernten leider nur diensteifrig die vorgeschriebenen Lektionen 'aus der ersten Grundschulklasse'. Ich dachte nicht darüber nach, ob ein paar der Mädchen nicht doch unsere avantgardistischen Bestrebungen und die Öffnung hin zur Weltliteratur verstehen könnten, denn in unserer Gesellschaft schweigen sie gewöhnlich und hören zu. Wieder ging es mir ähnlich wie bei den frühen Kinderspielen: Solange ich allein war, genoß ich ihre Gesellschaft, aber sobald meine Freunde auftauchten, glitt die weibliche Gestalt von selbst in den Hintergrund. Ich fragte mich nie, warum das so war; Frauen bedeuteten Vergnügen und Heiterkeit, ein bißchen Romantik, die einem Dichterleben unentbehrlich ist, ein kurzes Abspannen von der geistigen Anspannung, während die Zusammenkünfte und Diskussionen mit den Kollegen eine intellektuelle Herausforderung darstellten. Und das war und ist, das gebe ich zu, mir wichtiger. Wir beschäftigten uns damals mit unserer eigenen Emanzipation, fühlten uns so vielen Angriffen ausgesetzt, die wir mit Wissen und Visionen parieren mußten, es gab so viele Traditionalisten, denen wir beweisen wollten, daß der Fortschritt unaufhaltsam war.

Damals fand ich auch unter meinen männlichen Kollegen nur sehr wenige echte Gesprächspartner. Eine fast überirdische Macht trieb mich voran, so daß andere schwerlich mit mir gleichziehen konnten. Indem ich ausländische Autoren las und ihre Texte ins Arabische transponierte, erfaßte ich die Möglichkeiten meiner Muttersprache. Ich war verbittert, weil man diese reiche poetische Sprache ihrer wahren künstlerischen Ausdruckskraft beraubte. Wer hatte diesen Leuten das Recht gegeben, in einer so phantastischen Sprache so schlechte Literatur zu schreiben?! Warum, wenn man doch auf Arabisch alles hätte ausdrücken, Prosa, Poesie, Romane, Kurzgeschichten, philosophische Betrachtungen hätte schreiben können? Ohne die Metrik hätte sich jedes Werk der Weltliteratur in sie übertragen lassen. Hätte, sage ich, aber nur mühsam befreite man sie von den vorgeschriebenen Normen, den jahrhundertealten Gepflogenheiten, denen zufolge man Kunst nach unverändertem Rezept produzierte. Bis heute ist diese Schlacht nicht endgültig geschlagen.

Ich überlegte, mit welchen Mitteln ich die Befreiung beschleunigen, das von al Sayyab Begonnene auf eine breitere Basis stellen könnte. Bald schon entdeckte ich, daß es sich am schnellsten mit der arabischen Übersetzung und Veröffentlichung der besten Werke der europäischen und amerikanischen Literatur bewerkstelligen ließ. Ich übersetzte wie ein Wahnsinniger, schrieb Kritiken, Rezensionen, Kurzgeschichten, aber die Publikationsmöglichkeiten waren leider begrenzt. Ich war ständig auf der Suche nach Zeitungen, die bereit waren, etwas Neues zu veröffentlichen. Dabei stieß ich auf Publikationen der irakischen Erdölfirma IPC, die von den Engländern kontrolliert wurde. Sie finanzierten eine arabischsprachige Zeitschrift, die sich an die Beschäftigten in der Erdölindustrie wendete. Ich öffnete ein Heft und sah, daß Literatur einen breiten Raum einnahm. Ich suchte den Namen des Redakteurs, es war Jabra Ibrahim Jabra, ein recht bekannter Literat und Übersetzer aus dem Englischen. Ich schickte Erzählungen hin, sie wurden veröffentlicht, und ich bekam sogar ein ziemlich hohes Honorar. Irgendwie drängte es mich, diesen Mann kennenzulernen, schließlich suchte ich ihn in seinem Büro auf der anderen Seite des Tigris auf. Ich brach eines Morgens auf, überquerte zu Fuß die lange Brücke und pochte an seine Tür. Die Sekretärin meldete mich an, ich traf auf einen elegant gekleideten Herrn mit den Manieren eines Gentleman. Er stammte aus Palästina und war Christ; wie viele seiner Landsleute hatte er die Heimat verlassen, als die Israelis dort ihren Staat errichteten. Er war nach England gegangen, später nach Amerika; an den Universitäten Oxford und Cambridge hatte er seine umfassende Bildung erworben. Später fand er Arbeit in der Erdölbranche und kam in den Irak. Hier gründete er eine Familie, seine muslimische Frau verschaffte ihm Zugang zu den höheren Kreisen. Als Schriftsteller genoß er beträchtliches Ansehen, obwohl seine Werke eher englischen als arabischen Geist atmeten.

Schon das erste Gespräch bereitete mir Vergnügen. Es gefiel mir, mit einem hochgebildeten Mann zu reden, der mich verstand und sich etwas unter dem vorstellen konnte, was ich erzählte. Die äußerlichen Unterschiede zwischen uns, das Alter, der gesellschaftliche Rang, die Universitätsabschlüsse, verschwanden. Es war, das gebe ich gerne zu, wunderbar, und ich sehe das Bild oft noch vor mir: Ich, der arme Student, mit unordentlichem, langem Haar, abgewetzten Kleidern, öfter hungrig als satt, sitze in dem hübsch eingerichteten Büro eines angesehenen Intellektuellen von vornehmem Betragen und gepflegter Ausdrucksweise und diskutiere über die Probleme, die das Übertragen von Shakespeare ins Arabische mit sich bringt. Jabra, der sich intensiv mit dem englischen Dramatiker befaßt hatte und gerade an einer Übersetzung des König Lear arbeitete, hatte es nicht nötig, mir sein überlegenes Wissen beweisen, er redete wie zu einem ebenbürtigen Partner. Von diesem Tag an wurde dieser Mann, solange ich in Bagdad wohnte, mein Lebensmittelpunkt. Bald drehte sich alles um ihn, die Überquerung des Flusses und der gemeinsame Kaffee gehörten zum täglichen Ritual. Neue Einfälle und Pläne erzählte ich zuerst ihm. Nicht ein einziges Mal ließ er durchblicken, daß ich ihn störe oder er zu tun habe, er nahm sich Zeit für mich, selbst wenn ich die Zeit vergaß und Stunden blieb. Erst wenn die Sekretärin frischen Kaffee brachte, wurde mir bewußt, wie lange ich schon da war. Ich brachte immer etwas mit, neue Arbeiten von mir oder meinen Freunden, Bücher, die ich gerade las. Wir besprachen, welche Werke man unbedingt ins Arabische übersetzen müsse. Jabra trat nie als Autorität auf, versuchte nie, meine Energie in bestimmte Bahnen zu lenken; er gab mir Orientierung, die Gewißheit, daß ich auf dem richtigen Weg war, erläuterte seine Ansichten so, daß ich selbst merkte, womit ich mich gründlicher auseinandersetzen mußte. In keinem meiner abgeschlossenen Texte änderte er etwas oder schlug Überarbeitungen vor. Er hatte zahlreiche Kontakte zu Intellektuellen in den anderen Städten und versuchte, mich an sie zu vermitteln. Meine avantgardistischen Freunde und ich veränderten den Inhalt seiner Zeitschrift komplett, bald schon wurde dort mehr Literatur veröffentlicht als Berichte über Erdölbetriebe und deren Mitarbeiter. Es war ein Festtag, wenn am Monatsende die Honorare ausgezahlt wurden. Ich überquerte den Tigris, setzte mich und schwätzte stundenlang mit Herrn Jabra, beim Abschied reichte er mir einen Scheck. Unweit seines Büros warteten meine Freunde auf mich; mit dem Geld verbrachten wir zwei tolle Tage, aßen und tranken, so viel wir wollten.

Beinahe all meine Freunde und Bekannten waren Muslime. Wir haben nie über unsere Herkunft gesprochen oder nachgedacht, eine Aufgabe einte uns: die alten Strukturen und Gewohnheiten so schnell wie möglich aufzubrechen. Aber wie an die Traditionalisten herankommen, wie ihnen ihre Schwachstellen verdeutlichen, wo sie doch alles ignorierten, was nicht in ihrem Sinne war? Wir erfuhren von einem Club für Akademiker und Schriftsteller in Bagdad. Dort gab es fast jede Woche einen Vortrag über irgendein soziales oder literarisches Thema. Im Nu waren wir uns einig, hinzugehen und sie ein bißchen ins Wanken zu bringen. Es war genau so, wie wir erwartet hatten: langweilige Ausführungen, kein bißchen erfrischend, nichts Neues. Während der Redner vortrug, stießen wir uns an und grinsten:

'Originelle Gedanken eines ausgelaugten Methusalems'. Dann geschah etwas Interessantes, ein weißhaariger Akademiker referierte eine Geschichte, wir erkannten Passagen aus 'Literatur und Psychologie' von Leon Edel wieder; wir hatten es vor einigen Monaten gelesen und diskutiert. Arrogant, wie die Jugend mit ihrer Respektlosigkeit vor Autoritäten und Titeln ist, zeigten wir, daß er nicht eigene Gedanken, sondern die eines anderen vorgetragen hatte. Da ich der Wortführer war, lud mich der Sekretär ein, in der nächsten Woche mein Wissen vom Rednerpult aus zu beweisen. Ich nahm an und hielt einen Vortrag, in dem sich Nietzsche und Henry Miller trafen, verglich die Gedanken eines Philosophen und eines Schriftstellers, von denen diese weißhaarigen Köpfe wohl noch nie gehört hatten oder die sie als Produkte des dekadenten Westens ablehnten. Ich weiß nicht, ob sie meine Antworten auf ihre Fragen verstanden, aber ich war auf jeden Fall lauter als sie, wenigstens einmal war in diesem akademischen Totenhaus etwas los.

Trotzdem genügte mir das nicht. Eine Welle im Totenhaus auszulösen kostete viel Kraft, brachte aber kaum Gewinn. Auch die politische Lage verschlechterte sich, viele Anzeichen sprachen für den Beginn einer Diktatur. Immer öfter dachte ich daran, fortzugehen. Yousifs Einladung nach Beirut kam zur rechten Zeit. Ich ging als erster, und als dann nach einem Jahr Saddam Hussein an die Macht kam, zerstreuten sich fast alle Mitglieder des literarischen Freundeskreises in alle Welt, ich traf sie später in Paris, London, New York. Einige blieben in der Heimat, sie wurden Minister oder schrieben Oden an den großen Führer und Beglücker des irakischen Volkes. Sie singen noch immer dieselben Lieder. Welchem Gott verdanke ich es, daß ich diesem Schicksal entging?

Als ich in Beirut eintraf, stand es auf dem Höhepunkt seines goldenen Zeitalters, eine Stadt, in der Christen und Muslime lange Zeit in Frieden miteinander und nebeneinander lebten, immer zum Dialog bereit und tolerant. Die politischen Vertreter teilten sich die Macht, war der Staatspräsident Christ, wurde ein Muslim Ministerpräsident und umgekehrt. Es gab sehr viele Mischehen, überall spürte man den Aufwind in der Emanzipation der Frauen. Die Mädchen gingen frei durch die Straßen, sie besuchten die Schule, studierten, arbeiteten. Die Stadt war für westliche, aber auch für Intellektuelle aus der gesamten arabischen Welt ein Anziehungspunkt.

Beirut war ein Zentrum der arabischen Kultur mit all ihren Veränderungen. Eine sehr besondere, kosmopolitische Stadt, die nicht ihresgleichen hatte.

Die Literaturzeitschrift 'Shi-r' befaßte sich zum Teil mit politischen Fragen, immer im Sinne demokratischen Fortschritts. Yousif al Khal erlaubte nicht, daß sich nationalistische Ideen einnisteten. Kurz nach meiner Ankunft zerstritt er sich mit seinem Freund und engsten Mitarbeiter Adonis wegen der politischen Einstellung, und sie trennten sich. Adonis arbeitete in einer anderen Zeitschrift, Yousif gab weiterhin 'Shi-r' heraus. Ich begriff nicht, warum zwei Intellektuelle, die sich mochten und gegenseitig schätzten, die gemeinsam ein kühnes Unternehmen begonnen, die arabische Avantgarde begründet und am Leben erhalten, gemeinsam allen Angriffen und Drohungen der Fundamentalisten widerstanden hatten, sich am Ende derart unerträglich fanden, daß sie nicht mehr miteinander redeten. Ich bohrte nach und wollte wissen, was passiert war. Soviel ich herausfand, begeisterte sich Adonis damals vorübergehend für die ägyptische Idee, alle Araber in einem Staat zu vereinigen. Yousif hielt das für nationalistisch, er wollte nicht, daß eine solche Ideologie in der Zeitschrift vertreten wurde. Sie lebten im Libanon, einem Land mit verschiedenen Völkern, Kulturen und Religionen, dort war kein Platz für nationalistische Bestrebungen. Für Yousif war der Versuch, alle arabischen Ländern zu vereinen, Unsinn. Das Scheitern von Ägypto-Syrien und Ägypto-Lybien gab ihm später recht.

Als ich nach Beirut kam, engagierte mich Yousif sofort als Redakteur und überließ mir einen Gutteil der Arbeit. Aber ich war und blieb auch mit Adonis befreundet, so daß mich die beiden nutzten, um über den jeweils anderen etwas zu erfahren. Trotz ihrer Wut waren sie unzertrennliche Freunde. Ich erzählte nur das weiter, was ihre Versöhnung und erneute Zusammenarbeit fördern konnte, denn es schmerzte mich, daß selbst Menschen ihres Niveaus es nicht fertigbrachten, ohne Streit und Wut Irrtümer aufzudecken.

Ich lernte von beiden sehr viel. Nicht über Literatur oder das Handwerkliche, da konnte ich meine Möglichkeiten selbst einschätzen. Indem ich sie beobachtete, begriff ich, daß wilde Ausbrüche, Aggressivität, Vorstellungsvermögen, die Eigenschaften der Jugend also, aus dir noch lange keinen Dichter machen, einen, auf dessen Worte man hört und den man interpretiert. Ich analysierte ihr Verhältnis zu anderen Menschen, ihr Verhalten in heiklen Situationen und stellte fest, daß sie immer eine Doppelrolle spielten: Sie waren Mitspieler, Kombattanten in der Arena des Denkens, und sie waren Richter, hatten das letzte Wort. Sie waren sich ihrer Aufgabe und ihres Wertes sicher, aber das äußerte sich nicht als Arroganz, sondern als Souveränität, der Würde jener, die sich über alle Banalitäten dieser Welt hinwegsetzen können. Niemals schimmerte in ihrer Haltung auch nur die Andeutung von Neid oder Eifersucht gegenüber Jüngeren, Ehrgeizigeren durch; sie gaben jedem Anfänger eine Chance und unterstützten ihn, wenn er Talent erkennen ließ. Kurz gesagt, sie zeigten mir die diesseitige Rolle von einem, der in sich Fluch und Segen des Schicksals vereint, als Dichter geboren zu sein.

Von Yousif lernte ich, wie man eine Zeitschrift führt, Ideen entwickelt und weitertreibt. Er schrieb mir nichts vor, er lenkte mich nur. Eines Morgens ging ich mit dem Vorschlag zu ihm, daß wir Teile aus der Anthologie 'Amerikanische Dichter gegen den Krieg in Vietnam' auf Arabisch veröffentlichen sollten. Er stimmte zu, und ich begann mit der Übersetzung und schrieb eine Einführung. Ich lernte dabei sehr viel über Amerika, besonders über San Francisco. Ich beschrieb die Stadt nach dem Eindruck, den ich durch die Literatur gewonnen hatte, und später, als ich tatsächlich dort lebte, bestätigte sich mein Bild.

In Beirut lernte ich eine Vielzahl von Künstlern, Journalisten und Kritikern kennen. Die Schriftstellerin Etel Adnan kam häufig aus Amerika herüber, ich übersetzte ihre Gedichte und Kurzgeschichten ins Arabische. Unsere Freundschaft und unsere Zusammenarbeit währen bis heute.

Ich wohnte in einem Vorort bei Tante Zina, Vaters Schwester. Ich werde sie niemals vergessen, sie empfing mich wie ein eigenes, wenn auch erwachsenes, selbständiges Kind. Manchmal beschwerte sie sich, ich hätte nie Zeit für ein Gespräch mit ihr. Auf jede nur erdenkliche Art versuchte sie, mich zum Heiraten zu überreden. Sie mochte Bulbul, die ab und zu mitkam, sagte, daß ich keine bessere Braut finden könne. Im Erdgeschoß des Hauses betrieb sie zusammen mit ihrem Mann einen Laden, dort versorgte ich mich kostenlos mit Zigaretten. Meine Tante erriet immer, wenn ich völlig blank war. Wollte ich fortgehen, folgte sie mir und steckte mir einen Geldschein zu: Kind, da hast du was. Mein Zimmer lag wie zu Hause in Kirkuk unterm Dach; Bücher, ein Bett und ein paar Stühle standen darin. Meine Lehrer ahnten nicht, wie und wovon ich lebte. Einmal besuchte mich Adonis zusammen mit meinen Freunden. Als er sich auf den wackeligen Stuhl setzte, von dem ich rasch einen Stapel Bücher und Papier geräumt hatte, fragte er mitleidig: Junge, so wohnst du. Warum hast du nichts gesagt, wir hätten dir helfen können, etwas Besseres zu finden. Wofür etwas Besseres, antwortete ich, ich bin selten hier. Weißt du, es gibt so viele interessante Orte in Beirut, hierher komme ich nur, wenn ich mich ausschlafen und ausruhen muß oder ein Gedicht schreiben will.

Einer der beliebtesten Plätze war das Café 'Hufeisen', eine Welt für sich. Man traf dort mehr oder weniger berühmte Künstler, kam, um zu sehen und gesehen zu werden, Neuigkeiten zu erfahren, über neue Kulturereignisse zu diskutieren. Gleichzeitig sonnte man sich in der Gegenwart klangvoller westlicher Namen. Eine Zeit lang trank Samuel Beckett hier seinen Tee. Langweilte uns das Fachsimpeln über Philosophie und Literatur, suchten wir außerhalb der Stadt Erfrischung, in den Bergen – kein hohes Gebirge, eher wellige Hügel voller Zedern. In jedem Garten blühten oder reiften Orangen. Entlang der Küste drängten sich Hotels und Cafés, der Strand war tagsüber drangvoll, und die Mädchen trugen aufreizendere Bikinis als die in Saint Tropez. Der Libanon war eine Attraktion für Touristen, die mit dem Gefühl, kurze Zeit im Paradies gewesen zu sein, nach Hause fuhren.

Es war kein Zufall, daß Adonis und Yousif gerade hier ihre Zeitschrift gegründet hatten, es wäre in keiner anderen Stadt des Orients möglich gewesen. Die multikulturelle Struktur sorgte für geistige Offenheit, es war uns keine Sekunde lang wichtig, ob jemand Christ oder Jude war, Sunnit oder Schiit, Druse oder Assyrer. Uns verband die Entdeckung und Entwicklung der Sprache, in der wir schrieben, die Übersetzung der besten Werke aus anderen Kulturen. Fortschritt, Fortschritt, Fortschritt wogte und raunte es um uns herum.

Die Gruppe suchte unaufhörlich nach etwas Neuem, über das man eine ungewöhnliche Geschichte schreiben könnte. Hierin tat sich besonders die syrische Schriftstellerin Ghada al Samman hervor. Sie stammte aus einer reichen Familie, ihr Vater war Dekan der Juristischen Fakultät in Damaskus und später Kultusminister Syriens. Sie hatte in Europa studiert und gelebt, in London, Paris und Berlin. Neben dem Bücherschreiben arbeitete Ghada als Journalistin, stets hungrig nach interessanten Erlebnissen. Bot die Wirklichkeit nichts Besonderes, sorgte sie selbst für Abenteuer, damit sie etwas zu erzählen hatte. So mietete sie beispielsweise ein Schiff und fuhr trotz Wellengang und Gewitter aufs Meer. Vielleicht wünschte sie einen Schiffbruch herbei, um gerettet zu werden und darüber berichten zu können. Ghada war eine sehr emanzipierte und selbstbewußte junge Frau, viele fanden sie rücksichtslos und arrogant. Frauen beneideten sie, weil die Männer nach ihrer Pfeife tanzten. Ihre männlichen Begleiter und Bewunderer nervte sie manchmal mit ihrer ständigen Sucht nach Ungewöhnlichem und ihrer Aufdringlichkeit, sie wollte immer im Mittelpunkt stehen. Aber sie war wirklich die Hauptperson, kannte alle und jeden, alle bedeutenden Persönlichkeiten, sogar den libanesischen Staatspräsidenten.

Ich mochte ihre Eigenart, mir gefielen ihre Arroganz und ihr Selbstvertrauen. Allerdings hatte ich damals keine besonders hohe Meinung von ihren Büchern. Sie produzierte viel, das heißt, sie schrieb sehr schnell, aber Massenproduktion bedeutet in der Literatur oft viel Ausschuß. Ich fand es immer schade, daß sie nicht genug Geduld hatte, um ihr Talent richtig zu entfalten; so ist ihre Prosa sehr uneinheitlich. Auf einer Seite brilliert sie mit ihrem Einfallsreichtum, auf der nächsten folgen Klischees.

Aber ich wagte es nicht, der mächtigen Ghada die Wahrheit über ihre Literatur zu sagen, vielleicht, weil sie mir als Frau gefiel. Ja, ich freute mich, wenn meine eifersüchtige Bulbul, meine große Beiruter Liebe, abends unser Café mied. So konnte ich länger Ghadas Gesellschaft genießen und zusehen, wie sie über ihre Verehrer herrschte. Eines Abends wurde es uns im 'Hufeisen' zu langweilig, und sie schlug vor, auf einen nahegelegenen Jahrmarkt zu gehen. Aber die Schießbuden und Achterbahnen waren genauso langweilig, sie brauchte mehr Aufregung und wollte über den Friedhof gehen. Ich war nicht begeistert davon, zu einer Zeit, da nur noch die Geister unterwegs sind, über die letzte Ruhestätte zu spazieren. Aber ich ging mit, ich wollte sehen, was sie da bei den Toten suchte. Dort angekommen trennten wir uns, Ghada ging entschlossen weiter, wir drei hinter ihr her. 'Ghada ist verrückt', wiederholte mein Freund, 'was machen wir hier nur?' Als wir neben einem offenen Grab standen, wußte Ghada plötzlich genau, was sie suchte. Sie wollte den Tod ausprobieren, wissen, wie es sich anfühlt, im Grab zu liegen. Kaum hatte sie ihren Wunsch geäußert, packten wir sie, der eine an den Armen, der andere an den Beinen, und ließen sie ins Grab hinab. Sie lag mit über der Brust gekreuzten Armen unten und antwortete nicht auf unsere Sticheleien. Da schauten sich meine Kumpanen an und beschlossen wortlos, Ghadas Erlebnis zu vervollkommnen. Mit vereinten Kräften schoben sie die schwere Steinplatte über das Grab. 'Gehen wir!' riefen sie und zogen mich mit. 'Seid nicht so grob', bat ich, 'sie wird da unten vor Angst krepieren. Natürlich, Ghada ist manchmal anstrengend, aber so was könnt ihr doch nicht machen.' Umsonst beschwor ich sie, sie wollten nicht umkehren und Ghada herausholen. Allein konnte ich die schwere Platte nicht bewegen. Ich folge ihnen ins 'Hufeisen', sie bogen sich vor Lachen und ließen alle Anwesenden wissen, sie hätten ein großes Geheimnis. Sie schmetterten meine Bitten ab zurückzugehen: diese Hexe müsse bis zum nächsten Morgen im Grab bleiben und den Tod von jeder Seite kosten. Ich dachte an Ghada, die allein in der Finsternis lag, und mir brach der kalte Schweiß aus. Plötzlich wurde mir klar, wie sehr ich sie mochte, ich konnte nicht ertragen, daß ihr etwas zustieß. Ich mußte sie befreien, so schnell wie möglich. Ich fragte zwei andere Freunde, ob sie mit mir auf den Friedhof gingen, aber sie sahen mich an, als hätte ich den Verstand verloren. 'Wir haben Ghada in einem Grab eingesperrt', erklärte ich. 'Die Verrückte, das geschieht ihr recht', auch ihnen erschien die Rache gerechtfertigt. Trotzdem konnte ich sie überreden mitzukommen. Eine halbe Stunde lang irrten wir zwischen den Gräbern herum, ich fand die Stelle, an der wir sie zurückgelassen hatten, nicht wieder. Wir gingen hin und her und riefen: Ghada, Ghada, lebst du? Keine Antwort. Wir hoben mehrere Steinplatten hoch, bis wir das richtige Grab fanden. Sie lag da wie tot, als wir sie aufrichteten, konnte sie sich nicht auf den Beinen halten. 'Ghada, sag etwas, bitte', wiederholte ich, aber sie schwieg, ich fürchtete mich vor ihren großen Augen, die im Halbdunkel leuchteten. Sie kam wieder zu sich, als wir den Friedhof verlassen hatten. 'Schaut, ich lebe!' lachte sie, mit einem Mal kam ihre ganze Energie zurück. Sie lehnte unsere Bitten, sich zu Hause auszuruhen, ab und ging zum Café. Wir sollten ihre Rückkehr ins Leben zusammen feiern.

Es war mein Glück, daß sie am Leben blieb, denn sie ließ ihre Freunde niemals im Stich. Ein paar Monate später saß ich im Gefängnis, weil ich kein Visum für den Libanon hatte. Gemeinsam mit meiner Freundin Bulbul unternahm sie alles, um mich herauszuholen. Sie setzte ihre Beziehungen ein, bis hin zum Präsidenten der Republik. Als ich endlich freikam, mischte sich Yousif al Khal wieder in mein Leben ein und überzeugte den amerikanischen Botschafter davon, daß er sich mit mir unterhalten müsse. Damals entschied es sich, daß ich in die USA zog.

Ein, zwei Tage, bevor ich an Bord ging, besuchte ich Adonis in seiner Redaktion. Er bedauerte meine Abreise, sagte mehrfach, Beirut werde ohne mich verlassen wirken. 'Heute arbeiten wir nicht', verkündete er. 'Laß uns an den Strand gehen, wer weiß, wann wir dazu wieder Gelegenheit haben werden.' Wir hatten keine Badehosen dabei, sondern kauften unterwegs welche. Dann verspeisten wir ein leckeres Hähnchen und erreichten den Strand in der größten Hitze. Auf einer Liege im Schatten eines Sonnenschirmes sah ich Yousif, er mochte an diesem Tag auch nicht arbeiten. 'Adonis', bat ich, 'schau, da ist al Khal, laß uns zu ihm gehen, ich will ihm guten Tag sagen.' 'Niemals, um nichts auf der Welt!' wehrte er ab. Ich spürte aber, daß er sich keineswegs so sicher war, es war eher ein Trotz, den er inzwischen selbst in Frage stellte, und so nahm ich ihn bei der Hand und zog ihn zu seinem Freund. Yousif öffnete ein Auge, he, Sargon, wie geht's, sagte er und sah dann Adonis. Sein Gesicht wurde finster und wieder hell, er sprang auf und die zwei umarmten sich wie Brüder, die sich lange nicht gesehen hatten. Ich drehte mich weg, ich war in diesem Moment der glücklichste Mensch auf Erden. Meine Träume waren Wirklichkeit, morgen fahre ich nach Amerika, zwei meiner engsten Freunde sind nach langem Streit wieder versöhnt. Ich hörte ihre Stimmen, sie redeten, als hätten sie ihr Gespräch nie unterbrochen. Ich wollte nicht stören, ich spürte in mir überschüssige Energie, die ich loswerden mußte. Ich stürzte mich ins Meer und schwamm. Ich schwamm und schwamm, ohne mich umzudrehen, meine euphorische Stimmung trug mich weit hinaus. Als ich innehielt und zurück wollte, war die Küste so weit weg, daß die Menschen klein wie Ameisen wirkten. Da erst begriff ich, daß die Wellen riesig und meine Kraft erschöpft waren. Ich versuchte zurückzuschwimmen, aber meine Arme waren zu schwach, um mich oben zu halten. Ich ging unter, mir war schwindlig, ich dachte, das sei das Ende; ich hatte keine Widerstandskraft mehr. Im nächsten Moment stemmte ich mich gegen meine Schwäche, mit letzter Anstrengung bewegte ich die Arme und kam an die Oberfläche, holte tief Luft und schrie um Hilfe, aber in dem aufgewühlten Meer hörte ich meine eigene Stimme nicht. Wieder zog es mich hinab, ich verlor das Bewußtsein.

Als ich die Augen aufschlug, lag ich in einem Schuppen, in dem Geräte zum Fischen aufbewahrt wurden. Neben mir kniete ein unbekannter Mann, über meinem Kopf erblickte ich Adonis' bleiches Gesicht mit zitternden, blauen Lippen. 'Gott sei dank, er lebt!' flüsterte er. Ich konnte nicht antworten, meine Augenlider flatterten, und ich erinnerte mich an das Geschehene. 'Du warst tot', sagte Adonis später. 'Eine halbe Stunde lang haben wir Wasser aus dir gepumpt und dich wiederbelebt.' 'Und wer hat mich aus dem Meer geholt?' Es war der Fischer, der neben mir kniete, er hatte mich gesehen, als ich zum letzten Mal aufgetaucht war, begriffen, daß ich ertrank, und war sofort in meine Richtung gerudert. Als er mich zum Strand brachte, glaubte niemand daran, daß ich überleben könnte.

Einen Tag danach begann meine Reise in eine ganz neue Welt.

Kurze Zeit nach meinem Aufbruch rutschten Beirut und der Libanon in die Katastrophe des Bürgerkriegs. Er dauerte über fünfzehn Jahre.

Fremde Einmischung zerstörte das Gleichgewicht, das Christen und Muslime jahrelang aufrechterhalten hatten. Der Appell an die Vernunft hat die Kriegstreiber noch nie aufgehalten. Viele Nationalisten ertrugen es nicht, daß Menschen aus verschiedenen Kulturen und Religionen friedlich nebeneinander lebten, daß Demokraten und kosmopolitisch Gesinnte davon profitierten. Tatsache ist, daß die libanesischen Christen starke und gut bewaffnete Militär- und Polizeikräfte hatten. Dann versorgten andere Staaten, besonders der Iran, die Muslime mit Waffen und Beratern und rieten zum Kampf: Nehmt den Christen die Überlegenheit, nehmt die Macht in eure Hände! Dann marschierte Israel im Libanon ein und versuchte, die PLO dort zu vernichten. In den Lagern Sabra und Schatila geschahen Massaker an palästinensischen Zivilisten, über zweitausend Frauen, Kinder und Alte wurden umgebracht. Die libanesischen Christen unterstützten die Israelis in ihrem Kampf gegen die Palästinenser. Die PLO verließ unter dem Schutz der UN Beirut. Nach einiger Zeit wußte man nicht mehr, wer warum gegen wen kämpfte, Beirut war voll von verschiedenen Heeren und Befehlshabern, jede Straße, jedes Haus war ein Schlachtfeld. Wenn die Nachrichtenagenturen berichteten: 'wieder Bomben auf Beirut', bedeutete das die Hölle für dessen Einwohner. Die Menschen überlebten in Tunneln und Kellern. Lange, zu lange waren Töten, Vergewaltigen, Plündern, Tilgen aller Zivilisationsspuren Beiruts Wirklichkeit. Nichts blieb von der herrlichen, offenen Stadt, dem Miteinander, den kulturellen Höhepunkten. Ich war neunzehnhundertvierundachtzig dort. Das alte Beirut lebt wie mein Geburtsort al Habbaniya nur noch in meiner Erinnerung.

*

42

Als ich mich entschloß, in Sarajevo Journalistik zu studieren, debattierten mein Mann und meine Schwiegermutter häufig darüber. 'Mein Sohn, deine Frau nimmt sich zuviel heraus, sie macht was sie will, und du schweigst dazu. Sie hat die Mittelschule abgeschlossen, wozu braucht sie ein Studium.' Die Schwiegermutter war wütend und besorgt. 'Wenn sie erst mal aus dem Haus geht, kommt keiner mehr an sie heran. Willst du kochen und waschen? Ich bin alt, ich kann die Last nicht übernehmen. Wenn sie die Hochschule abschließt, wachsen ihr Flügel und sie wird dich verlassen.' 'Aber Mutter, das stimmt nicht', verteidigte er sich. 'Sie klagt seit langem, daß sie zu früh geheiratet hätte und nicht studieren konnte. Das werde sie ihr Leben lang bereuen. Soll sie es doch ausprobieren, damit sie mir später nicht vorwirft, ich hätte ihr etwas vorenthalten. Du kennst mich, der Haushalt muß in Ordnung sein, sie mag lernen so viel sie will, solange die Familie an erster Stelle steht.'

Ich hörte nur, daß er mich nicht daran hinderte, die letzten Sätze beachtete ich nicht. Ich dankte Gott, daß ich dieser langweiligen bosnischen Provinz endlich entrinnen konnte. Ich dachte nicht daran, wie lange mein Arbeitstag von nun an sein würde, ich glaubte, mit Disziplin und guter Organisation ließe sich alles regeln.

Nach dem ersten Erfolg raffte ich meinen Mut zusammen und schickte mein erstes Hörspiel an die zuständige Redaktion bei Radio Sarajevo. Zwei Wochen wartete ich auf eine Antwort, dann versank ich in Verzweiflung. Plötzlich fand ich das Thema lächerlich und alles, was ich bisher geschrieben hatte, schrecklich naiv. Ich stellte mir dem Redakteur vor, der sich vor Lachen bog, während er meine schlecht getippten Seiten in den Papierkorb warf.

Er hat sie nicht weggeworfen, bald kam ein liebenswürdig formulierter Brief mit der Einladung, in die Redaktion zu kommen. Der Redakteur Sreten Kluberic wollte sich mit mir persönlich unterhalten. In meinen wildesten Träumen hätte ich nicht geglaubt, daß ausgerechnet er sich melden würde; seinen Namen hörte man sowohl im Radio als auch im Fernsehen recht häufig, als den des Redakteurs und Autors erfolgreicher Fernseh- und Hörspiele. (Ich habe den Namen geändert, warum, wird aus den Ereignissen ein Jahrzehnt später deutlich werden.)

Ich rief vorher an. Die tiefe, kultivierte, ruhige Stimme des Mannes genügte, um meine Phantasie anzuregen. Er sprach mit angenehmen Tonfall, behandelte mich zuvorkommend, als sei ich bereits eine bekannte Schriftstellerin, und zugleich beschützend, als ahne er, daß mir das Herz bis zum Hals schlug. Wir vereinbarten ein Treffen drei Tage später, und bis dahin malte ich mir aus, wie der Mann zu dieser Stimme wohl aussehen mochte.

Keine meiner Vermutungen traf zu. Verängstigt und verwirrt stand ich in der Tür zu seinem ziemlich düsteren, mit Tischen und Stühlen vollgestopften Büro. Seine Glatze und seine Augen schienen in diesem Halbdunkel zu leuchten. Er sah mich neugierig an. Die Stimme war dieselbe, beruhigend, akzentfrei, so daß man nicht sagen konnte, woher er stammte. 'Ich freue mich sehr, daß Sie gekommen sind und wir uns persönlich kennenlernen können', sagte er und reichte mir die Hand. Meine Hand schwitzte, mein Gesicht glühte, als hätte ich es mit scharfer Paprika eingerieben. Zum Glück klingelte das Telefon. Während er sich meldete, fing ich mich wieder.

Ich war so damit beschäftigt gewesen, mir eine Person zu der Stimme auszudenken, daß ich nicht darüber nachgedacht hatte, warum er mich sehen, was er mir mitteilen wollte. Nachdem er den Hörer aufgelegt hatte, führte er mich in einen Raum, in dem uns weder Kollegen noch Anrufe störten, und setzte zu Erklärungen an, die mir wie ein Märchen vorkamen und die ich überhaupt nicht mit mir und dem Hörspiel, das ich ihm geschickt hatte, in Verbindung bringen konnte.

'Safeta, ich arbeite hier seit vielen Jahren als Redakteur, ich bin außerdem für die Literatur bei verschiedenen Zeitschriften verantwortlich. Die ganze Zeit warte und hoffe ich darauf, daß eine Frau auftaucht, die den Mut hat, richtige Prosa zu schreiben. Sie brauchen mir nichts zu sagen, ich weiß genau, wieviel Sie lesen und um sich herum beobachten mußten, um so etwas zu schreiben. Das Gespür für Dialoge konnten Sie nicht lernen, das hat Ihnen Ihr Talent verliehen. Für unsere bosnische Landschaft bedeutet es sehr viel, daß ein muslimischer Frauenname auftaucht.' 'Warum muslimisch?', fragte ich mich, brachte aber nicht die Lippen auseinander. 'Ich dachte, Sie hätten mich als Autorin, nicht als Muslimin eingeladen.' 'Ich glaube fest an Ihre Begabung, an Ihr inneres Bedürfnis zu schreiben, und daran, daß Sie etwas zu sagen haben. Deswegen werde ich Ihnen helfen, soweit es in meiner Macht steht.'

Ich schäme mich nicht zuzugeben, daß ich die Welt nicht mehr verstand, wie konnte meiner Ansicht von den Geschehnissen in einem Dorf so viel Bedeutung zukommen?

'Ich verspreche, Ihnen zu helfen, wenn Sie mir versprechen, weiter-zuarbeiten', fügte der Redakteur hinzu. Ich fragte mich, wozu ich Hilfe brauchen sollte, ich verstand nicht, was er mir anbot. Um nicht durch mein Schweigen dumm zu wirken, sagte ich zu – ohne zu wissen, was ich ver-sprach. Dann erst gab er mir mein Manuskript zurück. Als ich es aufschlug, traf mich der Schlag. Alle Seiten waren vollgemalt mit rotem Leuchtstift. 'Keine Angst, das sind Anfängerfehler, Ihnen fehlt das Handwerk. Aber ich bin mir sicher, daß Sie es bei Ihrer Begabung rasch lernen werden. Ich habe Ihnen ein bißchen Literatur zusammengestellt, damit Sie es leichter haben.'

'Handwerk, ich wußte nicht, daß man zum Schreiben Handwerk braucht. Eine Schneiderin, eine Sekretärin, eine Weberin, eine Friseurin hat ein Handwerk gelernt. Was soll das für ein Schriftstellerhandwerk sein und wie kann man es erwerben?', protestierte ich in mich hinein, mit dem Gefühl, daß dieser glatzköpfige Redakteur mit seinem liebenswürdigen Lä-cheln und den neugierigen Augen sich doch nur über mich lustig machte.

Aber er behielt Recht. Das literarische Handwerk erlernte ich mit seiner Hilfe in den folgenden Jahren.

Durch das Journalistikstudium öffnete sich mein Blick für Politik. Ich las nun wichtige Tageszeitungen aus Belgrad, Zagreb und Sarajevo. Es war in der Zeit, in der die großen Ideologen des Sozialismus starben, ei-ner nach dem anderen, darunter auch Tito selbst. Noch flatterten die Flag-gen des geeinten Jugoslawien, und der kommunistische Treueschwur zu Titos Werk, zu Brüderlichkeit und Einheit tönte noch als Hymne des Chors fast aller Völker und Nationalitäten. Die Albaner im Kosovo nahm nie-mand ernst, eine starke Hand würde das schon in Ordnung bringen. Zeitun-gen und Journalisten wetteiferten in der Verurteilung von Titos Gegnern, nur daß man deren Schuld in den jeweiligen Hauptstädten der Republiken mit unterschiedlichen Maßstäben beurteilte. Sarajevo und Belgrad erlebten einen heftigen Schlagabtausch zwischen einigen serbischen und muslimi-schen Intellektuellen und einem Schriftsteller, der von Sarajevo nach Bel-grad geflohen war. Die Geschichte hatte eigentlich fünfzehn Jahre früher begonnen, sie hing mit dem Nationalismus und dem kommunistischen Ein-heitswahn zusammen. Letzterer duldete nicht, daß Einzelne aus dem ideo-logischen Rahmen fielen und Dinge anders als vorgeschrieben sahen. Als diese Geschichte anfing, war ich noch sehr jung, frisch verheiratet, beschäf-tigt mit Kinderkriegen und -aufziehen, aber auch mit Versuchen, lesend das durch die frühe Heirat Versäumte nachzuholen. Mir fehlte die Zeit, um mich darüber hinaus zu informieren. Ich bekam also erst die Fortsetzung der Geschichte mit, die sich parallel zur Veröffentlichung meiner ersten Erzählungen und Dramen in Sarajevo entwickelte. Sreten Kluberic war in der Zwischenzeit mein Mentor geworden.

Fast jeden Tag stand damals der Name eines bekannten serbischen Schriftstellers in den Zeitungen, der in der Sarajever Kulturszene des Nationalismus bezichtigt, in Belgrad jedoch als wahrhafter Virtuose des geschriebenen Wortes gefeiert wurde, der mit seiner Literatur und seinem Wahrheitswillen dem Parteiregime eisern widerstand. Dieser Schriftsteller flüchtete nach der Veröffentlichung eines Romans über die wechselseitigen Vertreibungen von Bosniaken und Serben im Zweiten Weltkrieg von Sarajevo nach Belgrad. Vielleicht hätte ihm die Partei verziehen, daß er das Böse wieder ausgrub, hätte er nicht auch die Kommunisten anders als gewohnt beschrieben. Er sprach offen aus, daß Titos Partisanen nicht besser als die übrige Soldateska gewesen waren, die sich unter der deutschen Besetzung neunzehnhunderteinundvierzig bis fünfundvierzig in Bosnien herumgetrieben hatte. Seine Flucht von Sarajevo nach Belgrad hat sich für ihn in jedem Fall ausgezahlt, man sicherte ihm eine Wohnung und ausgezeichnete Arbeitsbedingungen zu; und alles lief darauf hinaus, daß ihn 'Türken' (so heißen im serbischen Jargon die Bosniaken) und Fundamentalisten aus Sarajevo gejagt hätten und nicht die Kommunisten. In dem wohlwollenden Belgrader Klima wühlte dieser Schriftsteller noch tiefer in der Geschichte. Sein nächster Roman rollte die osmanische Zeit Bosniens auf und öffnete damit Pandoras Büchse, in der 'Schicht für Schicht der Haß lag'. In dieser dicken Chronik reizte er Andrics Maxime aus, Bosnien sei finsterste türkische Provinz, und im literarischen Ranking stand er bei der orthodoxen Bevölkerung in Serbien und Bosnien weit oben. Natürlich wurde der Roman in Sarajevo an den Pranger gestellt. Alle Intellektuellen, nicht nur die muslimischen, wehrten sich gegen die Verfälschung der Geschichte, besonders gegen die Gleichsetzung von Türken und bosnischen Muslimen. Der Schriftsteller schob ein Buch unter dem Titel 'Anateme' (Anathemata, Bannsprüche) nach, um zu erklären, warum seine Romane eine solch politische und ideologische Dimension bekamen. Der dokumentarische Band wurde mit noch mehr Verbitterung aufgenommen. Bosnien und Sarajevo kannten keinen größeren Feind als diesen Schriftsteller. Belgrad hingegen feierte und bejubelte ihn, nominierte ihn für Preise, Interviews standen in fast allen Zeitungen.

Ich hatte beide Bücher gelesen, der historische Roman war literarisch gesehen Durchschnitt, fast eine Andric-Imitation, jedoch langatmig, voller Nationalstolz und kitschiger Beschreibungen. Das Thema ließ mich kalt, auch wenn ich mich nicht persönlich beleidigt fühlte, weil er die längst verblichene türkische Herrschaft angriff. Es interessierte mich nicht, daß und warum Christen den Islam angenommen hatten und ihrer orthodoxen Herkunft untreu geworden waren. Anathemata, das zweite Buch, beschrieb den Leidensweg des Autors; ich las es als Angriff auf kommunistische Dogmen und fand es sogar gut, daß jemand dem Regime die Zähne zeigte. Da ich immer instinktiv auf der Seite des Einzelnen stand, dachte ich, solche Vorfälle würden trotz aller Politisierung zur Demokratisierung der Gesellschaft beitragen. Später schämte ich mich zutiefst für diese Naivität.

Intellektuell vertiefte sich das Verhältnis zwischen mir und meinem Mentor ständig. Er wollte, so formulierte er es selbst, ein so frisches Talent wie das meine vor dem Untergang bewahren. Oft, zu oft betonte er die Unterschiede unserer Herkunft und prahlte, er sei mit vielen angesehenen Persönlichkeiten Sarajevos befreundet, die aus dem muslimischen Milieu stammten. Mitunter störte ich mich daran, ich wählte meine Freunde nicht nach Herkunft und Prestige aus. Allerdings hatte ich auch nicht viele Freunde, eigentlich gar keine, die in unserer Kulturszene eine Rolle spielten.

Das Versprechen, fleißig weiterzuarbeiten, versuchte ich zu halten. Ich wollte sein Vertrauen in mich rechtfertigen, ihm beweisen, daß er sich nicht in mir täuschte, und so suchte ich in meinen engen Lebensverhältnissen nach Themen, über die zu schreiben sich lohnte. Ich begann, umfassender über das Schicksal von Frauen in Bosnien nachzudenken. Irgendwie kristallisierte sich das bei unseren Gesprächen heraus, weil er so oft darauf hinwies, wie wenig von Frauen geschriebene Bücher Jugoslawien habe, daß Frauen beim alltäglichen Organisieren des Lebens eine ungeheuer wichtige Rolle spielten, sie jedoch verschwänden, sobald dieses Leben in Kunst transformiert würde. Sreten Kluberic war selbst ein sehr moderner Schriftsteller, so sparsam mit Worten und Beschreibungen, daß man in seiner Prosa sofort das handwerkliche Gerüst durchschimmern sah. Jedesmal, wenn ich etwas von ihm gelesen hatte, dachte ich, daß er es mit dem Handwerklichen zu Lasten der Einbildungskraft übertrieb, obwohl ich mich natürlich nicht traute, das laut zu sagen. Ich war schließlich seine Schülerin, er war es, der mich unterrichtete, und zwar, das muß ich zugeben, äußerst kenntnisreich. Mit wenigen Sätzen deckte er die Schwachstellen meiner Erzählungen auf.

Mein Leben stand unter dem Motto: Wie bewältige ich den Alltag so, daß ein bißchen Platz für geistiges Leben bleibt? Mein Aktionsradius war begrenzt. Morgens Fahrt mit dem Bus nach Sarajevo zur Arbeit, acht Stunden im Büro, dann mit zwei schweren, unvermeidlichen Taschen voll frischem, auf dem Markt gekauften Obst und Gemüse zurück nach Pale. Daheim angekommen zuerst die Pflicht. Die Kinder kamen hungrig aus der Schule, der Mann von der Arbeit und die Schwiegermutter aus ihrem Zimmer. Kurze Pause beim nachmittäglichen gemeinsamen Kaffee, Austausch von Neuigkeiten. An schönen Tagen ein Spaziergang mit dem Gatten in die Natur. Anschließend Vorbereitung des nächsten Tages und Zufriedenheit, wenn ich mich ein, zwei Stunden an den Schreibtisch setzen oder mich in ein Buch vertiefen konnte. Die Wochenenden blieben der gründlichen Reinigung der Wohnung oder der Zubereitung eines aufwendigen Mittagessens vorbehalten.

Es war ein Glück, daß Sreten sich gern mit mir unterhielt, durch diese Gespräche kam ich schneller voran, merkte, was ich lesen, bedenken, behalten mußte. Dank meines guten Gedächtnisses erwischte ich ihn bei einigen Inkonsequenzen, besonders bei seinen Vorstellungen über Balkanismus und Kosmopolitismus. Die Analyse seiner fehlerhaften Schlüsse stärkte meine Urteilskraft und trug dazu bei, eigene Ansichten zu entwickeln. Leider war die Zeit für diese Gespräche nicht sehr großzügig bemessen, wir trafen uns ab und zu in einem Café, in seinem Büro oder besuchten uns mit dem Ehepartner. Innerhalb kürzester Zeit freundete ich mich auch mit seiner Gattin an, einer sehr intelligenten, aber aufgrund verschiedener familiärer Besonderheiten sehr müden und verschlossenen Frau. Es war unübersehbar, daß seine Auffassung hinsichtlich der Emanzipation der Frauen, ihrer zwei- und dreifachen Belastung in unserer Gesellschaft letztlich von ihr stammte. Ihre Bekanntschaft bereicherte mein Leben auf eine andere Art, sie kannte sich aus im Leben und war zudem in Literatur, Musik und Kino bewandert, hatte eine sehr differenzierte und scharfsinnige Meinung, ohne diese – wie es ihr Gatte tat – anderen aufdrängen zu wollen.

Ich verfaßte mein zweites Hörspiel, 'Svjedok', der Zeuge. Auch hier ging es um Freundschaft und Haß zwischen zwei Nationalitäten, Serben und Bosniaken, die Handlung spielte in der Gegenwart. Mein Mentor war sehr zufrieden, gratulierte mir zu meinen Fortschritten in der Beherrschung des Handwerks und lud mich in sein Büro ein, um den Vertrag zu unterschreiben. Im Gespräch sagte ich etwas über das politisches Klima, die unaufhörlichen Reibereien zwischen Schriftstellern und Politikern. Wieso durfte die Literatur nicht ihr Leben leben, hatte sie Wert, würde sie Bestand haben, und wenn nicht? Er schilderte daraufhin die neuesten Vorkommnisse im Fall seines Bruders. Ich hielt inne, alarmiert. Dieser Schriftsteller aus Belgrad, der Sarajevo angriff, panislamistischer Umtriebe zieh, dessen Bücher eine Abrechnung mit dem Regime darstellten, war Sreten Kluberics Bruder. 'Ihr seid wirklich verwandt?' stotterte ich. 'Naja, unsere Nachnamen stimmen nicht ganz überein, er hat den ursprünglichen Familiennamen beibehalten, meiner wurde im Kriegswaisenheim serbisiert, er heißt Klubera, ich Kluberic, aber wir haben denselben Vater, dieselbe Mutter', antwortete er ohne die geringste Verlegenheit.

Wenn ich aus der zeitlichen und räumlichen Distanz heraus mein Leben in den achtziger Jahren betrachte, sehe ich mich selbst als unsichere, intellektuell unreife Person, die sich leicht beeinflussen ließ. Unglücklicherweise hatte ich durch die Heirat und das damit verbundene Verlassen der Mittelschule jeden Kontakt zu meiner Generation verloren und den Anschluß an geistige Entwicklungen verpaßt, die Studenten- und Frauenbewegung verschlafen. Ich kann mich nicht einmal daran erinnern, je über mich selbst nachgedacht zu haben, wer bin ich, wohin gehöre ich? Später glaubte ich, diese Leerstelle nicht mehr füllen zu können.

Auch als ich Prosa- und Zeitungsbeiträge veröffentlichte, änderte sich meine Situation nicht grundlegend. Ich bekam zwar literarische Auszeichnungen, Schlag auf Schlag erschienen fünf Hörspiele, mehrere Erzählungen in wichtigen Zeitschriften von Sarajevo, Belgrad, Podgorica und Skopje, mein erstes Buch mit gesammelten Prosatexten, aber ich gehörte nicht zu den literarischen Zirkeln der Stadt. Ich lebte wie zuvor isoliert in Pale, die einzigen lebendigen intellektuellen Quellen für mich waren mein Mentor und dessen Frau. Es gab keine Stipendien, die Anfängern helfen oder die künstlerische Arbeit hätten fördern können. Bedeutendere Schriftsteller, meistens Männer, saßen auf diversen Redakteursposten, die gut bezahlt wurden, ohne daß man dafür den ganzen Tag arbeiten mußte. Solche privilegierten Bedingungen hingen häufig eher von politischen Seilschaften und Ellenbogeneinsatz als von der literarischen Qualität ab.

Verwunderlich war, daß man meine Texte druckte und las, privat hörte ich viel Lob, aber keiner der muslimischen Intellektuellen wollte wissen, wer ich sei, was ich tat, ob man mir, und sei es nur durch Ermutigung, helfen könne. Ich erinnere mich an eine Begegnung mit einem damals jungen und ambitionierten Dichter und Redakteur einer bedeutenden Literaturzeitschrift, ich nenne nur seine Initialen: Z.K. Von ihm sagte man, er gehöre zur Elite der jüngeren bosnischen Intellektuellen. Er lachte mich aus, als ich ihm eine meiner Erzählungen gab, und riet mir, ich solle mein Wissen für mich behalten und anderen Frauen nicht die Augen öffnen, denn damit würde ich den Haß der Männer auf mich ziehen. Er schlug ein zweites Treffen vor, jedoch nicht in seinem Büro, sondern in einem Motel zwischen Pale und Sarajevo. Er staunte, als ich ablehnte, und fragte mich, ob ich nur theoretisch emanzipiert sei, ob ich das nicht auch praktisch beweisen könne. Ich habe ihm natürlich nie wieder einen Text angeboten. Das Gefühl der Erniedrigung verflog rasch, und später thematisierte ich die Angelegenheit in mehreren Erzählungen. Mit Frauen, die sich wie ich auf dem Feld der Literatur versuchten, bekam ich nie Kontakt, sie waren nicht fähig, sich gegenseitig zu unterstützen; weibliche Solidarität habe ich nicht kennengelernt. Jede der Frauen schlug sich auf ihre Weise durch das Dickicht gesellschaftlicher Vorurteile und der Mißachtung seitens männlicher Kollegen. Ihre Geschlechtsgenossinnen betrachteten sie nur als Konkurrenz.

Ich dachte wohl, ich hätte etwas über unsere politische Wirklichkeit gelernt, in Wirklichkeit dilettierte ich nach wie vor. Die Erkenntnis, daß mein Mentor und der 'bösartige Nationalist' in Belgrad Brüder waren, schockierte mich im ersten Moment. Doch es war eine Sache, über derlei nachzudenken, solange es abstrakt blieb, hier der Schriftsteller, da der Anhänger des Regimes. Aber jetzt rückte es näher, plötzlich hatte es mit mir und meinem Wunsch zu schreiben zu tun, und durch diese Nähe stellte sich eine Vielzahl von Fragen. Sreten Kluberic verheimlichte nicht, daß er zu seinem Bruder hielt, seiner Meinung nach wollte dieser mit seinen Büchern nicht den Haß aufstacheln, sondern Tabuthemen der Vergangenheit ausräumen. Unzulänglich genug versuchte ich, über solche Leute nachzudenken und kam zu dem Schluß, die Kommunisten seien an allem schuld. Das Regime forderte seine Opfer, an denen es seine uneingeschränkte Macht demonstrieren konnte. Sie hatten Dusan Klubera zuerst verbannt und zum Aufrührer gemacht; nun paßte es ihnen ins Konzept, daß er die Aufmerksamkeit der Untertanen auf die realen gesellschaftlichen Probleme lenkte. In einigen Monaten wäre alles vergessen und ein anderer an der Reihe. Mein Mentor wuchs in meinen Augen: 'Er ist doch ziemlich charakterstark', dachte ich. 'Er unterstützt, unterrichtet und lenkt junge Menschen. Wenn er immerzu betont, daß er Muslimen hilft, dann ist das ein Versuch, sich zu rechtfertigen. Wahrscheinlich gibt es in seiner Redaktion viele Spitzel, die nach oben weitergeben, was er tut und sagt. Und er will nicht, daß der Fehler seines Bruders auch ihm angehängt wird.'

Mein Mentor und ich setzten, nachdem ich gesprächsweise gezeigt hatte, daß ich die Angelegenheit auf die richtige, das heißt supranationale Art interpretierte, unsere Freundschaft und Zusammenarbeit fort. Unser Vertrauen vertiefte sich, meine Neugier und sein Wunsch, Kenntnisse aus verschiedenen Gebieten zu vermitteln, vor allem aus Geschichte und Kultur, wuchsen. Natürlich standen auch diverse politische Themen auf unserem Programm. Ich erfuhr, daß sein Bruder daran festhielt, daß man durch die Literatur die Vergangenheit erklären könne. Die Familie stammte aus einem Gebiet Zentralbosniens, in dem die wechselseitige Vertreibung der orthodoxen und muslimischen Einwohner während des Zweiten Weltkrieges dazu geführt hatte, daß alle Häuser samt und sonders niedergebrannt und mehr Menschen tot als lebendig waren. Die Ustasa ermordete seinen Vater, einen angesehenen Kaufmann, aber die muslimischen Nachbarn halfen der Mutter, die Kinder zu retten und in eine andere Stadt zu flüchten. Danach wurden diese Nachbarn ermordet und ausgeräuchert, von Cetniks, die vorgeblich die Serben retten wollten. Sreten wählte, während er darüber sprach, seine Worte sehr gewissenhaft, bemüht, die Schuld gleichmäßig zu verteilen. Mich erstaunte und begeisterte, daß seine Analysen frei von balkanischen Gefühlsausbrüchen oder einer übertriebenen Emotionalität waren. Es war eben so, sie hatten wegen des Krieges ihr Zuhause verloren, Kindheit und Jugend im Waisenhaus verbracht, aber viele andere hatten dasselbe durchgemacht. 'Man muß alles tun, damit das Böse nicht hochkocht, denn dann bleibt keiner sauber. Es fällt mir nicht ein, die Kinder dieser Leute für die Taten ihrer Eltern anzuklagen. Dennoch müssen diese Kinder wissen, was geschehen ist, damit es sich nicht wiederholt. Das war auch die Absicht meines Bruders, wir sollten offen darüber reden, damit wir die Rechnungen friedlich begleichen können und nicht ungelöst mit in die Zukunft schleppen.' Darin stimmte ich ihm nicht zu, die Vergangenheit lag hinter uns, neue Generationen hatten anderes im Sinn, träumten von europäischen Verhältnissen und wollten statt des verknöcherten, korrupten Regimes eine demokratische Regierung, aber nicht durch eine Revolution, die würde das Übel nur vergrößern, sondern durch normale, demokratische Wahlen.

Zugegeben, ich interessierte mich nicht sonderlich für die Vergangenheit, hörte Sreten lieber über die Gegenwart sprechen, beispielsweise darüber, wie er wegen Beziehungen zu angeblichen Kominform-Anhängern in die Fänge der Geheimpolizei geriet. Tagelang verhörten sie ihn auf der Polizei, nicht, um ihn anzuklagen, er sollte als Zeuge in einem Prozeß gegen einen Freund auftreten, einst ein überzeugter Kommunist, der sich sehr für die Umsetzung der Theorie in die Praxis eingesetzt hatte.

Doch auch diese Polithistörchen langweilten mich bald, viel angenehmer waren Unterhaltungen mit Sretens Gattin über die hiesige weibliche Geisteshaltung. Mit ihr konnte man sich über die Tatsache aufregen, daß ausgerechnet Frauen die Tradition mit ihren ungeschriebenen Gesetzen am eifrigsten hüteten. Ich hörte gern von ihren Freundinnen und Bekannten, die es geschafft hatten, nach Zagreb zu ziehen. Dort wehte die Luft der Emanzipation schon seit langem. Wir zwei überlegten hin und her, wie man Schößlinge dieser Blume in unserer Gegend anpflanzen könne. Und dann wandten wir uns wieder unseren häuslichen Pflichten zu, ich allerdings mit mehr Lust und Energie, denn ich war wesentlich jünger als sie. Sie riet mir, langsamer zu werden, damit ich mich nicht zu sehr verausgabe und in mittleren Jahren ausgebrannt wäre.

Und dann gab es nicht mehr viel, was ich von diesen Leuten hätte lernen können. Trotzdem traf ich sie gern, es war anregend. Sie überredeten mich, Englischkurse zu belegen, gemeinsam besuchten wir Ausstellungen oder Kinovorstellungen. Sie waren gut über das Kulturleben in Belgrad und Sarajevo informiert. Unsere Gespräche orientierten sich an bestimmten Themen. Meine Freunde hörten mir gern zu, und so lernte ich meine Ansichten präziser vorzutragen. Sretens Bruder erwähnten wir selten, er veröffentlichte weiter Bücher ähnlichen Inhalts, ohne deswegen besser zu schreiben. Mein Mentor übrigens auch nicht, er drehte sich im Kreis, schrieb meistens über das Verhältnis des Individuums zur Macht, und die handwerklichen Knochen lugten überall aus seinen literarischen Konstruktionen heraus. Inzwischen publizierte und lobte man ihn in Sarajevo, er hatte großen Einfluß auf Anfänger. Obwohl er seinen Stuhl in der Redaktion längst geräumt hatte, mehrere Jahre lang andere Funktionen bekleidete und schließlich Frührentner wurde, war er noch immer stolz auf den Glanz seiner Mentorenrolle. Er zählte den gesamten Nachwuchs bei den muslimischen Intellektuellen zu seinen Freunden und Schülern, darunter auch jenen Z.K., der mir vorgeschlagen hatte, meine geistige Emanzipation praktisch umzusetzen und meine Erzählung via Matratze auf die Seiten 'seiner' Zeitschrift zu bringen.

Nie, auch nicht, als mich die Aufgaben als Mutter, Gattin und Büroangestellte fast erstickten, hörte ich auf zu schreiben. Immerzu spann meine Phantasie etwas hervor, sei es eine Erzählung, sei es ein Hörspiel, und wenn ich ein bißchen mehr Zeit hatte, setzte ich mich an den vor Jahren begonnenen Roman 'Ein bosnisches Gastmahl'. Nur meine Isolation blieb immer dieselbe, ich gehörte keinem Kreis an, keiner öffnete sich mir. In den politisch überhitzten Jahren vor dem Zerfall Jugoslawiens wirkte das plötzlich wie ein Vorteil, es schützte mich. 'Das Wichtigste ist jetzt, das Gehirn von diesem nationalistischen Dreck freizuhalten', dachte ich, zum ersten Mal froh, weil ich nicht Journalistin hatte werden können.

Als ich meine Freunde das nächste Mal besuchte, sprach ich die Erkenntnis laut aus und hoffte, in ihnen Gleichgesinnte zu finden. Sie schwiegen, als wüßten sie nicht, wovon ich redete. Ich erläuterte den Zusammenhang, flocht einige ihrer früheren Gedanken ein, als seien es meine, aber umsonst. Sie versanken nur noch tiefer in Schweigen. Warum, fragte ich mich, begriffsstutzig. Sie sahen die Welle des Nationalismus in ihrem Volk keineswegs als Entgleisung. Aber das merkte ich erst, als mir die Bemerkung herausrutschte, man könne im Gesicht des serbischen Führers Milosevic seine Brutalität und Machtgier lesen. Das Ehepaar Kluberic sah mich entgeistert an. 'Du liest zu oft Zagreber Zeitungen', sagte mir der Mann, der mich einst in die Welt universaler Werte eingeführt hatte. 'Nimm die Belgrader Blätter, dann wirst du merken, daß Serbien endlich den Führer hat, der die Interessen des serbischen Volkes zu verteidigen weiß.' Ich dachte, er scherze, die Spatzen pfiffen es von den Dächern, daß kroatische und serbische Zeitungen zum gleichen Thema das exakte Gegenteil schrieben. Aber seine entschlossene, harte Miene bewies, daß es ihm ernst war und ich mich mit meiner abfälligen Bemerkung über ihren 'Führer' an unserer Freundschaft versündigt hatte. Das war der Anfang, danach glich jedes Gespräch einem Verhör, Sreten wollte, daß ich den Kern des Problems begreifen, daß ich verstehen sollte, warum die Serben ihre Interessen schützen müßten und nicht für Jugoslawien kämpfen könnten. Kluberic fiel wieder in die Rolle des Mentors, wechselte jedoch das Fachgebiet. Auch seine Frau versuchte mich zu überzeugen, ich wurde zu Rechtfertigungen gedrängt, ohne daß ich mir eines Vergehens bewußt gewesen wäre. Sie griffen mich an, weil Kroaten und Bosniaken bei einer Versammlung in Sarajevo ihre Fahnen miteinander verknotet hatten, weil man dem Cetnik-Führer Seselj nicht erlaubte, im bosnischen Fernsehen aufzutreten. Ich war schuldig, weil ich mich darüber beschwerte, daß die Kirche in Pale fast jedes Wochenende Gelage veranstaltete, bei denen Waffen abgefeuert und nationalistische Lieder gegrölt wurden. 'Das Volk hat sich eben aus den Fesseln befreit, das muß es ausleben', lautete die Erklärung. 'Mensch, das Gedröhn erreicht mehrere Hundert Dezibel, keine Mauer der Welt kann uns vor dieser Musik schützen', erwiderte ich, und meine Freunde fanden, ich reagiere so empfindlich auf die Musik, weil ich gegenüber anderen Kulturen intolerant sei. Die geringste Andeutung, daß der Weg, den die serbische Führung eingeschlagen habe, unsere nationalen Probleme nicht lösen würde, führte zu der Anschuldigung, ich verstünde die Sache nicht, informiere mich aus den falschen Quellen. Zeitungen brachten die Meldung, Serbien habe in das Geldwesen Jugoslawiens eingegriffen; ungedeckte Ausgaben setzten die Inflation wieder in Gang. Mein Freund behauptete, der Vorsitzende der damaligen Reformregierung, Markovic, lüge, es handle sich wieder um eine Propagandafinte gegen Serbien. Auch die Kroaten lögen, die jugoslawische beziehungsweise serbische Armee hätte keine Verbrechen an der Zivilbevölkerung in Ostslawonien und der Krajina verübt, die Zerstörung von Vukovar sei nur der Versuch gewesen, Jugoslawien zu erhalten. Und ich hörte mir das alles an, unfähig, irgend etwas zu unternehmen, sah ich zu, wie ein Intellektueller, der einst zu den höchsten allgemeinen Werten strebte, unaufhaltsam nationalistischem Wahn verfiel.

In Belgrad meldete sich sein Bruder wieder zu Wort, diesmal hatte er seine in den achtziger Jahren veröffentlichte Dokumentation überarbeitet, sie hieß 'Seidenstrick'. Dieser war während der Herrschaft der Türken ein Todessymbol gewesen, in den Festungsanlagen wurden die zum Tode Verurteilten mit einem seidenen Strick erwürgt. Der Autor Klubera hatte das falsche Symbol gewählt, denn der Seidenstrick war Muslimen vorbehalten. Das war ihm egal, er wollte in Belgrad so viel Haß wie möglich gegen Sarajevo entfachen. Bei der Überarbeitung des Buches hatte er alle Hinweise auf seine Vertreibung aus Bosnien durch die Kommunisten getilgt, allein die bosnischen Muslime hätten ihn wegen seiner freiheitlichen Ideen am liebsten mit dem Seidenstrick erwürgt. In Fortsetzungen erschienen seine Pamphlete in Belgrader Tageszeitungen, später als Buch. Klubera säte Haß und verdiente gut daran. Es ist einer der absurdesten Beweise für die Naivität der jungen bosnischen Intellektuellen und ihre Unfähigkeit zu begreifen, was da heraufzog, daß sie sich weiterhin um Sreten Kluberic scharten. Der bereits erwähnte Dichter und Redakteur Z.K., inzwischen Verleger geworden, veröffentlichte als erstes Buch die 'Islamska deklaracija' von Alija Izetbegovic. Der Autor, Expräsident von Bosnien-Herzegowina, war für dieses Buch unter den Kommunisten zu einer Gefängnisstrafe verurteilt worden. Nicht allein, daß es unglaublich dumm und kurzsichtig war, das Buch ausgerechnet zu dieser Zeit zu veröffentlichen, nein, sie schenkten das erste Exemplar ihrem verehrten Sreten Kluberic. Der las es mit großer Aufmerksamkeit, wahrscheinlich gründlicher als der Verleger. Er zitierte Alijas Absicht, auf dem Balkan eine muslimische Längsachse zu schaffen, aus dem Gedächtnis. Vergeblich versuchte ich ihm zu erklären, daß die Mehrheit der Bosniaken, mich eingeschlossen, das Buch weder gesehen, geschweige denn aufgeschlagen hätte, kaum einer wußte, was darin stand. 'Das heißt nicht, daß ihr es nicht in Kürze auswendig kennt', rügte mich mein früherer Mentor. Er entfaltete ungeahnte gesellschaftliche Aktivität, fuhr mit einer Gruppe Belgrader Schriftsteller nach Paris, wurde zu Abendessen in die höchsten serbischen Kreise von Sarajevo eingeladen, in Familien, die mit niemand anderem als Radovan Karadzic befreundet waren.

Ich versuchte mit aller mir zur Verfügung stehenden Toleranz die Freundschaft aufrechtzuerhalten, wollte mir selbst nicht eingestehen, daß ich mich getäuscht hatte. Ich hoffte auf das Wunder, daß sie sich über Nacht wieder auf ihr einstiges Selbst besinnen und mich mit ihren früheren Überzeugungen und der alten Herzlichkeit empfangen würden.

Indessen setzte mein Freund im Winter einundneunzig/zweiundneunzig Himmel und Hölle in Bewegung, um nach Pale zu ziehen, versuchte seine

Zweizimmerwohnung in dem Sarajever Stadtteil Grbavica mit einem muslimischen Einwohner Pales zu tauschen, mit vernünftigen Leuten, die vorausschauend dachten, ein Anzeichen, daß der Pogrom wirklich bevorstand. Aber meinem Mann und mir war das mitnichten klar, wir nahmen Sreten sogar seine naive Erklärung ab, daß seine Gattin wegen ihres Asthmas sauberere Luft brauche und er selbst Ruhe zum Schreiben. Später nannten sie die wahren Gründe, sie fühlten sich in Sarajevo nicht mehr sicher. Ich werde nie vergessen, wie sie einmal nach einer Wohnungsbesichtigung auf einen Kaffee zu uns kamen. Wir sprachen über belanglose Dinge, über wichtige hätten wir uns sofort gestritten. Aber die politische Situation drängte sich einfach auf.

'Ob ihr es mir nun glaubt oder nicht', entgegnete Sreten auf meine Behauptung, es gebe keinen Grund für Krieg, 'die Pläne, in der Stadt alle serbischen Intellektuellen zu töten, sind schon fertig. Jeden Tag fürchten wir, daß Bewaffnete an unsere Tür klopfen.' Wir sahen ihn entsetzt an, wer sollte solche Pläne machen? 'Wißt ihr nicht, wer für diese Pläne verantwortlich ist? Seid ihr wirklich so naiv? Die, die unser Volk kopflos machen wollen. Wenn man die Angesehenen und Klugen beseitigt, kann man die gewöhnlichen Leute mit Leichtigkeit beherrschen.'

'Das glaube ich nicht, es sind Gerüchte, die noch mehr Verwirrung stiften sollen.' Mein Magen krampfte sich zusammen, weil er uns ansah, als seien wir für diese Pläne verantwortlich. 'Ihr habt es gut hier in Pale, euch bedroht niemand.' Vielleicht sind wir bedroht und wissen nur nichts davon, dachte ich, sprach es aber nicht aus.

Damals verstand ich zum ersten Mal die Allmacht der Propagandamaschinerie, traurig und besorgt sah ich an den Schalthebeln der Macht die Menschen, die ich einst bewundert hatte und deren Freundschaft mir viel bedeutete.

Während der ersten Märzblockade von Sarajevo neunzehnhundertzweiundneunzig verlor ich endlich die Geduld, konnte nicht länger am Leben halten, was längst schon abgestorben war: Ich besuchte Kluberics auf einen Kaffee, und sie wollten mich davon überzeugen, Radovan Karadzic sei ein ziemlich gemäßigter Politiker, im Vergleich zu den kriegerischen bosniakischen und kroatischen Führern geradezu ein Pazifist. Nun, ganz so blind war ich nicht, ich wußte, daß die Kanonen auf den Bergen um Sarajevo in Stellung gebracht wurden, vom Bus aus hatte ich mit meinen eigenen Augen gesehen, daß sie gegen die Stadt gerichtet waren. Das sagte ich ihnen und verabschiedete mich. Ich wollte sie nie wieder sehen.

Aber wir trafen uns wieder, unter den unwahrscheinlichsten Umständen. Nicht einmal die entfesselte Einbildungskraft hätte sich diese Verwicklungen ausdenken können.

Von Menschen und ihren häuslichen Lieblingen

Eine Erzählung aus Paris

In den Jahren nach dem Zweiten Weltkrieg glaubte der arme Teil der Welt dank der Atombombe der Sowjets und ihrer späteren Flüge durchs All an die Mär, man könne innerhalb weniger Jahrzehnte die industrielle Revolution verwirklichen und ein hochentwickelter Staat mit allen Institutionen und Strukturen werden. Entweder wußte man es nicht besser oder glaubte es einfach nicht, daß das russische Wunder das Werk von Verzweifelten, Wissenschaftlern und Intellektuellen war, die man durch den Gulag und Arbeits- und Umerziehungslager vom gewöhnlichen Leben abgeschnitten hatte. Der Traum von der sozialistischen Revolution verpuffte wie verschüttetes Schießpulver auch in den Ländern des Nahen und Mittleren Ostens. Im Irak hielt er sich dank des Vorsitzenden der Kommunistischen Partei, der guten Organisation und des Militärstrategen Aziz lange, fast ein ganzes Jahr. Da das Land groß und seine Kräfte trotz allem gering waren, zog er sich mit seinen Kämpfern in die unzugänglichen Landstriche des Südens zurück, in eine nahezu uneinnehmbare Festung. Für die jungen Iraker, für Sargons Generation, lag dort das Reich der Freiheit, sie hielten ihn für den Che Guevara des Irak, ungeduldig, voll brennender Erwartung hofften sie, daß er in der allgemeinen Revolution die Macht in Bagdad erobern würde. Aziz verschanzte sich mit seinem Heer in der Festung, wehrte alle Angriffe ab, nährte die jugendlichen Freiheitsträume. Und dann tappte er plötzlich in die Falle, seine Festung wurde erobert, seine Leute geschlagen und verhaftet. Ihn steckte man ins Gefängnis, folterte ihn und achtete darauf, daß er es physisch überlebte, aber psychisch zerbrach. Das war nicht einfach, aber sie schafften es am Ende doch. Im Gefängnis wurde Aziz ein Mann des Regimes. Jene, die ihn sich einst als Staatspräsidenten gewünscht hatten, mußten nun zusehen, wie er im Auftrag der Machthaber handelte.

Sargon traf diesen Revolutionär während einer Reise nach Paris. Ein Freund überbrachte ihm die Nachricht, Aziz wolle ihn sehen. Des Dichters Erinnerung und Neugier wurden geweckt, er wollte mit Aziz sprechen, seine Version der Geschichte hören. Was war damals nach der Eroberung der Festung geschehen? Er besuchte ihn zu Hause, am Eingang empfing ihn neben dem gealterten Aziz eine schöne Rassekatze. Sargon wartete auf einen Bericht über frühere Zeiten, vielleicht eine Erklärung, was diesem Kopf passiert war, als sein revolutionärer Stolz unter der Polizeitortur gebrochen wurde und sich die Nachrichten vom Tod seiner Mitstreiter häuften. 'Hör auf, laß die Politik und die Leute, damit habe ich seit langem abgeschlossen', parierte der Hausherr Sargons Versuch, das Thema anzuschneiden. Aziz redete lieber von seiner Katze, so begeistert, als gäbe es kein zweites Lebewesen auf der Welt, das der Liebe wert wäre. Alles interessierte: was die Katze fraß, wie sie sich putzte, wie sie schlief; Sargon mußte sie auf den Schoß nehmen und streicheln. Auch bei späteren Begegnungen erzählte Aziz jedesmal neue Geschichten von seinem Lieblingstier. Sie seien im Park spazierengegangen und als es regnete, habe sie so lange posiert, bis er sie fotografierte. Aziz plante ein Buch über die Katzenrasse, der sein Liebling angehörte.

Nie sprach er über Menschen oder Politik.

Als die Katze starb, heulte der ehemalige Revolutionär, der Tausende von Gräbern seiner Kämpfer und Gleichgesinnten, die zerstörten Träume einer ganzen Generation hinter sich gelassen hatte, bei ihrer Beerdigung wie ein kleines Kind.

Eine Erzählung aus Schöppingen

Ruhig ist es und leer im Künstlerdorf, in diesem Dezember achtundneunzig. Sargon wohnt wieder in der Dependance gegenüber, aber nicht in derselben Wohnung, sondern in einer größeren daneben. Die Wohnung, in der er mehr als ein Jahr lang lebte, beherbergt vorübergehend eine Familie mit Baby und Hund. Die Frau ist eine jüngere Schriftstellerin und hat in Düsseldorf kurz vor der Niederkunft ihre Wohnung verloren. Damit sie in dieser Situation unterkam, gewährte ihr eine kulturelle Einrichtung ein Stipendium für zwei Monate sowie die Wohnung im Künstlerdorf. Offenbar vernachlässigte die Familie nach der Geburt des Babys den Hund Fritzi ein wenig, so daß er zu Sargons Glastür kam. Vielleicht fand er da ja ein bißchen mehr

Aufmerksamkeit. Der Hund – oder vielmehr die Hündin – bettelte darum, hereingelassen zu werden, Sargon erbarmte sich, öffnete und sie schüttelte sich dankbar mitten im Zimmer, verteilte ringsum Wasserspritzer und Haare. Dann ließ sie sich vor dem Kühlschrank nieder, wohl wissend, daß es da etwas zu essen geben mußte. 'Was sollte ich tun, ich habe ihr meinen Käse und die Wurst gegeben. Das hättest du sehen müssen, sie hat es verschlungen, als wäre sie am Verhungern.' Da ihr dieses köstliche Mahl gefiel, kam Fritzi wieder. Diesmal ließ der Dichter sie nicht mehr ins Haus, sondern zweigte auf einem Teller ihren Anteil am Essen ab und stellte ihn vor die Tür. Eines Mittags bot er mir ein Gericht an, zusammengestellt aus mexikanischer, chinesischer, thailändischer Tiefkühlkost. Ich lehnte ab, mein Magen verträgt so eine exotische Mischung nicht. Der Hündin mißfiel sie auch, sie schnüffelte daran und schaute dann zu dem Dichter hoch, bei Gott, Mensch, das soll Essen sein?! Hast du nichts Besseres? Sie bekam Fisch, auch nicht besonders schmackhaft. 'Mehr habe ich nicht, du hast mein Mittagessen. She looked at me, looked, looked.' Gespannt wartete ich, wie es weiterging, wollte hören, daß nicht mal ein Hund das fressen wollte. Aber nein, die Hündin fraß es, nachdem sie merkte, daß es wirklich nichts anderes gab, und leckte am Schluß den Teller blank. Danach kam sie ein paar Tage lang nicht mehr.

Als sie wieder auftauchte, bekam sie wieder Käse, und der Dichter und Fritzi wurden dicke Freunde. Zu nachtschlafender Stunde, wenn normale Leute längst in den Federn liegen, brachen die zwei zu gemeinsamen Spaziergängen auf. 'He, Fritzi, heute morgen, na ja, eigentlich heute mittag nach dem Aufwachen, da habe ich gefunden, wonach ich monatelang gesucht habe. Ich habe den Schlüssel zur Erinnerung entdeckt. Schon im Schlaf überkam mich eine Ahnung, und als ich aufwachte, ist der Groschen gefallen. Zuerst ist ein Gedicht über Safeta herausgekommen, das mir schon seit einem Jahr im Kopf herumgeht. Ich mußte an ihren Blick denken, mit dem sie letzten Sommer zum ersten Mal in meine Wohnung trat. Ich hatte den Staubsauger geholt, um meine Höhle aufzuräumen, aber dann zog es mich zu diesem Essay über amerikanische Romanciers, und ich vergaß ihn. Ich hatte gerade den Abschnitt über Paul Auster fertig, als es schellte. Ich bekam einen Schock, als Safeta vor der Tür stand. Ich wollte sie kennenlernen, mit ihr reden, aber nicht jetzt, mit dem Kopf voller komplizierter Gedanken. Trotzdem konnte ich sie nicht einfach so wieder gehen lassen, wer weiß, wann sich wieder so eine Gelegenheit bieten würde. Ich bat sie herein, aber es war mir sehr unangenehm. Ihr Blick verriet erst Abscheu, dann Mitleid. Ich versuchte, sie abzulenken, erzählte von meinem Essay, aber ich kann kein Deutsch, sie stotterte Englisch. Ein paar Tage lang sah ich durchs Fenster, wie sie zum Spazierengehen aufbrach, sie ging mit gesenktem Kopf, in Gedanken vertieft, mit irgend etwas beschäftigt. Ich wollte wissen, worüber sie in diesen Momenten nachdachte, in denen sie nichts um sich herum wahrnahm. Mir kam eine Idee, wie sich ein neues Treffen inszenieren ließe, ich ging da spazieren, wo sie spazierenging. So fing das Buch an, das wir zusammen schreiben. Und jetzt haben wir auch ein Gedicht darüber.'

'So ist das also, damit beschäftigst du dich, während ich stundenlang vor deiner Tür hocke und warte, daß du mir öffnest.'

'Ach Fritzi, nicht nur damit. Wenn du nur wüßtest, was alles in meiner Werkstatt steckt. In meiner neuen Sammlung gibt es über neunzig Gedichte. Weißt du, wie lange ich brauche, um eins zu vervollkommnen und ihm den letzten Schliff zu geben? Jeden Tag fällt mir ein neuer Titel ein, vielleicht wird es *Ashurs Mutter geht nachts zum Brunnen* heißen. Die Mutter geht jeden Abend zum Brunnen, weil sie glaubt, ihre Kinder, die sie im Krieg verloren hat, sprächen aus dem Wasser zu ihr.'

'Das ist nicht fair, immer denkst du an Menschen, aber nicht an mich, obwohl ich vor deiner Tür hocke. Ich leiste dir nachts Gesellschaft, wenn du spazierengehst, sonst niemand. Du kümmerst dich nicht mehr um mich. Der Kühlschrank ist fast leer, das habe ich gesehen, du hast diesen leckeren Käse nicht gekauft. Aber die Flasche Korn ist natürlich voll, für dich hast du alles besorgt. Ich kriege Dosenheringe, kein Hund mag das fressen.'

Ein kurzer Spaziergang durch Schöppingen

(Ende Mai 1998)

Sargon Boulus in Schöppingen, 1997, liest auf einem "Happening" mit Poesie und Musik für Jugendliche

Sargon: Was ist denn das für eine Sparkasse, wenn man dort nicht mehr als zwanzig Dollar wechseln kann!

Safeta: Es ist halt keine große Stadtsparkasse, sondern nur eine kleine in der Provinz. Sei doch zufrieden, daß sie überhaupt etwas gewechselt haben. Aber jetzt, wo wir deine Finanztransaktionen abgeschlossen haben, kannst du ja schon mal überlegen, wie du das viele Geld ausgibst. Ich muß noch zur Post.

Sargon: Ich gehe mit. Durch den Park ist es näher.

Safeta: Du kennst hier alle Schleichwege, als würdest du schon immer hier wohnen. Ich bin noch nie durch den Park gegangen.

Sargon: Es ist für mich auch das erste Mal. Sieh mal, was ist das denn für ein Baum? Unglaublich, das ist ein Baum aus meiner Kindheit, nur nicht groß gewachsen, sondern ein wunderlicher *tut*-Zwerg.

Safeta: Was hast du gesagt? *Tut?* Es heißt nicht *tut*, sondern *dud*. In meiner Kindheit gab es auch Maulbeerbäume, aber nicht in meinem Dorf, das lag zu hoch. Maulbeeren hab ich gepflückt, wenn ich meine Großmutter in Sarajevo besucht habe.

Sargon: *Dud?!* Im Arabischen heißt es *tut*. Das bedeutet außerdem noch Wurm, jene kleinen Würmer, mit denen man Fische ködert.

Safeta: Was kümmert mich dein Arabisch, bei uns sagt man *dud*.

Sargon: Aber ihr habt das aus unserer Sprache übernommen, nur eben falsch.

Safeta: Bei uns heißt der Wurm *crv* und die Maulbeere *dud. Dud* klingt auch viel hübscher als *tut,* wir Slawen haben ein Gespür für die Schönheit der Sprache.

Sargon: Euer Wort klingt in unseren Ohren lächerlich, aber meinetwegen. Bei euch waren die Stämme bestimmt genauso verkrüppelt wie dieser deutsche Zwerg. Wenn du wüßtest, wie groß und süß unsere Maulbeeren am Ufer von jenem See in al Habbaniya waren.

An den Ufern der Kindheit

Ich wurde am Ufer eines künstlichen Sees geboren, der von zwei entgegengesetzten Welten gesäumt wurde. Auf der einen Seite standen die Glaspaläste der englischen Besitzer mit paradiesischen Gärten, auf der anderen duckten sich die elenden Behausungen ihrer Arbeiter, eine Reihe von Baracken, darin dicht an dicht kleine Wohnungen für vielköpfige Familien. Mein Vater arbeitete für die Engländer, aber sein Gehalt war so niedrig, daß wir (wir waren fünf Kinder) öfter hungrig als satt waren. Überall suchten wir nach Essen, im Wald, im See, im Steinbruch. Die Suche nach etwas Eßbarem und meine Neugier trieben mich dazu an, meine Umgebung weiträumig zu erkunden. Mit fünf, sechs Jahren kannte ich jeden Stein, jeden Baum im großen Umkreis unserer Hauses. Der See und die Maulbeerbäume werden für immer in meiner Erinnerung bleiben.

Ich kletterte erst dann auf die großen Stämme, wenn die ersten Früchte an den Spitzen der Zweige sich röteten. Je mehr Früchte heranreiften, desto länger verweilte ich in der Krone und entwickelte eine affenartige Geschicklichkeit im Springen von Ast zu Ast. Ich versuchte meinen Schatz gegen andere Kinder zu verteidigen und gegen die Vögel, denen die Maulbeeren auch gut schmeckten. Dabei gab es für alle genug. Auf Mutters Rufen hörte ich nicht, aber wenn der Vater 'Äffchen, komm her' brüllte, war ich augenblicklich unten auf der Erde. Gesicht und Oberkörper waren völlig mit dem klebrigen Fruchtsaft verschmiert, und so dreckig ging ich gewöhnlich ins Bett.

Die Früchte allein konnten mich nicht ernähren. Also bewaffnete ich mich mit einer Schleuder, früh schon vervollkommnete ich mich in der Herstellung und Bedienung dieses Instrumentes. Es bestand aus einem sich gabelnden Ast und einem langen Gummiband, das an die beiden Gabelarme geknotet wurde. Mit dieser Waffe versteckte ich mich hinter einem Baum oder einem Stein und wartete, daß ein fetter Vogel landen würde. Kam eine geschnäbelte Schönheit angeflogen, mit buntem, glänzenden Gefieder, schwelgte ich in dem Anblick und ließ sie meistens wegfliegen. Mir schien es eine Sünde zu sein, etwas Schönes zu töten. Um trotzdem meinen Magen füllen zu können, wartete ich mit dem Stein in der gespannten Schleuder auf ein Exemplar, das mich nicht mit seinem Aussehen blendete. Den getroffenen Vogel nahm ich aus, rupfte die größeren Federn, packte ihn dann in Lehm und legte ihn in die Glut eines kleinen Feuers. Ich habe niemals schmackhafteres Fleisch gegessen.

Damals bezauberten mich auch das Wasser, der See und die Naturphänomene. Abends saß ich oft mit Mutter am Ufer, wir sahen den Wellen zu und lauschten den Geräuschen, betrachteten den funkelnden Abglanz der untergehenden Sonne. Das Spiel von Wind und Wellen verhieß ein Festmahl. Der starke Südwind wühlte den See auf, die Wellen schlugen ans Ufer, es sah aus, als würde der See überlaufen. Dieses Heulen vergesse ich niemals, gefolgt vom Rauschen des Wassers, das über das sandige Ufer spülte. Manchmal, so scheint mir, höre ich es heute noch. Sobald wir ahnten, rochen, daß sich dieses Phänomen vorbereitete, standen wir am Strand bereit. Manchmal waren die Wellen so kräftig, daß wir zurücklaufen mußten, damit sie uns nicht hinabzogen, und trotzdem waren wir schneller als die nächste Welle und lasen die Fische auf, die auf dem Trockenen lagen. Noch heute male ich mir ab und zu die Szene aus: Viele kleine und größere Fische zucken im Sand, schnellen hoch, wie bei einem verrückten Tanz. Und unsere geschickten Hände packen die schlüpfrigen Körper, eilen sich, packen mehr, größere. Einen Teil der Beute brieten wir direkt am Ufer, den anderen trugen wir heim, und nach wer weiß wie vielen Tagen wurden alle Hausbewohner einmal wieder richtig satt. Mich lehrte dieses Nahrung bringende 'Warten auf die Wellen' Geduld. Wie oft habe ich in meinem Leben einfach nur gewartet, daran gedacht, wie ich an jenem Ufer saß, und gewartet, was der Zufall bringen würde. Ein Jahr verbrachte ich in Schöppingen und wartete, wartete, ich wußte nicht, worauf ich wartete. Und dann brachte eine Welle Safeta ins Dorf, wir haben uns kennengelernt, Stunden um Stunden im Gespräch verbracht, bis wir auf die Idee kamen, Teile unserer Biographie und unserer Gedanken zu dieser Welt in einem Buch zusammenzutragen. Wer hätte vorhersehen können, daß so etwas geschieht?

In meinem Heimatort lebten überwiegend Assyrer. Anfang der zwanziger Jahre wurde in den nordirakischen Bergen ein Massaker an diesem Volk verübt, und daraufhin faßte die englische Verwaltung die Überlebenden zusammen und siedelte sie in dem Dorf an, das in der Nähe ihres Camps und damit unter ihrem Schutz lag. Abgesehen von diesem Schutz besaßen die Leute wenig, der Ort lag fernab der Erdölquellen und der Hauptverkehrsadern, man lebte wie jenseits der Welt. Es war etwas Besonderes, wenn mein Vater mich mit auf die Arbeit nahm. Da bot sich die Gelegenheit, in die prächtigen Gärten der englischen Damen zu lugen. Wenn ich durch ein Gebüsch oder einen Zaun äugte, glaubte ich Bilder des Paradiesgartens zu sehen. Grün, Blumen, Springbrunnen, Sandwege, Sonnenschirme und die wunderschönen, blonden Engländerinnen in Badeanzügen, von der Sonne gerötet. Bilder, von denen sich dir der Kopf dreht. Denn unsere Mütter und Schwestern waren ganz anders als diese Frauen. Immer, trotz der Hitze, waren sie von Kopf bis Fuß bedeckt, meistens trugen sie schwarze Kleidung. Nie konnte man, abgesehen von Gesicht und Händen, auch nur das kleinste Stückchen nackter Haut sehen. Meine Mama bekreuzigte sich nur, wenn sie diese englischen Damen sah, sie versuchte, sich irgendwie zu schützen, damit diese Sünde nicht auf sie falle. 'Und das sollen Frauen sein!', sagte sie angewidert. 'Das sind Hexen, keine Frauen, daß sie sich nicht schämen, sich so nackt zu zeigen!'. Für sie war eine Frau der Mittelpunkt der Familie, all ihre Energie und Findigkeit verwandte sie auf die Organisation des Haushalts. Sie verstand es nicht und hatte auch gar keine Zeit dazu, den Kindern durch Aufmerksamkeit und Zärtlichkeit Liebe zu vermitteln. Aber sie arbeitete den ganzen Tag, damit diese Kinder überlebten. Es war weit bis zu dem Brunnen mit Trinkwasser, Mutter lief den Weg Tag für Tag wer weiß wie viele Male mit vollen Wassereimern. Jede Arbeit im Haus lief durch ihre Hände. Ich erinnere mich, daß wir ein Öfchen aus Ton hatten, in dem Brot gebacken oder Reis gekocht wurde. In der größten Sommerhitze mußte Mutter ein Feuer anzünden, um uns Essen zu kochen. Wieviel Brot sie für fünf hungrige Kinder backen mußte! Sie knetete, formte und buk unermüdlich, und wir kamen, angezogen von dem Duft, und warteten, bis das Brot gebacken war. Wir träumten davon, diese rötliche Kruste in Milch zu tunken, aber in unserer Gegend gab es wenig Kühe. Mutter war froh, wenn das Brot für alle langte; und am nächsten Tag dasselbe: Wasser, Brot, Waschen.

Sie war erst zwölf Jahre alt, als sie meinen Vater heiratete, als Kind wurde sie Braut und trug die Sorgen der Erwachsenen. Sie war nicht Assyrerin, konnte die Sprache nicht. Geboren im Gebirge, stammte sie vom Volk der Kaldiai ab, arabisch sprechenden Christen. Ihre Schwester hatte einen Verwandten meines Vaters geheiratet, und da diese sehr schön war, fragte mein Vater sie, ob es da im Gebirge auch für ihn so ein Mädchen gebe. Sie sagte, sie habe eine Schwester, und mein Vater kaufte, wie es die Sitte verlangt, goldenen Schmuck und begab sich auf Brautschau. Als er im Gebirge ankam, sah er, daß das ihm zugedachte Mädchen zwölf Jahre alt war. Vielleicht hätte er auf die sofortige Hochzeit verzichtet, hätte nicht meine Großmutter, die Mutter meiner Mutter, das Gold gesehen und gesagt: "Nimm sie jetzt, später überlegst du es dir vielleicht anders." So stieg auch meine Mutter vom Gebirge ins Tal beim See. Schon ein Jahr danach bekam sie ihr erstes Kind. Aber sie hatte trotzdem Glück, mein Vater war ein sanfter Mann, sie lenkte ihn mehr als daß er versuchte, ihr seinen Willen aufzudrängen. Sie war der Mittelpunkt der Familie, auch wenn sie sich ständig beschwerte, wie schwer sie es habe. Ihre Schönheit war außerordentlich, helle Haut, blaue Augen, eine Haarfarbe zwischen Braun und Gold. Von ihr lernte ich Arabisch, sie konnte wundervolle Geschichten aus ihrer Heimat erzählen. Ich erinnere mich, daß wir im Winter, wenn draußen Wind und Frost herrschten, im Zimmer um eine Pfanne mit Kohlen saßen und sie erzählte. Eine Geschichte von einem weiblichen Berg-Dschin werde ich nie vergessen. Die Frau hatte mit ihren übernatürlichen Kräften, ihrer übernatürlichen Größe das ganze Gebirge geputzt, damit ein Mann, den sie liebte, zu Besuch kommen konnte. Trotz aller Mühen kam der Geliebte aber nicht. Die Dschin-Frau weinte, ihre Tränen flossen herab und die Berge versanken darin.

Der Vater redete nicht viel, er war immerzu beschäftigt. Der Familientradition folgend verstand er sich auf die Heilkunst. Im Sommer wanderte er hoch hinauf ins Gebirge und sammelte Heilkräuter, zu Hause schnitt, mahlte, trocknete, verpackte er sie. Das ganze Haus roch nach den getrockneten Pflanzen. Und dann klopfte nachts jemand an unsere Tür, mit Nachricht von einem Kranken im Dorf oder in der Nachbarschaft, die einzige Hoffnung, daß er überlebe, sei mein Vater. Der nahm seine Bündel und ging, zu jeder Uhrzeit, bei jedem Wetter, egal wie weit. Ich trug oft die Lampe. Solche Erlebnisse beschrieb ich in dem Gedicht 'Der Träger der Laterne in der Nacht der Wölfe'. Später kamen die Leute mit Geschenken, überzeugt von der heilkräftigen Macht meines Vaters.

Trotz der Armut hatte ich wirklich eine glückliche und erfüllte Kindheit. Unsere Nachbarn in der Baracke waren friedliebende Leute, manchmal konnte man meinen, wir seien eine einzige große Familie. Was immer dir fehlte, du konntest es von deinem Nachbarn borgen. Im Sommer schliefen wir wegen der Hitze draußen, man schleppte die Betten auf die Freiflächen zwischen den Baracken. Junge Paare schirmten sich zwar gegen die Blicke der anderen ab. Aber wir wußten trotzdem, was sie da machten. Die Leute lagen in den Betten und riefen sich gegenseitig etwas zu, scherzten, Frauen kochten Tee, Kinder spielten, bis sie vor Müdigkeit umfielen. Unweit unserer Baracke war ein Sommerkino, man konnte die riesige Leinwand vom Dach aus sehen. Irgend jemand rief: 'He, der Film fängt an!' Wir unterbrachen unser Spiel und kletterten aufs Haus. Auch unsere Eltern kamen mit Wassermelonen und Kannen voll Tee. Große Enttäuschung, wenn derselbe Film wie gestern gezeigt wurde. Wir waren böse auf die Kinobetreiber, weil sie die Seifenoper nicht ausgetauscht hatten.

Diesen Ort meiner Kindheit gibt es nicht mehr. Vor zehn Jahren traf ich in Paris einen ehemaligen Nachbarn, der mir das erzählte. Als die Engländer gingen, nach all den Revolutionen und Konterrevolutionen, kam Saddam Hussein an die Macht. Seine Polizei vertrieb die Einwohner von al Habbaniya und zerstörte anschließend ihre Häuser. Die Menschen gingen, ihr Bündel auf der Schulter, ihres Weges. Einige kamen bis Paris, London, Amerika. Und am Ufer des Sees, dessen Wellen noch in meinen Ohren klingen, bauten Staatsarchitekten protzige Hotels, von allen Erdteilen holte man junge Frauen, damit sie darin dienten, es sollte ein touristischer Köder für reiche saudische Scheichs sein. Die amerikanischen Sanktionen gegen den Irak ruinierten das Geschäft, nicht reiche Scheichs lassen es sich in den Hotels gut gehen, sondern dem Regime nahestehende Leute. Meistens stehen sie leer. Der Ort von einst lebt nur noch in meiner Erinnerung.

Als ich neun Jahre alt wurde, zogen wir nach Kirkuk, Vater suchte dort Arbeit. Er fand eine Stelle in der Erdölindustrie, und für uns brachen bessere Tage an, besser im materiellen Sinn, aber ich träumte noch lange von unserem See. An dem neuen Ort fehlte mir vor allem das Wasser.

Alles war anders in Kirkuk, es war eine chaotische Stadt, ständig an der Schwelle zum Bürgerkrieg. Dort lebten nicht nur Assyrer und Engländer, sondern Araber, Armenier, Kurden, Türken, Turkmenen. In ihrer wechselseitigen Unduldsamkeit zitterte stets eine Flamme, sobald Wind aufkam, loderte das Feuer mit aller Macht auf. Im Grunde brannte es ohne Unterlaß in dieser Stadt, nächtens hing der Widerschein des abgefackelten Gases am

Himmel, die ganze Stadt war in rotes Licht getaucht, Kirkuk hatte seine roten Polarnächte.

1959: das Jahr tiefgreifender politischer Veränderungen, Revolution, der König ermordet, es wurde eine kurzlebige links orientierte Regierung danach errichtet. Deren Vorsitzender, Karim, entließ alle Kommunisten aus dem Gefängnis, die ersten legalen Wahlen wurden vorbereitet. Die Kurden standen auf Seiten der Regierung, während die Turkmenen der extremen Rechten zuneigten. Juli neunzehnhundertsechzig organisierten die Kurden eine Feier zum Jahrestag der Revolution, ihre Freude kam von den umliegenden Bergen herab in die Stadt. Männer, Frauen und Kinder liefen durch die Straßen, trugen Fahnen, riefen Parolen, sangen, schlugen Trommeln. Bewaffnete Turkmenen – es handelt sich genaugenommen um Stämme mongolischer Abstammung, islamischen Glaubens, türkischer Sprache – schossen aufs Geratewohl in die Menge, es gab viele Tote. Am folgenden Tag griffen die Kommunisten deren Viertel an, am Abend wurde ein Massaker an den Turkmenen verübt. Alle ihre Geschäfte im Zentrum wurden zerstört, die Waren gestohlen oder verbrannt, Menschen getötet. Als wir am nächsten Morgen in die Schule gingen, sahen wir Männer, die man an den Mauern der Höfe erhängt hatte. So begann der Krieg zwischen beiden Völkern, jeden Tag hörte man von neuen Vorfällen, dort hatten die Turkmenen ein Blutbad angerichtet, hier die Kurden sich gerächt, die Reihe der Verbrechen fand kein Ende. Die Regierung schickte Truppen, um für Ruhe zu sorgen. Die Turkmenen lebten in einer Burg auf einer Anhöhe, an deren Fuß ein trockenes Flußbett lag. Den Soldaten schien dort der rechte Platz für die Aufstellung ihrer Kanonen und Panzer zu sein, deren Geschützrohre auf die Burg gerichtet waren, wie um daran zu erinnern, daß sie diese beim geringsten Anzeichen mit ihren Projektilen überschütten würden. Keiner der Soldaten oder ihrer Kommandanten kannte das Phänomen trockener Flußbetten. Wir kamen jeden Tag auf dem Weg zur Schule dort vorbei, redeten mit den Soldaten auf den Tanks, für sie war dieses Spiel mit Kindern die einzige Abwechslung im Laufe ihrer langen Tage. Aber wir redeten nicht darüber, was geschah, wenn im Norden Regen fiel. Eines Nachts hörte man ein Brausen, als sei ein unsichtbarer Damm gebrochen; durch das Flußbett stürzten Zehntausende Kubikmeter schäumendes, trübes Wasser. Es trug Panzer und Kanonen und Soldaten auf Nimmerwiedersehen fort. Und die Turkmenen jubelten in ihrer Burg, weil das Wasser zur rechten Zeit gekommen war und sie von der Gefahr befreit hatte. Die trockenen Flußbetten in Kirkuk haben mich zu etlichen Gedichten inspiriert. An dem einen Tag spielst du da Ball, und am andern spült das Wasser ein ganzes Dorf mit seinen Bewohnern fort. Wir, Zeugen am Ufer, sahen eine Wiege mit dem Baby darin auf den Wellen schaukeln, eine Frau in bunten Pluderhosen, die sie durch ihre ausgebreiteten Stoffmassen an der Wasseroberfläche hielt, versuchte die Wiege zu erreichen. Das blieb in meinem Tresor, viele Jahre später schrieb ich ein Gedicht darüber.

In Kirkuk habe ich die Magie der Worte und des Wissens, das hinter ihnen steht, gänzlich entdeckt. Dank meiner Wortgewandtheit und meines Selbstvertrauens wurde ich sehr bald der Anführer einer Gruppe von Jungen in meinem Alter. Damals lernte ich, wie man der Erste wird, daß physische Kraft nicht das einzige Mittel ist. Trotzdem muß man manchmal kämpfen. Ich erinnere mich, daß ich mich mit Arslan geprügelt habe, dem Anführer einer turkmenischen Gang. Als ich ihn auf die Erde drückte, zog er aus einer versteckten Tasche ein Messer, haarscharf entging ich, indem ich den Kopf wegdrehte, einer schweren Verletzung. Die Messerspitze traf mein Kinn, bis heute habe ich eine Narbe von diesem Kampf. Später söhnte ich mich mit Arslan aus, ich hatte begriffen, daß man Stärkere überlisten, Schwächere schützen mußte. Kinder, vor allem Knaben, sind sehr grob, instinktiv unterdrücken sie jeden, der schwächer ist als sie selbst. Sie treiben immer einen auf, den sie schikanieren können. Wenn du in deiner Kindheit in die Rolle des Schwachen und Hörigen gerätst, wirst du diesen Makel nie mehr los. Ich spielte sehr gern mit Nachbarmädchen, ich bemühte mich stets, sie zu bezaubern. Doch sobald ein Junge aus meiner Clique aufkreuzte, mußte sich mein weiblicher Schatten sofort entfernen. Die anderen durften nichts davon erfahren, daß ich den langweiligen Mädchen in irgendeiner Form zugetan war, es hätte mein Ansehen als Mann verdunkeln können.

Damals schon entstand mein Traum, den Irak zu verlassen und nach Amerika zu gehen. Meine Verwandten wußten davon und hänselten mich, fragten, wie ich denn gehen wolle: hoch zu Roß oder zu Fuß.

Ich fragte nicht wie, ich wußte, daß mich das, was ich im Kopf hatte, hinbringen würde, und deswegen las und schrieb ich jede freie Minute. Das festigte meine Selbstsicherheit, in der Schule hatte ich einen Sonderstatus. Unserem Lehrer fiel ich in der ersten Englischstunde auf. Er sagte, wir würden einen Abschnitt aus dem Werk des englischen Schriftstellers Jules

Verne lesen. "Verzeihung, aber er war Franzose", verbesserte ich ihn, und er sah mich verblüfft an. Ich bin kein Muslim und hätte die Schule während der Koranstunden verlassen können, wie die anderen Kinder. Aber ich blieb wegen des Arabischen, es gefiel mir, wie der Lehrer die Sprachstruktur und -melodie erklärte. Er vergaß, daß ich freiwillig kam und klopfte in jeder Stunde ab, was ich über diese oder jene Sure dachte. Damals erschlossen sich mir allmählich die Schönheit und der Reichtum dieser Sprache, der ich später viele Jahre meines Lebens widmete.

Ich denke noch immer gern an die Vergangenheit zurück. Es ist mir klar geworden, daß viele Fragen, die ich Jahre später beantwortete, sich mir damals stellten, in jenen ersten Jahren der Weltentdeckung. Ich bin sicher, alles, was dir in deiner Kindheit widerfährt, deine Umgebung, der Ort, an dem du lebst, die Zeit, die Ereignisse, die Familie, die Nachbarn, all das bestimmt später deinen literarischen Weg. Wenn du als Dichter oder Schriftsteller geboren bist, heißt das, daß dir in deinen Genen Neugier und eine besondere Art, deine Umgebung zu beobachten, mitgegeben wurden. Da weißt du natürlich noch nicht, warum das so ist, warum die anderen nicht dasselbe sehen wie du, du hast keine Antworten, aber in deinem Bewußtsein existiert ein Tresor, in dem Bilder und Eindrücke abgelegt werden. Viel später, wenn du dir theoretische Bildung erwirbst, öffnet sich dieser Tresor, und du entdeckst ungeahnte Möglichkeiten, deinen Schatz zu nutzen. Nun bleibt es dir überlassen, ihm eine ganz neue Form zu geben, du siehst ihn mit anderen Augen, versetzt ihn in andere Zusammenhänge, verleihst ihm tiefere Bedeutung. Dann bist du der Herrscher dieser Welt, und das gibt dir eine ungewöhnliche Macht.

*

Ich bin in Pale geboren, in einem Haus mit Garten, das mein Vater für sich und seine erste, unfruchtbare Frau gebaut hatte. Sie war nach fast zwanzig Jahren Ehe gestorben, er heiratete meine mehr als zwanzig Jahre jüngere Mutter, und schon bald brachte sie Kinder zur Welt, vier in sechs Jahren. Als scharfsinniger Mann mit einem angeborenen Verantwortungsgefühl für die Familie wußte er, daß er uns nicht von seinem schmalen Arbeiterlohn ernähren konnte. Er kratzte Geld zusammen, Erspartes, Mutters magere Aussteuer, Geliehenes und kaufte an der Straße nach Sarajevo vier, fünf Kilometer von Pale entfernt ein ziemlich großes Stück Land. Dort legte er die Fundamente unseres künftigen Anwesens. So zogen wir aus der Altstadt von Pale mit ihrer mehrheitlich muslimischen Bevölkerung in ein Dorf, in dem es nur vier muslimische Familien gab. Es war nicht einmal ein richtiges Dorf, denn die Häuser lagen weit von einander entfernt, manche bei, andere abseits der Straße. Zurufe waren das grundlegende Kommunikationsmittel zwischen den Nachbarn, man mußte immer seine Ohren aufsperren. Schrie jemand langgezogen, konnte das bedeuten, daß der Postbote einen Brief für dich bei Tante Fata oder Onkel Suljo abgegeben hat oder daß fremde Kühe in deinen Garten eingebrochen sind.

Dieses sogenannte Dorf lag damals, als ich klein war, in der tiefsten bosnischen Provinz. Ringsum Berge und Wälder, im Tal Bäche und Wege, ein alter Friedhof und die Mauern einiger im Krieg zerstörter Häuser. Eine Stunde Fußweg über die Schotterstraße, gebaut während der österreichisch-ungarischen Monarchie, bis Pale, dort war die Schule; nach Sarajevo war es viermal so weit. Wir lebten in der Natur und paßten uns ihren Wundern an, im Sommer mähten wir die Wiese, zogen Gemüse für uns und sammelten Heu fürs Vieh, im Winter verzehrten wir die Früchte der sommerlichen Arbeit und besuchten, nachdem die nötigsten Arbeiten erledigt waren, die Nachbarn. Oder diese kamen zu uns. Statt Radio und Fernsehen erzählten sich die Leute Geschichten, ganz alltägliche, aber auch furchtbare aus den Kriegen. Wir hatten einen Nachbarn, ein Namensvetter meines Vaters, den wir Ades nannten. Er war dreimal in Gefangenschaft geraten und erzählte gern, wie er überlebte hatte – nichts habe ihn umbringen können, weder die Kugeln noch Hunger noch Kälte. Es war ein Fest, wenn ihn sein Weg an unserem Haus vorbeiführte. Die Männer sprachen ab und zu über Politik: daß die Kommunisten auf der Jagd nach Privilegien die Arbeiter und Bauern zehnmal schlimmer als die Kapitalisten vor dem Krieg unterdrückten, die Steuern höher und die Löhne niedriger seien. Manchmal wünschten sich die beiden die Amerikaner herbei, damit diese uns von der kommunistischen Versuchung befreiten. Dann wandten sie sich wieder ihren eigenen Problemen zu, ihnen war die diesjährige Ernte, die Aussaat im nächsten Frühjahr wichtiger, es interessierte sie mehr, daß der Dorfälteste das ganze Geld versoff, das er mit dem Verkauf von Baumstämmen verdiente, und ob seine Frau nach vier Mädchen endlich einen Sohn gebären würde.

Auf unserem im Krieg zerstörten Staat lastete während meiner Kindheit auch noch die Blockade der Russen, so daß wirklich allgemeine Armut herrschte. Vater und Mutter versuchten mit vereinten Kräften auf der mageren, sehr bosnischen Erde, die mehr Schiefer als Humus enthielt, so viel anzubauen, daß die ganze Familie satt wurde und noch etwas übrigblieb zum Verkaufen, um unsere materielle Basis etwas aufzubessern. Der Kampf ums Überleben war das einzige, das meine Eltern verband, in allem anderen waren sie gegensätzlich, und das in erstaunlichem Maße. Er hatte Jahrzehnte unter Proletariern gelebt, hatte schwer gearbeitet, manchmal ein ganzes Jahr lang mit ein paar Leuten isoliert im Wald verbracht oder in den Lagern, in denen die zersägten Stämme gesammelt wurden. Das konnte man nur mit Stärke und Rücksichtslosigkeit und, falls es der Seele zu eng und zu schwer wurde, so mancher Flasche Schnaps aushalten. Dieses Leben hatte er mit fünfzehn begonnen und mit über fünfzig Jahren aufgegeben, als der Arbeiter in ihm sich in den Bauern verwandelte, um die Kinder zu ernähren, die so unverhofft gekommen waren. Zuvor hatte ihn zwanzig Jahre lang eine Frau zu Hause erwartet, egal woher und in welchem Zustand er kam, angeheitert, betrunken, wütend, grölend. Nie beschwerte sie sich über ihre Einsamkeit, und sie verlangte nicht mehr, als er ihr kaufte. Unsere Verwandten erzählten, daß sie aufhörte zu beten, wenn der Türklopfer am Hoftor ihr das Kommen ihres Mannes ankündigte; nicht einmal der liebe Allah stand für sie über ihrem Mann. Wer wird je erfahren, welcher Teufel ihn ritt, daß er nach dieser ruhigen Frau meine so viele Jahre jüngere Mutter heiratete, ein Mädchen aus einer vornehmen städtischen Familie, in der die Jugend gerade erst aufschäumte. Sie gewöhnte sich, wunderlich genug, rasch an die schwere Arbeit, niemals jedoch an die Zwänge des Dorf- und Ehelebens.

Meine Mutter war ein Wesen, das sich ganz nach seinen inneren Bedürfnissen und eigenen, oft genug widersprüchlichen Wünschen bewegte. Bei ihr konnte man kein Prinzip erkennen, außer daß sie das Dorf als Falle empfand, in die sie geraten war und aus der sie so oft wie möglich ausbrach. Als wir ganz klein waren, versuchte mein Vater, ihr seine Vorstellungen aufzuzwingen; später, als sie durch die Verbote zur Furie geworden war, ließ er die Finger davon. Die Pflicht, zu Hause auf ihn zu warten, galt nicht für sie, jetzt mußte er auf sie warten, und wir mit ihm. Dieser Schock muß ihn schrecklich getroffen haben, er greinte oft in sein Schnapsglas und sprach von seiner ersten Frau, als sei sie das einzig Gute gewesen, das er je auf der Welt gehabt habe. Ich bin sicher, daß ihm das nicht aufgefallen ist, solange sie gelebt hat. Er konnte den Verlust seiner ersten Frau nicht verwinden, und meine Mutter wurde nie damit fertig, daß sie die Stadt verlassen hatte, das Viertel, in dem ihre Brüder und Schwestern lebten, Verwandte und Freunde, Leute, die sie kannte und mochte, die sie brauchte, deren Nähe sie bedurfte. Sie lud ihre Verwandten zu uns ein, sie kamen gern, um sich vom Lärm der Stadt zu erholen, die Sonne, die frische Luft und ganz besonders das naturbelassene Essen zu genießen.

Ich lauschte auch ihren Geschichten, die ganz anders waren als unsere im Dorf. Sie erzählten von den ungebildeten Kommunisten, meistens serbische Bauern, die die höchsten Posten in der Stadt besetzten und den gebildeten Städtern immer weniger Platz ließen. Jeder hatte einen Bekannten oder Freund, der als Anhänger des Kominform oder Mitglied der 'Jungen Muslime' verurteilt worden war. Die Städter trugen auch den Glauben in unser Haus. Die Männer baten zwar selten um Gebetsteppich und -kette, sie ließen sich häufiger über Politik und die Angelegenheiten in der Carsija aus, aber die Frauen hielten sich genau an die Gebetszeiten ... Keiner gab sich die Mühe, uns darin zu unterrichten, jeder glaubte, daß wir das nicht mehr bräuchten, der Atheismus war die Grundlage unserer Gesellschaft. Mein Vater ertrug diese Leute nicht; wenn er sie auf unser Haus zukommen sah, rief er nur: 'Die schon wieder, diese Faulpelze aus Sarajevo.' Bevor sie das Haus erreichten, verzog er sich mit irgendeiner Arbeit und kam erst heim, wenn die Nacht hereinbrach. Sie waren für ihn Drückeberger, Menschen, die das, was andere mit schwerer Arbeit für sich und ihre Kinder angebaut hatten, mit Genuß verzehrten. Er spottete über ihre weißen, gepflegten Hände ohne eine einzige Schwiele, er verlachte ihre Art zu reden und zu denken; wenn Mutter nicht dabei war, riß er sehr verletzende Witze auf ihre Kosten. Ich, das Kind, konnte nicht beurteilen, was richtig und was falsch war, aber mein Gedächtnis saugte wie ein Schwamm all diese Eindrücke auf, verstaute sie in der Tiefe der Erinnerung, die sich später, als das Schreiben mir zur Gewohnheit geworden war, wie eine richtige Schatzkammer literarischen Materials öffnete.

Vater haßte Mutters Welt, Mutter haßte Vaters Welt, jeder lebte auf seine Art. Sie erledigte ihre Aufgaben im Haus und die Feldarbeit mehr schlecht als recht, aber rasch und energisch, denn es mußte Zeit übrigbleiben für einen Ausflug in die Stadt oder in die Carsija von Pale, ins richtige Leben, wo man nach Herzenslust ratschen und tratschen konnte. Nichts konnte sie daran hindern. In Kleidung und Putz folgte sie dem Beispiel ihrer Freundinnen; mit Stricken und dem Verkauf von Eiern verschaffte sie sich ein bißchen eigenes Geld, von dem sie sich ein neues Kleid, Schuhe oder eine 'kalte Dauerwelle' beim Friseur leistete. Sie war so hin- und hergerissen zwischen der Wirklichkeit und ihrem Glauben, wie herrlich das Leben hätte sein können, hätte sie nur einen Mann aus der Stadt geheiratet, daß sie niemals Ruhe fand. Nein, sie war keineswegs eine schlechte Mutter, vielleicht hatte sie nicht allzuviel Zeit für Zärtlichkeit, aber sie kochte und wusch für uns, zu Bajram gab es neue Sachen zum Anziehen, und sie sorgte dafür, daß wir zeitig zur Schule gingen. Sie war, scheint mir, davon besessen, daß ihre Kinder durch Bildung ins städtische Milieu zurückkehren sollten. Deswegen war mein Bruder für sie eine riesige Enttäuschung, er ähnelte meinem Vater viel mehr als ihren Brüdern, interessierte sich für das, was er mit seinen Händen machen konnte, nicht für Schreibtischarbeit. Als Vaters Kräfte mit den Jahren nachließen, übertrug er immer mehr Arbeiten seinem Sohn, und mein Bruder war zufrieden mit seinem Los: das Erbe des Vaters anzutreten. Damit fand sich Mutter nur schwer ab, sie hätte es viel lieber gesehen, wenn ihr Sohn einen urbanen Beruf ergriffen, sich vornehmer betragen und angezogen hätte. Später erkannte ich: Wenn ich ihr für irgend etwas dankbar sein muß, dann dafür, daß sie mir nicht ängstliche Ehrfurcht vor dem Denken und der Stärke von Männern eingeflößt hat. Sie dachte wohl kaum über ihr eigenes Verhalten nach, aber sie hatte den Mut, sich zu widersetzen und zu sagen: 'Ich mache das so und so, was geht mich die Meinung von meinem Mann und den Nachbarn an.' Dennoch denke ich, daß ich zum Glück nur ihren Trotz geerbt habe, während mir Vaters Rationalität die Fähigkeit verlieh, ihn mit mehr Verstand einzusetzen. Ich war noch nicht fünf Jahre alt, als mein Onkel, Mutters Bruder aus der Stadt, mir die ersten Bilderbücher schenkte, weil er mich für ein helles Köpfchen hielt. Sie waren voller schöner Zeichnungen und Texte in großen Buchstaben. Mich interessierten weniger die Bilder, ich wollte wissen, was da geschrieben stand. Kaum daß ein Besucher unseren Hof betrat, schleppte ich meine Bücher an und fragte, wie dieser und jener Buchstabe heiße. Bald hatte ich den Spitznamen Buchstäblerin. Innerhalb weniger Monate las ich, nicht nur Bilderbücher, sondern auch Zeitungen, die zu Hause herumlagen. Ich mußte sie retten und verstecken, denn die Eltern brauchten sie, um Feuer zu machen. In der ersten Klasse langweilte ich mich fürchterlich, denn ich konnte schon, was die anderen Kinder lernen mußten.

Aber mir reichte das Lesen nicht, ich versuchte, eigene Texte zu verfassen, wenn schon nicht auf dem Papier, so wenigstens im Kopf. Ich dachte mir Geschichten zu den ehemaligen Einwohnern unseres Dorfes aus, jene, die in den Häusern gelebt hatten, von denen heute noch die Ruinen standen. In der Schule trichterte man uns die Heldentaten von Titos Pionieren während der faschistischen Okkupation ein, und so trugen auch die Figuren in meiner Phantasie deren Züge; meine Helden und Heldinnen hüteten nicht wie ich Kühe und Schafe, sie schleppten weder Wassereimer noch wuschen sie Wäsche am Bach, sondern sie retteten Menschen aus Lebensgefahr. Jungen und Mädchen bildeten Gruppen und rannten über die Berge, immer auf der Suche nach denen, die ihre Hilfe brauchten. Bei diesen Aktionen verliebten sie sich, lächelten einander zu, hielten sich ab und zu bei der Hand, der kräftige Junge trug das tolpatschige Mädchen über den Bach, sie pflückte ihm als Zeichen der Dankbarkeit Erdbeeren. Wenn sie schlußendlich doch etwas essen mußten, machten sie ein Feuer und rösteten Maiskolben und Kartoffeln in der Glut oder einen Fisch, den sie im Bach gefangen hatten. Um sie nicht dem Verdacht auszusetzen, sie hätten in den Gärten gestohlen, dachte ich mir Helden aus, die wie ganz normale Menschen säten und Erde umgruben, aber ihre Ernte lieber verschenkten. In meinen Träumereien ließ ich niemals zu, daß meine Helden erwachsen wurden, ich ahnte, daß sie dann nicht mehr so gut und selbstlos sein konnten. In der Welt der Erwachsenen geschahen um mich herum tagtäglich Dinge, die ich mir nicht erklären konnte, die mir aber in ihrer Absurdität und Anhäufung von Bösartigkeit als Leuchtfeuer in Erinnerung blieben – eine Mahnung, daß sich das Gute im Menschen im Nu in sein Gegenteil verkehren kann.

Es geschah in einer Winternacht, daß unser Freund, der geschwätzige Ades, zum größten Feind der Familie wurde. Es war um die Weihnachtszeit, die unsere serbischen Nachbarn feierten, so daß sich ihre Tische unter Schnaps und Fleisch bogen und geladene wie ungebetene Gäste sich daran labten. Auch unser Ades hatte sich eines Abends auf einem solchen Festmahl betrunken und fand sich irgendwann nach Mitternacht murmelnd und singend in unserem Haus ein. Warum es ihn an diesem Abend nach Streit gelüstete, wurde später lang und breit diskutiert. War er schon immer auf

meinen Vater eifersüchtig gewesen, weil dieser eine junge Frau aus der
Stadt geheiratet hatte, war er wütend, weil ich mich in der Schule mit seinem Sohn geprügelt, die Lehrerin jedoch nur sein Kind bestraft hatte, oder
steckte er einfach nur, alkoholisiert, voll von negativer Energie? Um es kurz
zu machen: Ades versuchte in jener Nacht, Lorde, unseren wütend kläffen-
den Hund, mit Stockschlägen zum Schweigen zu bringen. Als Vater aus
dem Haus trat und brüllte, er solle das lassen, es sei gefährlich, drehte sich
der Betrunkene um und stürzte sich auf ihn mit der Drohung, er werde mit
der Spitze des Messers die Tiefe seines Herzens ausloten. Mutter und wir
Kinder rannten halbnackt und verschlafen hinaus, hängten uns an Vaters
Rücken und zogen ihn zurück ins Haus. Mutter schob den Riegel vor, und
dann donnerte der erste Stein gegen die Tür, danach ein zweiter, ein dritter.
Der betrunkene Ades grölte, klaubte Steine auf und warf, unser Holzhäus-
chen erbebte bis in die Grundfesten. Zum Glück war unsere Tür so stabil,
daß man sie nicht so ohne weiteres einwerfen konnte. Der Nachbar, der alte, von allen geschätzte Opa Suljo, war nicht taub, er hörte den Krawall und
lief mit seinem Sohn herbei, um zu sehen, wo mitten in der Winternacht
der Donner grollte. Der kräftige Sohn hatte den Raufbold schnell überwäl-
tigt und zu dessen Haus gezogen. Dieser alkoholbedingte Exzeß allein wäre
mir wohl nicht derart im Gedächtnis geblieben, ohne die damit verbundene Absurdität, die durch unseren Retter Suljo in den Fall kam. Er giftete
meinen Vater damals an, wie er es ungestraft durchgehen lassen könne, daß
man sein Haus angreife. 'Wo bleibt dein Stolz, Nachbar?' 'Was hätte ich
denn tun können, er vor mir mit Stock und Messer, und hinter mir Frau und
Kinder?' 'Warum bist nicht aus dem Fenster geklettert, hast dir einen Pfahl
genommen und ihm den von hinten auf den Kopf gehauen, damit er sich gut
merkt, daß er dein Haus angegriffen hat.' 'Angegriffen und getötet, er in der
Erde, ich in Zenica [dort war das damals berüchtigtste Gefängnis Bosniens
mit vielen politischen Gefangenen] und dann? Wer hätte meine Kinder er-
nährt, wer die seinen? Nein, ich werde ihn verklagen, du bist mein Zeuge,
er soll zahlen für das, was er hier angerichtet hat.' Er glaubte fest daran,
daß er im Recht und unser alter Nachbar anständig war und verklagte Ades
wirklich am nächsten Tag. Während er auf das Urteil wartete, sprach er von
nichts anderem. Ich malte mir die Herstellung von Gerechtigkeit als etwas
Großartiges aus, so als seien nicht Menschen, sondern eine fast göttliche
Kraft damit befaßt. Man wußte, wer schuld war, unser Dorfältester würde

hingehen und dieser Gottheit sagen, was der betrunkene Ades uns mitten in der Nacht angetan hatte. Aber der Alte schilderte – ohne sich seines weißen Bartes zu schämen, wie meine Mutter später sagte – den Vorfall bei Gericht so, daß der Raufbold als unser Opfer erschien: Als Ades eines Nachts, ein wenig angesäuselt, friedlich und fröhlich an unserem Haus vorbeitrottete, sei mein Vater mit dem Stock herausgelaufen gekommen und habe ihn geschlagen, um ihm den Durchgang zu verbieten, er habe sogar gedroht, ihm unseren scharfen Hund auf den Hals zu hetzen. Und Mutter hätte mit Steinen nach ihm geworfen. All das sagte ein Mann, der wenige Monate zuvor meinem Vater vorgeworfen hatte, daß er seine Ehre nicht mit einem Meuchelmord gerächt habe.

Vater kam ganz gelb im Gesicht aus Sarajevo zurück nach Hause, sah richtig krank aus. Er ersäufte seinen Schmerz im Schnaps. Und ich war enttäuscht, nicht, weil das Recht sich nicht durchgesetzt hatte, sondern weil die Gottheit, die es besser hätte wissen müssen, dem Alten und Ades ihre Lügen abgenommen hatte. Damals bekam ich meine erste Lektion über die Gesetze in der Welt der Erwachsenen.

Als Kind verband mich nicht die Straße mit der Welt draußen, sondern vorbeiziehende Lichter. Unser Haus lag im Tal, dem Berg zugewandt, an dem sich die Straße nach Pale in drei großen Windungen hinaufzog. Fuhr nachts ein Auto aus Pale vorbei, fiel das Scheinwerferlicht durch das einzige Fenster auf die Wand über meinem Bett. Ich stand auf und legte die Hände auf die Wand, um das Licht anzuhalten, um zu verhindern, daß das Tal wieder im Dunkeln versank. Der helle Schein verweilte ein paar Minuten, bis das Auto oder der Lastwagen alle Windungen abgefahren und das Tal erreicht hatte. Lange genug, um in meiner Phantasie Funken zu entzünden. Welche Menschen saßen am Lenkrad dieser Fahrzeuge, waren sie bärtig, alt oder jung, welchem Beruf gingen sie nach, welches Unglück zwang sie zu der nächtlichen Reise, hatten sie eine Familie, Frauen und Kinder, kamen sie auch manchmal betrunken nach Hause wie mein Vater? Trugen ihre Frauen Kleider wie meine Mutter oder Pluderhosen? Vielleicht waren sie nicht wie wir Muslime. Warum waren wir Muslime und so viele andere waren es nicht? Wer bestimmt, was du bist, weist dir das jemand zu oder suchst du es dir selbst aus?

Für mich war es ein Fest, als eine Fahrzeugkolonne der jugoslawischen Volksarmee die Serpentinen hinabfuhr. Dankbarkeit erfüllte mich, weil unsere Lehrerin in der Schule gesagt hatte, Titos Soldaten beschützten uns, während wir schliefen. Aber es war für mich auch ein Lichterfest, ein Licht folgte dem anderen, zehn, zwölf, fünfzehn, und ebenso viele verschiedene Geschichten von jungen Burschen, die bei Nacht über die Landstraßen fuhren und aufpaßten, daß kein Feind in unserem wunderschönen, reichen Vaterland auftauchte. Wir glaubten damals mehr dem, was man uns sagte, als dem, was wir tatsächlich erlebten.

Aber auch als wir nicht mehr an all das glaubten, das als Ideologie deklamiert wurde, konnte keiner von uns ahnen, welche Öde und Finsternis diese Militärmaschinerie in unserem Land wenige Jahrzehnte später verursachen würde.

Sargon Boulus: Das Lächeln

Prosagedicht

Die Kellnerin eines Londoner Cafés mit ihren künstlich-schauspielerinhaften und dennoch aufreizenden Bewegungen bedient alle mit Tellern voll von ihren Übungen in Koketterie vor dem Spiegel, nur mich und meine Freunde nicht. Im Umkreis unserer Blicke, die ihre reifen Brüste verschlingen, geschieht etwas mit ihrem Lächeln: Rasch bricht es ab. Anfangend in einem Winkel ihres geöffneten Mundes, der stolz ist, aber zugleich die verborgene Fähigkeit verrät, bis zur Unterwürfigkeit freigiebig zu sein, flattert das Lächeln ein wenig wie ein von der Nadel aufgespießter Schmetterling, doch dann vergißt es sogleich wieder das Flattern, und das ist das Geheimnis ihrer Verwirrung: Die Liebe mit den Augen ist eine schwierige Kunst, die nur der Orient kennt.[1]

Die Liebe mit den Augen

Meine erste Liebe war tatsächlich so, wie man sie nur vom Orient kennt, eine Liebe mit den Augen. Ich war fünfzehn, sechzehn Jahre alt, es war die Zeit des Erwachens, der Öffnung zur äußeren, aber gleichzeitig auch zu meiner inneren Welt, in der die Literatur, insbesondere die Poesie, eine zentrale Rolle spielte. Meine ersten poetischen 'Erfolge' lagen schon hinter mir, die ersten Gedichte waren veröffentlicht.

Ich lebte mit meiner Familie in einem Vorort von Kirkuk am Stadtrand, unser Haus war das letzte in der Reihe, dahinter lag nur noch der blanke Berg. Aber gegenüber stand ein Haus, in dem ein kurdischer General wohnte. Manchmal sah ich ihn vorbeigehen, soldatischer Gang, Uniform, strenge Miene, Schnauzer. Jedesmal spürte ich die Wellen der Gefahr, die von ihm ausgingen. Zu seinem Haus führte eine Treppe, auf der viele Gefäße mit Blumen standen, und die Wohnung hatte einen großen Balkon. Die jüngere Tochter des Generals sah ich zum ersten Mal, als sie die Blumen goß. Ich saß auf unserem Dach, dem einzigen Ort, an dem ich, ungestört von meiner Familie, in Ruhe lesen konnte. Aber meine Ruhe verflog, sobald ich mir der Gegenwart des Mädchens bewußt wurde. Zuerst ein kurzer Blick, dann langes Warten, ob sie wieder auftauchte. Diesmal trat sie auf den Balkon, setzte sich und kämmte ihr frischgewaschenes Haar. Es war lang und hell, aus der Entfernung wirkte es golden. Dann rief sie ihre Schwester, die ihr lange das Haar bürstete und dann Zöpfe flocht. Irgendwann sah sie mich, wie ich unbeweglich dastand und sie anstarrte. Sie drehte den Kopf weg, schaute aber wenig später verstohlen wieder nach mir, flüsterte ihrer Schwester etwas zu und beide lachten. Es machte mich schwindlig, ich fürchtete vom Dach zu fallen. So begann das Schauen.

Damals zeigte man in unseren Kinos russische Filme, um die kommunistische Ideologie zu propagieren. In diesen Filmen waren fast alle Komsomolzinnen schön, blond, sie hatten immer eine Ponyfrisur und hießen Natascha. Die Jungen rannten scharenweise ins Kino und sahen sich die Streifen mehrmals an. Beim ersten Mal, um zu sehen, wie glücklich die

Jugend war in jenen Ländern, in denen die sozialistische Revolution gesiegt hatte, in denen die Komsomolzen 'stolz und unermüdlich vorangingen', einer besseren Zukunft entgegen. Dann vergaßen die Burschen, wozu diese Filme gedreht wurden, verliebten sich in eine der blonden Nataschas und gingen ins Kino, um wenigstens eineinhalb Stunden in Gesellschaft ihrer Liebsten zu verbringen. Es war die einzige Gelegenheit, weibliche Gesellschaft zu genießen, denn in unseren Straßen gab es nur vermummte Mädchen, mit denen man höchstens gelegentliche Blicke wechseln konnte. Man muß zugeben, daß die dunklen Gesichter ihrer Kolleginnen und Nachbarinnen nicht so anziehend waren wie die hellhäutigen, rundlichen, ein wenig fülligen Russinnen. Ein Freund erzählte mir im Vertrauen, daß er jede Nacht von Natascha mit ihrem Pony träume. Er träumte nicht nur von ihr, sondern glaubte, wenn er ihr näher wäre, würde er selbst Komsomolze werden. Am liebsten wäre er in die Leinwand geklettert, um ihr bei der Verwirklichung der sozialistischen Ideen und beim Bau der Bahntrassen zu helfen. Auch wenn sie im Film nicht ein einziges Mal klagte, wußte er, daß es Frauenhänden nicht leichtfiel, Schwellen und Schienen zu heben.

Ich ging mit den anderen ins Kino, aber diese Nataschas zogen mich nicht so an wie meine kurdische Schönheit, deren Namen ich niemals erfuhr. Zwischen uns entspann sich eine Beziehung ohne Worte. Sie wußte, daß ich sie beobachtete, wenn sie zum Haus ging, wenn sie auf den Balkon trat, wenn sie die Blumen goß. War ich auf der anderen Seite, im Hof, spürte ich, daß sie kam. Ich weiß nicht, wie sich dieser Sinn entwickelte, aber er war unfehlbar. Sah ich sie tagsüber nicht, stellte ich mich am späten Nachmittag ans Tor, tat, als genieße ich die Schönheit des frühen Abends und wartete, daß sie vorbeikam. Und sie fand sich ein. Sie trug die kurdische Tracht, wegen der Sommerhitze ein dünnes Kleid aus Leinen, das sich an den schlanken Körper schmiegte. Ich kannte sämtliche Farben und Saumlängen ihrer Kleider und wußte, wie sie ihr standen. Ich war davon überzeugt, daß es nirgends auf der Welt ein ähnlich herrliches Wesen gab. Ich weiß wirklich nicht, ob sie tatsächlich so schön war, ich weiß, daß ich kein anderes Mädchen sehen wollte, jedes andere weibliche Geschöpf war häßlich und unansehnlich im Vergleich zu ihr. Hatte ich mich in der Schule länger aufgehalten als sonst, lief ich so schnell wie möglich nach Hause, nur um sie zu sehen. Sie wußte, wann ich kam, sie erschien entweder auf dem Balkon oder sie trug eine Kanne aus dem Haus und wässerte die Blumen. Nirgendwo sonst in unserer Straße blühten und wucherten die Blumen so üppig wie bei ihr, weil sie sie mitunter dreimal am Tag goß. Ich erinnere mich, daß sie einmal auf der obersten Treppenstufe saß, als ihre Schwester sie zum Essen rief. Sie wußte, daß ich auf dem Dach war, wir hatten uns mehrfach angesehen. 'Laß mich, ich mag nichts essen', entgegnete sie der Schwester. 'Du hast seit heute morgen nichts gegessen, du mußt hungrig sein.' 'Ich bin nicht hungrig, was kümmert mich mein Mangen, was kümmert mich der Hunger!' Ich freute mich, weil sie wegen mir nicht essen wollte, und gleichzeitig tat sie mir leid, weil sie hungerte.

Dann beschloß ihre Schwester, uns beim Näherkommen zu helfen. Die zwei gingen in den umliegenden Gassen spazieren, und die Schwester gab mir mit dem Kopf ein Zeichen, ich solle mitkommen. Sie gingen voraus, ich folgte ihnen, wir tauschten ein paar unzusammenhängende Sätze aus, ich weiß nicht mehr worüber, ich weiß nur noch, daß jedesmal, wenn ich mich beiden näherte, irgend jemand auftauchte und ich stehenbleiben mußte. Keiner durfte merken, daß wir drei uns unterhielten oder daß ich den beiden bei diesem Spaziergang folgte. Wer weiß, was passiert wäre, hätte ihr Vater, der kurdische General, ein Muslim, erfahren, daß seine Tochter mit ihren Augen einen Assyrer, einen Christen, liebte. Dennoch konnte ich nicht widerstehen, wenn sie mir ein Zeichen gaben.

Es gelang uns nur einmal, einander nahezukommen. Sie war allein zu Hause, wir sahen einander zu, ich auf dem Dach, sie auf dem Balkon. Sie zeigte mir mit dem Kopf, daß sie spazierengehen würde, und zwar nicht durch die Straßen, sondern um den Berg herum. Dort traf man niemanden. Das war wirklich sehr mutig. Ich wartete, bis sie weg war, und lief dann in entgegengesetzter Richtung los. Ich wartete hinter dem Berg auf sie, dort waren wir fremden Blicken entzogen. Wir trafen uns, standen nahe beieinander und sahen uns an. Keiner von uns brachte ein Wort heraus. Meine Kehle war trocken, meine Beine zitterten, mein Herz zertrümmerte mein Trommelfell. Sie war ein bißchen kleiner als ich, hob den Kopf und sah mir in die Augen. Auch ich sah sie an, die Zeit stand still, es gab nur noch uns zwei. Nie mehr verspürte ich in meinem Leben ein solches Fluidum, Minuten wie Stunden, eigentlich bestanden weder die Zeit noch die Stadt noch die Gefahr, entdeckt zu werden. Ich streckte die Hand aus, berührte die ihre, um mich davon zu überzeugen, daß sie wirklich da stand. Ich weiß nicht, ob ich ihre Hand Sekunden oder Minuten gehalten habe. Wir zuckten zusammen, als wir Stimmen hörten, sie drehte sich um und rannte zurück.

Als ich allein an dem verlassenen Ort stand, fiel mir ein, was ich ihr hätte sagen können, wenn nur meine Kehle nicht so ausgedörrt und die Zunge gefangen gewesen wäre.

All diese ungesprochenen Worte verwandelten sich in Gedichte, unermüdlich schrieb ich Liebesgedichte. Es war vielleicht das Erwachen der Erotik, aber ich habe dieses Mädchen nicht als erotisches Wesen empfunden. Sie war viel mehr als das, der Traum von etwas Unerreichbarem und Unerklärlichem. Ich war ganz erfüllt davon, das Herz voller Gefühle, der Kopf voller Idealismus, daß die kommunistische Revolution bald schon unsere Gegenwart in eine bessere Zukunft verwandeln würde. Dann würde es nicht länger wichtig sein, daß ich Sohn eines assyrischen Arbeiters war und sie Tochter eines kurdischen Generals.

Die Welt hat sich nicht verändert, aber ich zog nach Bagdad, um dort zu studieren. Der schönste Traum, den ich aus Kirkuk mitnahm und bis heute nicht vergessen habe, ist jene jungenhafte Liebe, die sich nur in Blicken verwirklichte.

*

Natürlich war Sargons erste Liebe reine Poesie, eine Liebe gemäß der 'schwierigen Kunst, die nur der Orient kennt'. Aber es gibt noch andere Formen der Liebe, die durch die Augen erlebt werden, auch meine erste Liebe war bloßes Schauen. Nur ein bißchen anders als bei Sargon.

Ich erwähnte bereits, daß viele Gäste aus Sarajevo zu uns kamen, nicht nur Verwandte meiner Mutter, sondern auch ihre Freundinnen, mit denen sie einst gestrickt und ihre Mädchenträume geteilt hatte. Es sah so aus, als hätten sich nur wenige dieser Träume verwirklicht, Mutters Los waren ein zwanzig Jahre älterer Witwer und ein schweres, arbeitsreiches Leben auf dem Land. Aber die, die in der Stadt geblieben waren, schwebten auch nicht gerade auf Wolken von Glück, der ersten war der Mann weggelaufen, der Gatte der zweiten hatte Staatsgelder veruntreut und saß hinter Gittern, die dritte hatte einen Trinker geheiratet. Wenn diese Frauen von sich erzählten, gewann man den Eindruck, daß niemand auf der Welt unglücklicher sein konnte. Die schönste und mir liebste Freundin meiner Mutter war Zehra, alle sagten, sie sei schöner als die persische Prinzessin Soraya, wohl wegen ihrer hellen Haut, von der das schwarze, lockige Haar und ihre dunklen, weder grünen noch braunen Augen abstachen.

Auch die süße und gebildete Zehra – sie hatte eine Ausbildung als Sekretärin abgeschlossen und arbeitete in einem Büro – hatte kein Glück in der Liebe. Ihr vom Ödipuskomplex besessener Mann (daß eine überstarke Mutter-Sohn-Bindung so heißt, habe ich später gelernt) hatte sie gemäß dem wohlbekannten bosnischen Sprichwort, daß man beliebig viele Frauen haben kann, aber nur eine Mutter, vor die Tür gesetzt. Zehra war durch diese Niederlage im Kampf gegen die alte Schlange zutiefst verletzt und verlor die Nerven; die Ärzte rieten zu einem Aufenthalt in ruhiger Umgebung mit sauberer Luft.

In der Nähe unseres Hauses, vielleicht einen Kilometer entfernt, lag ein Erholungsheim, dorthin schickten die Ärzte jene mit psychischen Problemen und guten familiären und freundschaftlichen Beziehungen, denn ein gewöhnlicher Narr konnte von einem solch privilegierten Krankenhaus nicht einmal träumen. Mamas Freundin hatte Beziehungen, dadurch bekam sie einen zweimonatigen Aufenthalt in unserem Luftkurort. Die ersten Tage der Einsamkeit in diesem Paradies deprimierten sie nur noch mehr, sie heulte unentwegt, wenn sie uns besuchte. Aber nach einer Woche trockneten die Tränen plötzlich, die junge Frau lachte wieder. Mama bestürmte sie, sag schon, was ist denn Schönes passiert, und dann tuschelten die zwei lange. Zehra redete wieder von Liebe, aber diesmal galt sie nicht ihrem früheren Ehemann, der sie nie im Krankenhaus besuchte. Das nächste Mal kam sie in Begleitung ihrer vierjährigen Tochter und eines schlanken Mannes zu uns. Mir stockte der Atem: Er sah aus wie Clarke Gable auf dem Umschlag von 'Vom Winde verweht', aber seine Haare waren nicht so mit Brillantine angeklebt, und seine Ohren standen nicht ab. Zehras Meho ähnelte dem Red Butler, den ich mir beim Lesen ausgemalt hatte, stärker, während das Bild des berühmten Schauspielers mir meine Vorstellung eher zerstört hatte. Leider war Mamas Freundin viel zu schweigsam und leise, als daß sie die Rolle der kapriziösen Scarlett hätte spielen können. Eine Woche später vergaß ich den Roman, denn die Wirklichkeit selbst hatte das Format einer wunderschönen Liebesgeschichte angenommen. Zehras Gesicht veränderte sich ganz und gar, sie erwähnte weder die Schwiegermutter noch ihren ehemaligen Gatten. Sie kam nicht mehr allein, sondern stets in Begleitung von Meho. Er fand immer neue Wege, um ihr seine Verliebtheit zu zeigen.

Da meine Augen und Ohren vor lauter Neugier riesengroß waren, sah und ahnte ich alle ihre heimlichen Berührungen, hörte jedes Flüstern. Er bückte sich, scheinbar, um seine Schnürsenkel zuzubinden, nahm jedoch unter dem Tisch ihre Hand und küßte jeden Finger einzeln. War ihre Hand nicht in Reichweite, legte er seine Hand auf ihre Wade. Er nutzte einen unbeobachteten Augenblick, um ihr etwas ins Ohr zu flüstern, so daß ihr Gesicht glühte. Ich wünschte nichts mehr als an ihrer Stelle zu sein, diese Worte zu hören, von denen ihr Gesicht sich so sehr aufhellte. Ich sah seine Lippen unter Butlers Schnurrbart, sie schienen zu sagen: 'Ich freß dich vor Liebe.' Es war unglaublich; was ich bisher nur in Romanen gelesen hatte, spielte sich direkt vor meinen Augen ab. Also gab es wirklich so etwas, die Dichter und Schriftsteller dachten es sich nicht nur aus. Mich betörte auch seine Zuneigung zu Zehras Tochter. Kam sie mit zu Mutter, war er der beste Vater der Welt, trug sie auf den Schultern, spielte mit ihr, baute mit ihr Burgen in unserem Sand. Ich haderte mit meinem Schicksal, weil ich keinen solchen Papa hatte. Mein Vater hat mich nie auf seine Schultern gesetzt oder mir etwas geschenkt. Ich war neidisch auf das Mädchen, weil es gefüllte Schokolade und Puppen mit Zigeunerkleidern von Meho bekam.

Zehra und ihr Meho waren häufig Anlaß für Streitereien zwischen meinen Eltern. Vater fand, er sei ein gewöhnlicher Geck und Schwindler, das nächste Mal würde er ihn aus dem Haus jagen. 'Wenn ein Mann einer Frau derart nachsteigt, ist etwas faul. Entweder er ist verrückt oder er führt was im Schilde', sagte er. 'Was habe ich nur verbrochen, daß mich Gott mit so einem ungeschliffenen Rüpel straft? Nie hat er ein freundliches Wort oder etwas Gutes für mich übrig', beklagte Mutter ihr Schicksal.

Entschwanden die Verliebten in ihre Oase der Stille, kamen die Nachbarinnen, um den Stand der Dinge zu erfahren. Die erste Frage war stets, ob Meho sich endlich mit Zehra verlobt habe. Meine Mutter berichtete mit solcher Zufriedenheit, als handele es sich um ihre eigene Geschichte. Und die Frauen hörten zu, als erfülle das fremde Glück ihr Bedürfnis nach Romantik. Mutter wurde es nie leid, darüber zu reden, sie wiederholte weitschweifig die bereits bekannten Tatsachen und fügte neue Details hinzu. Allerdings war nie von Hochzeit die Rede, aber das konnte nach all den Beweisen seiner Zuneigung schließlich nicht ausbleiben.

Mehos Aufenthalt in dem Erholungsheim wurde mit einem Verkehrsunfall erklärt. Er leitete ein Unternehmen in Zenica und besaß zwei Autos, eins privat und einen Firmenwagen. Aber er fuhr selten selbst, weil er einen Chauffeur hatte. Einmal setzte er sich ans Steuer, und da geschah es, er kollidierte mit einem Pferdegespann und stürzte einen Hang hinab. Mehrere Stunden lang hing er in einem Baum über einem Abgrund, und das hatte seine Nerven angegriffen. Nachdem sie seine Rippen und Beine wieder zusammengeflickt hatten, schickten sie ihn ins Sanatorium, um seine Seele zu reparieren.

'Jetzt dankt er Gott, weil er Zehra hier kennengelernt hat, sie hat ihn ins Leben zurückgeholt, sie half ihm, seine Qualen zu vergessen', während Mutter dieses aufregende fremde Gefühl beschrieb, goß sie den Kaffee neben die Tassen. 'Noch nie hat er so eine schöne und gebildete Frau getroffen, und dabei so voller Güte, nicht mal ihre Galle ist bitter. Und sie hat mit ihm nach all den Problemen mit ihrem Mann wahres Glück. Sie haben sich gesucht und gefunden, sie sind wie füreinander geschaffen. Er war mal verheiratet, mit einer Andersgläubigen, aber sie sind geschieden, er hat sie mit seinem besten Freund erwischt. Er hat ihr die Wohnung und alles überlassen, hat nur seinen Mantel genommen und ist fortgegangen. Jetzt lebt er bei seinen Eltern, seine Kinder besuchen ihn oft. Aber wenn er wieder arbeitet, bekommt er eine neue Wohnung. Er sagt, zum Glück habe er jetzt eine Muslimin gefunden, die ihn trösten könne. Er akzeptiert Zehras Kind, übernimmt ihre Kredite und Schulden, sie braucht sich um nichts mehr zu kümmern. Sie sagt, sie hätte sich in dem Moment, in dem sie ihn kennengelernt hat, seelisch und nervlich erholt.'

Mir mißfiel, was meine Mutter erzählte, es verdarb mir, was ich mit meinen Augen sah und mir in meiner Phantasie ausmalte. Wenn es um Liebe ging, konnte man doch nicht untreue Frauen und böse Männer, Kinder und Kredite erwähnen. Liebe, das war etwas anderes, Berühren der Hände, Streicheln über die Wange, Flüstern ins Ohr. Wie konnte man so etwas Schönes mit diesen abgegriffenen Alltagsdingen in Verbindung bringen?

Zehra und Meho mußten das Erholungsheim nach Ablauf ihrer Kur verlassen. Mutter beauftragte mich, Zehra zum Bahnhof zu begleiten und ihr beim Tragen zu helfen. Zehra und Meho küßten sich, klammerten sich aneinander und weinten, daß mir das Herz vor Mitleid brach. Wie konnten sie ohne ihre Liebe weiterleben? Die Tage nach ihrer Abreise fand ich furchtbar öde.

87

Dann hörten wir lange nichts von Zehra. Mutter redete noch zwei, drei Wochen lang von den Verliebten und dann nie wieder, kein Wort mehr. Einmal fragte eine Nachbarin, wann denn die Hochzeit verkündet werde, und kicherte böse, weil sie schon wußte, daß diese Hochzeit nie stattfinden würde. Mutters Gesicht wurde finster, sie wand sich, als hätte sie Schmerzen.

'Dieser Schwindler, Schimpf und Schande über ihn. Solche wie ihn sollte man vor Gericht stellen und ins Gefängnis werfen, verdorben, rücksichtslos wie die sind! Die haben kein Herz und keine Seele, aufhängen sollte man sie. Meine arme Zehra, warum trifft es immer wieder dich!'

Da sich Meho nie wieder bei ihr meldete, fuhr die verliebte Frau nach Zenica und erkundigte sich dort nach ihm. Daraufhin erlitt sie wieder einen Nervenzusammenbruch. Der, der ihr seine Liebe geschworen hatte, war mitnichten Direktor. Er war vielmehr der Chauffeur, der seinen Boß und dessen Geliebte in einer Kurve in den Graben gefahren hatte. Und was seine Frau betraf, niemand hatte je davon gehört, daß sie ihn betrogen hätte, er war weder geschieden noch hatte er die Absicht, sich scheiden zu lassen, es stimmte, daß seine Frau Serbin war, aber er lebte glücklich mit ihr und den drei Kindern.

Vater triumphierte, als er das hörte. 'Ihr mit eurem Weiberhirn', höhnte er. 'Habt ihr wirklich nicht gesehen, ihr Blindschleichen, daß ihm die Falschheit aus den Augen guckte? Ich hab's ja gleich gesagt, daß das ein Hochstapler ist. Nur Hochstapler haben solche Schnurrbärte.'

Zehra hat uns nie mehr besucht, wahrscheinlich schämte sie sich. Später fand ich es schade, daß sie nach Zenica gefahren war, daß sie sich erkundigt hatte. Hätte sie die Wahrheit nie erfahren, die Illusion, wenigstens einmal geliebt worden zu sein, wäre ihr erhalten geblieben. Und mir, die ich, wenn auch mittelbar, einen Zipfel dieses Glücks miterlebt habe.

Safeta Obhodjas und Sargon Boulus 1999 in Schöppingen, während der Arbeit an dem Buch "Legenden und Staub"

(Mitte Januar 1999)

Safeta: Ach du bist's, ich habe schon ganz vergessen, daß du kommen solltest.

Sargon: Ich halte mich immer an Absprachen.

Safeta: Nur an die Zeit hältst du dich nicht, du bist zwei Stunden zu spät, wir hatten uns für acht Uhr verabredet. Wer fängt abends um zehn noch zu arbeiten an?

Sargon: Denk einfach, du wärst auf Nachtschicht.

Safeta: In meinem ganzen Leben habe ich noch keine Nachtschicht machen müssen, ich sagte dir schon, ich arbeite tagsüber.

Sargon: Der Mensch ist keine Maschine, die nur eine Bewegung ausführt. Veränderungen tun dem Leben gut.

Safeta: Das mußt du mir gerade sagen! Ich wollte dir dasselbe vorschlagen. Warum versuchst du nicht einmal, wie alle normalen Leute vormittags aufzustehen?

Sargon: Warum glaubst du, daß ich normal sein könnte?

Safeta: Warum glaubst du, daß ich die Nacht zum Tage machen kann?

Sargon: O.k., entschuldige, ich konnte nicht früher kommen, weil ich Besuch hatte. Aber es ist doch erst zehn, bis Mitternacht bleibt noch viel Zeit. Wir könnten anfangen.

Safeta: Wer hat dich besucht?

Sargon: Meine Assyrer, ein junger Dichter mit einem Freund.

Safeta: Zur Abwechslung also der Mentor.

Sargon: Ich helfe immer gern.

Safeta: Wie hast du ihm geholfen?

Sargon: Er hat mir ein paar seiner Gedichte vorgelesen, und ich habe ein paar Worte gesagt, nicht direkt zu den Gedichten.

Safeta: ... sondern dazu, was ein Dichter mit der Sprache anstellt. Wenn er ein richtiger Dichter werden will, muß er seine Dichterwerkstatt aufschließen.

Sargon: ... jeden Tag arbeiten, ausdauernd neue Formen suchen und neue Klänge, neue Wortbedeutungen aufspüren.

Safeta: Ich bitte dich, laß das, hör auf. Heute abend bin ich wild entschlossen, daß ich mich nicht darauf einlasse, wenn du wieder redest, was dir gerade in den Sinn kommt. Ich habe genug von deinen endlosen Assoziationen.

Sargon: Du hast recht, wir wollten uns an bestimmte Themen halten. Was ist heute abend dran?

Safeta: Bücher, aber nicht so wie eben. Und schweife bitte nicht ab, beantworte die Fragen.

Sargon: Ich beantworte doch immer nur Fragen.

Safeta: Aber immer die, die nicht gestellt wurden. Wir haben genug Material, Berge von Material, jetzt brauchen wir Details, Mosaiksteinchen zur Vervollständigung.

Sargon: Hast du den Rahmen schon?

Safeta: Erinnerst du dich nicht, du hast mir letzten Sommer davon erzählt. Von den Büchern, die dich nach Amerika begleitet haben. Aber du kannst auch früher anfangen, bei dem, was du in Kirkuk und Bagdad gelesen hast.

Bücher

Jedes Buch, das mein älterer Bruder nach Hause brachte, wanderte zuerst durch meine Hände. Bevor ich mit dem Lesen anfing, bewunderte ich den Umschlag und dachte darüber nach, daß sich zwischen diesen Deckeln eine ganze Welt befand, die ich noch nicht kannte, Gegenden und Menschen weitab meiner heißen, sandigen Ölstadt. Das erste Buch, das ich gelesen habe, stammte ausgerechnet von einer Frau, es war die arabische Übersetzung von 'Jane Eyre'. Ich wußte nichts über England, stellte mir aber ein düsteres, geheimnisumwobenes Haus vor, eine leuchtend grüne Landschaft und eine würdevolle englische Lady. Bald hatte ich alles gelesen, was mein Bruder im Regal stehen hatte und begab mich auf die Suche nach neuen Büchern. Wir wohnten außerhalb von Kirkuk, bis zur Bibliothek brauchte ich mehr als eine Stunde. Ich lief über Trampelpfade und Nebenstraßen entlang des Flusses. Man durfte nur ein Buch ausleihen, das war mir zu wenig, und so blieb ich stundenlang dort, las und exzerpierte, was mich am meisten beeindruckte. So schuf ich mir eine kleine Privatbibliothek. Einmal lief ich auf dem Heimweg der Polizei in die Arme, sie durchsuchten mich, fanden das Heft und verdächtigten mich als Kommunist. Mit Mühe entging ich dem Gefängnis.

Unsere Wohnung in einem Vorort von Kirkuk war zu eng für unsere mehrköpfige Familie, es gab kein noch so kleines Plätzchen, an dem ich ungestört hätte lesen können. Deswegen richtete ich mich in einer Ecke auf dem Dachboden ein. Der Raum war so niedrig, daß ich kaum aufrecht darin stehen konnte, und es paßten nur ein Bett und ein Tischchen hinein. Aber ich freute mich sehr über diesen winzigen Raum, dort hatte ich meine Privatsphäre, denn nur ich besaß einen Schlüssel zu dessen Tür. Manchmal entfernte ich ein paar Dachziegel, damit ich genug Licht hatte. Oder ich setzte mich aufs Dach und las dort versteckt stundenlang. Meiner Mutter gefiel das gar nicht, jeden Tag kam sie hoch und bekniete mich herauszukommen. "Mein Sohn, du verdirbst dir deine schönen Augen, du verlierst dein Augenlicht. Wenn du blind durch die Welt gehst, will dich kein Mädchen mehr haben. Die Einsamkeit ist nicht gut, die Seele wird davon krank. Komm raus und spiel mit den Kindern, sei fröhlich, schau die Mädchen an, geh ins Kino, genieße das Leben, solange du jung und ungebunden bist, später hast du keine Gelegenheit mehr dazu." Hundert Mal sagte ich ihr, sie solle mich nicht stören, aber sie kam immer wieder und wiederholte ihre für mich so langweilige Standpauke.

Mutters Sorge ließ ich hinter mir, als ich nach Bagdad zog, zum Studieren. Natürlich streifte ich dort zuerst durch die Bibliotheken und den amerikanischen Lesesaal; dort gab es vieles, das ich noch nicht kannte. Ich freundete mich mit dem jungen Dichter Jan Dammo an; er hatte in einer Bagdader Straße für wenig Geld eine Anthologie englischer Poesie gekauft. Wir zwei lasen und studierten sie tagelang, bis wir auswendig wußten, wo welches Gedicht stand. Ich verstand nicht, was ich da las, aber meine eigene Phantasie wurde geweckt und füllte die Lücken und erweiterte so meine poetische Vision. Diese Anthologie half mir, in die poetischen Strukturen der englischen Sprache einzudringen, und bewirkte zugleich, daß ich mich im Arabischen freier ausdrückte. Noch immer verwahre ich ein Heft mit damals geschriebenen Gedichten. Wenn ich heute darin blättere, sehe ich, daß ich an manchen Tagen fünf, sechs Gedichte schrieb; ehrlich gesagt, weiß ich nicht, wie ich das schaffte. Es ist das heilige Buch für mich, obwohl ich wenige Gedichte daraus veröffentlicht habe. Aber wenn ich das Gefühl habe, daß meine Phantasie erschöpft ist, genügt es, in diesem Heft zu blättern, und ich entdecke Quellen in mir.

In meiner Gruppe waren wir alle arm, keiner von uns konnte es sich leisten, Bücher zu kaufen. Wir wollten übersetzen, Rezensionen und Besprechungen schreiben, aber wie kam man an neue Ausgaben? Durch Diebstahl, anders ging es nicht. Der erste Versuch war erfolgreich, ebenso der zweite, bald waren wir Profis in diesem Gewerbe. Die Vorhut spionierte aus, was die amerikanische Bibliothek oder einige große Buchhandlungen vorrätig hatten, und dann traten wir in Aktion. Wir operierten in Zweiergruppen, ich lenkte normalerweise den Buchhändler oder Bibliothekar ab, verlangte Bücher, die ganz oben im Regal standen, während mein Kompagnon das gewünschte Exemplar in seine Jacke stopfte. Auf diese Weise sammelte sich in meiner Studentenbude eine beachtliche Bibliothek an. Sie half mir später dabei, den Irak zu verlassen; ich hatte kein Geld und konnte nur meine Bücher verkaufen. Ich trug sie durch die Straßen, Kafka für einen Dinar,

Simone de Beauvoirs Autobiographie für zwei. Der Erlös aus diesen Verkäufen betrug vierundvierzig Dinar. Damals war der irakische Dinar eine sehr stabile Währung.

Ich brach ohne Gepäck auf, nur mit einer Tasche, in der sich neben ein paar persönlichen Habseligkeiten zwei Manuskripte befanden. Das eine war die Übersetzung des 'King Lear', das mir mein Freund Jabra Ibrahim für Yousif al Khal mitgegeben hatte, das andere mein heiliges Büchlein mit den Versen, das ich noch heute immer mitnehme, egal wo ich hinfahre. In dem Heft hatte ich auch einige Namen von Journalisten und Redakteuren in Damaskus notiert, an die ich mich wenden konnte, wenn ich Hilfe brauchte.

Ich durchquerte die Wüste, halb zu Fuß, halb in einem Mercedes der Polizei, und erreichte nach ein paar Tagen die Hauptstadt Syriens. Dort trieb ich das billigste Hotel auf und schlief auf dem Boden eines Zimmers, das ich mit sechs Soldaten und einigen Hochstaplern teilen mußte. In der ersten Nacht wäre ich fast verrückt geworden, so eingepfercht zwischen Fremden, die schnarchten und im Schlaf schrien. Um zu vergessen, wo ich war, nahm ich die Übersetzung des King Lear und las in dem schwachen Licht der Straßenlaterne vor dem Fenster. Ich weiß nicht, ob ich es ohne dieses Buch unbeschadet bis zum nächsten Morgen ausgehalten hätte.

Am nächsten Morgen ging ich zum Basar, streifte eine Zeitlang ziellos umher und beschloß dann, einen der Journalisten von meiner Liste anzurufen. Als er meinen Namen hörte und daß ich bereits in Damaskus war, sagte er nur, warte auf mich, ich komme zu dir. Damals herrschte wirklich eine große Solidarität unter den jungen Intellektuellen in allen arabischen Zentren, und der Name der Zeitschrift 'Shi-r' war wie ein magisches Zeichen, das uns beschützte. Noch am selben Abend trafen sich Freunde und Bekannte des Journalisten, alle wollten mich kennenlernen, mit mir reden, bis in die Morgenstunden diskutierten wir in einer Bar. Es war mir unangenehm, ihnen zu sagen, in welchem Hotel ich abgestiegen war, ich kehrte in das Zimmer zurück und las Shakespeare. Eine ganze Woche blieb ich dort.

Aus dem Hotel befreit wurde ich von Ussama Ashur, ein Mann, der weder Schriftsteller noch Journalist war, sich aber ständig in deren Gesellschaft aufhielt. Kaum daß wir uns kennengelernt hatten, begriff er, daß ich Hilfe brauchte. Er hatte zuvor nicht von mir gehört, ich bezweifle, daß er eines meiner Gedichte gelesen hatte, aber er schien nur auf mich gewartet zu haben, um mir seinen facettenreichen Charakter zu zeigen. "Sargon, hab' keine Angst, solange ich bei dir bin, passiert dir in Damaskus nichts Schlimmes. Und ich bringe dich nach Beirut, auch wenn ich dich persönlich über die Grenze tragen muß." Eine so barocke Persönlichkeit wie Ussama Ashur stand in keinem Buch. Jeden Tag lernte ich von ihm. Managern und Hoteldirektoren stellte er sich als hoher Staatsbeamter vor, der dem besten Dichter der arabischen Sprache, Boulus, die Schönheiten Damaskus' zeigen sollte. Auf diese Weise verschaffte er mir ein Zimmer in einem teuren, sauberen Hotel und fand immer einen freien Tisch in jeder beliebigen Bar. Eines Nachts führte er mich in einen Club, in dem Frauen aus dem ehemaligen Jugoslawien tanzten, herrliche Tänze, ähnlich dem Bauchtanz. "Man muß weder Menschen noch das Leben ernst nehmen", war die Devise meines Beschützers. Einen besseren konnte ich nicht finden.

Er hielt, was er versprochen hatte; nach einigen Wochen in Damaskus brachte er mich nach Beirut. Er fand einen Taxifahrer, der bereits Erfahrung darin hatte, Leute über die Grenze zu schaffen. Während er und Ussama die Beamten ablenkten, stahl ich mich durch die Dunkelheit auf die andere Seite. Ich erinnerte mich ans Laufen und daß ich mich auf die Erde habe fallen lassen, bis sich die Lichter des Polizeijeeps in der Ferne verloren. Bei einem halbzerstörten Haus wartete ich auf sie. Wir feierten meinen glücklichen Grenzübertritt in einem Café an der Straße. Am nächsten Tag fuhr mich Ussama zur Redaktion, übergab mich Yousif und sagte: "Paß gut auf ihn auf." Wir verabschiedeten uns. Und ich habe ihn nie wiedergesehen. Später fragte mich einmal ein Freund, ob Ussama mich wirklich auf seinem Rücken nach Beirut getragen habe. Jahre später erzählte er unseren Bekannten, wie wir die Grenze überquert hatten.

König Lear hatte in Damaskus meine Seele gerettet, auf der anderen Seite des Globus rettete ein anderes Buch meinen Kopf.

Als ich aus dieser Stadt nach Amerika ging, las ich die Gedichte von William Blake. In Yousifs Bibliothek hatte ich eine dicke, gebundene Sammlung seiner Verse gefunden und war vor der Abreise nicht mehr zum Lesen gekommen. Ohne ihn zu fragen, nahm ich das Buch mit auf die Fahrt.

In Amerika hatte ich es oft bei mir. Damals mußte ich einen zivilisatorischen Schock verkraften, ich zweifelte daran, ob ich je wieder auf Arabisch würde schreiben können. Nach der Arbeit ging ich in den Park, setzte mich auf eine Bank, las und dachte nach. Eines Tages gab es mitten

San Frasisco große Demonstrationen gegen den Vietnamkrieg. Eine bunte, wogende Menschenmenge zog vorbei und die Neugier zog mich zu ihr. In diesem Moment tauchte eine berittene Polizeieskorte auf, sie sprengten mit erhobenen Schlagstöcken und gezogenen Säbeln auf die Leute zu. Es war eine schreckliche Gewalt gegen ruhige Demonstranten. Sie verhafteten alle, derer sie habhaft werden konnten. Ein Polizist lenkte sein Pferd zu mir, schwang seinen Schlagstock und zielte auf meinen Kopf. Ein, zwei Sekunden lang war ich wie paralysiert, dann hob ich das Buch mit Blakes Gedichten und warf damit nach dem Pferd. Das verängstigte Tier bäumte sich auf, wieherte und drängte zur anderen Seite, der Schlag verfehlte mich, der Polizist galoppierte weiter. Ich hob das Buch auf und fragte mich, ob ich es deswegen aus Beirut mitgebracht hatte.

An den Demonstrationen gegen den Vietnamkrieg in Berkeley nahm ich persönlich teil. Die Studenten trugen brennende Kerzen vor sich her und rezitierten laut die Verse des vietnamesischen Führers. "Die Welt ist klein, die Literatur gehört allen", dachte ich schwärmerisch. "Auch im Orient haben wir diese Gedichte veröffentlicht und gelesen als Widerstand gegen das sinnlose Töten in Vietnam. Ich habe sie übersetzt und den Kommentar geschrieben!"

Auf diesen Demonstrationen fand ich eine Menge neuer Freunde und lebte wie sie eine Zeitlang als Hippie.

*

In unserem Lesebuch, ich glaube in dem für die achte Klasse, gab es eine Erzählung mit dem Titel 'Die Mutter' von Zija Dizdarevic. Dieser bosnische Schriftsteller hat in seinem kurzen Leben nur neun Erzählungen über das Leben der bosnischen Muslime zwischen den beiden Weltkriegen geschrieben. Der Krieg und sein Engagement für die kommunistische Vorstellung, alle Menschen seien gleich, haben seine schriftstellerische Entwicklung abgebrochen; er wurde von der Ustasa gefangen genommen und in dem großen Konzentrationslager von Jasenovac ermordet. Das damalige kroatische Regime war nach Nazi-Vorbild aufgebaut: Tod allen, die anders sind als wir, egal ob nun hinsichtlich ihrer Nation, Ideologie, Religion oder Weltanschauung.

Zijas Schicksal erwähne ich nur nebenbei, ich will eigentlich etwas über seinen kurzen Prosatext 'Die Mutter' sagen. In der Schule mußte ich ihn lesen, und ich kann leider nicht von mir behaupten, daß ich ihn verstanden hätte, insbesondere den Schluß. Zija beschrieb das Schicksal von vier muslimischen Frauen in der bosnischen Provinz, von einer Existenz zwischen den vier Wänden von Haus und Hof, von ihrer lebenslangen Wanderung vom Fenster zur Tür und von der Tür zum Fenster, während sie darauf warteten, daß die männlichen Familienmitglieder zurückkamen, die zur Arbeit oder zum Vergnügen in die Stadt gegangen waren oder zur Ausbildung in die Großstadt. Ein Tag wie der andere, Warten und Bangen, daß den Fortgegangenen nichts zustößt, daß die Zurückkehrenden den Verdienst heimbringen und nicht betrunken herumwüten. Was aber in dieser Welt da draußen vor sich ging, davon hatten sie keine Ahnung, sie reimten sich nur etwas zusammen aus dem, was die Männer erzählten und was sie zufällig aufschnappten. "Mein Sohn, geh nicht in der Mitte der Straße", sagte Zijas Mutter, als er wegen der Ausbildung nach Belgrad ging. "Du könntest überfahren werden. Und komm den Häusern nicht zu nahe, da kann dir ein Ziegel auf den Kopf fallen. Geh so, so. Weder in der Mitte noch am Rand." Die Mutter stellte sich das Unglück immer irgendwo weit weg vor, dort, wo sie nicht für den Sohn sorgen konnte, aber es geschah direkt vor ihrem Haus, ein Auto fuhr in die spielenden Kinder und überfuhr den jüngsten Sohn. Die Mutter vergaß alle Rücksichten und Vorschriften, rannte hinaus, ohne ihren Kopf zu verhüllen, und kniete neben dem sterbenden Kind. Der Vater kam hinzu und sah zuerst seine unverschleierte Frau. "Was machst du, steh auf, geh hinein, alle können dich so unverhüllt sehen!"

Die Lehrerin erklärte uns das Ende ideologisch, früher trugen die muslimischen Frauen Gesichts- und Körperschleier, sie gingen wie Mumien durch die Straße und führten ein Leben wie Zijas Mutter, voller Hausarbeiten, zwischen Fenster und Tür. Aber die neue Gesellschaftsordnung hatte sie befreit und ihr Leben verändert. Muslimische Mädchen besuchten jetzt die Schule, studierten, arbeiteten und trugen normale europäische Kleider. Mir ging die ganze Geschichte eher auf die Nerven, ich war ein bißchen beleidigt, was hatte die Vergangenheit mit mir zu tun, weder hatte ich jemals so eine Frauenmumie gesehen noch hatte man versucht, mir so etwas überzustülpen. Meine Mutter saß nie zu Hause, vielmehr fuhr sie unentwegt, gekleidet nach der neuesten Mode, geschminkt und frisiert, zwischen Pale und Sarajevo hin und her. Und Papa bekam sein Fett weg, wenn er ihr dreinreden wollte oder etwa eine Kuh verkaufte, ohne sie vorher zu fragen.

Safeta Obhodjas mit ihrer Familie in Pale (1975)

Da wäre was losgewesen, wenn er es gewagt hätte, das Geld in einem Café zu versaufen! Deswegen fand ich Zijas Erzählung ziemlich weithergeholt und unglaubwürdig, das alles hatte nichts mit mir zu tun.

Als ich ein paar Jahre später, weil ich mich verliebte und Hals über Kopf heiratete, vom Gymnasium abging und in der Familie meines Gatten lebte, begriff ich, wie sehr Zijas vor langer Zeit geschriebene Erzählung mich betraf. Es ging nicht um die traditionelle Tracht oder den Schleier, sondern um die totale Verengung des Lebensumfeldes. "Zwischen Tür und Fenster, Fenster und Tür spielt sich das traurige Leben der Frauen ab", dieser Satz aus seiner Geschichte spulte sich in meinem Kopf wie vom Band ab, während ich mehrmals täglich dieselbe Runde drehte, zum Brunnen Wasserholen, zum Schuppen Holzholen, zum Waschtrog, zur Wäscheleine, zum Bügelbrett.

Doch das war der geringere Teil meines Unglücks. Weit schmerzhafter war, daß ich nicht nur meinen Mann, den ich liebte, geheiratet hatte, sondern auch dessen Familie, und daß ich vollkommen unvorbereitet, ohne zu ahnen, was da auf mich zukam, aus meiner kindlichen Welt in die der Erwachsenen taumelte. Häusliche Pflichten konnte ich rasch lernen, einiges hatte ich bereits in meiner Familie übernommen. Aber ich konnte mich nicht mit der ständigen Kontrolle abfinden, damit, Tag und Nacht beobachtet und von fremden Augen verfolgt zu werden. Ich war noch ein halbes Kind und konnte meine Gedanken nicht verheimlichen, ich begriff nicht, daß jede meiner Äußerungen an der Elle der Erwachsenen gemessen wurde und keiner verstand, was ich eigentlich sagen wollte. Meine Schwiegermutter redete ununterbrochen, immer wieder beschwor sie, wie sehr sie früher von der Familie ihres Mannes drangsaliert und psychisch gequält worden sei. Sie merkte überhaupt nicht, daß sie auf mich ähnliche Methoden anwandte. Jede meiner Alltagshandlungen glaubte sie beeinflussen zu müssen: War ich früh genug aufgestanden, hatte ich ordentlich gespült, den Tisch richtig gedeckt, warum hatte ich das so eingeräumt, warum war ich in der Küche geblieben, während es sich die Gäste bereits im Zimmer gemütlich gemacht hatten, warum war ich so früh schlafen gegangen? In diesen weiblichen Kreisen führten Schwiegermutter und Schwägerin, Schwiegertochter, Tochter und Nachbarin seit jeher psychologische Kämpfe, regelrechte Wortkriege, denn auch die Frauen haben das Bedürfnis, Macht zu genießen und zu zeigen und versuchen, sich gegenseitig zu übertrumpfen. Da die Männer unerreichbar waren, blieb nur noch der Versuch, stärkere Geschlechtsgenossinnen auf den Thron zu heben und schwächere zu drangsalieren. Manche, darunter auch meine Schwiegermutter, konnten das alles unter ihren guten Absichten verstecken: sie wolle nur mein Bestes, mir beistehen auf dem Weg vom Kind zur guten Gattin ihres Sohnes, den sie übrigens vergötterte. Da ich zu jung und unerfahren war, ging sie davon aus, daß ich allein nicht in der Lage sei, mir in der Familie und dem Stadtviertel Ansehen zu verschaffen. Ich will wirklich nicht behaupten, daß sie eine böse Frau war. Im Gegenteil, ihre ständigen Erzählungen öffneten mir die Schatzkammer unserer mündlich tradierten Geschichten, ein für mich unschätzbarer Reichtum, denn daraus schöpfte ich später, als ich zu schreiben begann, häufig meine Themen. Aber in diesen frühen Tagen der Unerfahrenheit war die Kontrolle unerträglich. Du bist jung und verliebt und willst bei dem sein, den du geheiratet hast, aber er geht lieber ins Café und überläßt dich der allumfassenden Fürsorge seiner Mutter. Zudem kamen nähere und entferntere Verwandte auf einen Kaffee vorbei, und mir schien, als würde mich dieser sinnlose Alltag ersticken. Mein Gehirn, bisher an Lernen und Lesen gewöhnt, wehrte sich, es wollte nichts mehr wissen von Geburten und Abtreibungen, der vom Suff geförderten Gewalttätigkeit der Männer, von der Sehnsucht nach ehemaligen oder künftigen Liebhabern, von der Ungerechtigkeit der Brüder und ihren Versuchen, das gesamte Familienvermögen an sich zu reißen, von Frauen, die ihr Leben als ein Denkmal ihrer eigenen Aufopferung ausgestalteten und immerzu versuchten, meine persönlichen Angelegenheiten in die Öffentlichkeit zu zerren. Ich spürte, daß ich in all dem versank, wie in Treibsand, wie im Moor. Ich begriff, daß ich bald etwas unternehmen und mich schützen müßte, wenn ich mich nicht verlieren wollte. Aber wie, wie den eigenen Bereich abgrenzen, was konnte ich zwischen mich und all diese neugierigen Augen stellen, wie konnte ich mein Gesicht, meinen Verstand abschirmen? Mein Instinkt sagte mir, daß mir da nur die Bücher helfen konnten, sie waren schon lange, schon seit meiner Kindheit, meine Freunde. Ich hatte sie mit mir herumgeschleppt, egal ob ich das Vieh hütete oder Heu sammelte, sie hatten mir lange Winternächte ausgefüllt und Schutz geboten, wenn sich Vater und Mutter erbittert stritten. Als meine Eltern mich nicht an einem Schulausflug teilnehmen ließen, tröstete ich mich mit Büchern. In Sarajevo, während meines kurzen Besuchs des Gymnasiums, hatte ich fast die gesamte Klassik gelesen. 'Was für ein Glück, daß ich sie eher verstehend als träumerisch gelesen habe', dachte ich und begriff langsam, daß Romantik und Liebe wenig mit dem realen Eheleben zu tun hatten. Dann kämpfte ich für mein Recht, anders zu sein. Eines Abends fragte ich meinen Mann, ob ich mir einen Leseausweis für die Bibliothek am Ort holen dürfe, in der ich mir jahrelang Bücher geliehen hatte. Er erlaubte es, weil er selbst gern las und wir oft über Bücher redeten. Als ich es am nächsten Morgen meiner Schwiegermutter sagte, dachte ich, sie bekäme einen Schlaganfall. "Er hat gesagt, ich darf", versteckte ich mich hinter der Autorität meines Gatten. Sie konnte nicht glauben, daß ihr sonst so vernünftiger Sohn so eine Dummheit zuließ. "Ich habe ja schon viel gehört, aber daß eine verheiratete Frau Bücher liest, als hätte sie nichts Wichtigeres zu tun, das habe ich noch nie gehört", heulte sie auf, als sei ihr ein großes Unglück widerfahren. An diesem Morgen durfte ich nicht in die Bibliothek, ich mußte warten, bis sie sich meine Aussage bestätigen lassen konnte. Es stimmte, und das war für sie der Beweis, daß ich sehr gefährlich und schlau war, denn ich hatte die Fähigkeit, einem erwachsenen Mann meinen Willen aufzuzwingen. "Muß denn eine Frau alles kriegen, was sie will, was braucht sie Bücher, sie hat genug Arbeit im Haushalt. Merk dir, ich werde nicht ihre Pflichten übernehmen!" Die Mutter wußte nicht, ob sie auf ihren Sohn wütend sein oder ihn bedauern sollte, weil er so eine verrückte Frau hatte. Mein Mann fand nichts dabei, daß eine verheiratete Frau las. Er dachte, ich solle lieber noch etwas lernen, statt mich mit dem Klatsch im Viertel zu beschäftigen.

Als ich das erste Buch aus der Bibliothek heimtrug, hatte ich das Gefühl, mir ein Stück Freiheit zurückzuerobern. Das Lesen förderte meine Fähigkeit zu denken und zu urteilen und erhob mich über den Alltag des Provinzlebens. Meine Schwiegermutter fand sich bald mit ihrer Schwiegertochter ab, die ein paar Stunden täglich mit einem Buch in der Hand in einer Ecke saß, aber die Hoffnung, daß ich eines Tages auf meinen papierenen Schutzwall verzichten würde, gab sie nicht auf. "Ach, du liest wieder", wunderte sie sich. "Bei Gott, du bist noch jung, du wirst es vergessen, sobald die Kinder kommen." Die Kinder kamen, aber zu ihrem großen Erstaunen vergaß ich es nicht, was immer ich tat, ob ich stillte, das Kind zu Bett brachte oder Windeln wusch, stets wartete auf dem Boden, dem Tisch, dem Stuhl ein Buch aufgeschlagen und auf den Bauch gedreht auf mich. Oft zwei oder drei gleichzeitig. Die Verurteilung zum Dahinvegetieren in der tiefen bosnischen Provinz, die ich mit meiner Heirat unterschrieben hatte, wurde so zunächst gemildert und später aufgehoben, denn mein Geist fand sein Exil in der Weltliteratur.

Das war noch in jenem Sommer zweiundneunzig so, als wir in unserer Wohnung in Pale jede Minute damit rechneten, daß die Henker an unsere Tür klopften.

(Anfang Dezember 1998)

Safeta: Seit du Amerika verlassen hast, hast du in verschiedenen europäischen Städten gelebt.

Sargon: London, Paris, Berlin, Köln. Manchmal blieb ich einen Monat, manchmal zwei, manchmal länger. Im Künstlerdorf Schöppingen verbrachte ich ein ganzes Jahr.

Safeta: Wovon hing deine Aufenthaltsdauer ab?

Sargon: Das war ganz verschieden, manchmal von einer momentanen Eingebung, manchmal vom Zufall. In Berlin zum Beispiel bot mir ein Freund sein Atelier für eine gewisse Zeit an, deswegen blieb ich mehrere Monate lang und lernte die Stadt und die Menschen kennen. Im Künstlerdorf Schöppingen hielt ich mich länger auf, weil ich Ruhe brauchte, Einsamkeit, um intensiv arbeiten zu können. In Städten, in denen ich viele Freunde und Leser habe, ist es mir unmöglich, andere Leute nicht zu treffen, und das erfordert zuviel Zeit und Energie.

Safeta: Was ist das für ein Gefühl, wenn du ankommst und weißt schon im voraus, daß du in ein, zwei Monaten wieder vor deinen Koffern stehst und entscheiden mußt, was du mitnimmst, was du wegwirfst und worauf du keinesfalls verzichten willst?

Sargon: Dieser ständige Ortswechsel raubt mir viel Kraft, oft weiß ich nicht mal, wo ich im nächsten Monat sein werde. Wenn ich meine Koffer packe, werfe ich manchmal Seiten weg, die ich später tagelang suche. Ein paar Bücher und mein heiliges Heft habe ich immer bei mir.

Viele meiner Sachen liegen verstreut in den Wohnungen meiner Freunde in Köln, Berlin, London. Aber durch das Leben in Europa wurde der Kontakt zu meiner Kultur enger, ich veröffentliche regelmäßig in arabischen Magazinen und Zeitschriften, die in Paris oder London erscheinen. Ich befinde mich sozusagen mitten im Zentrum der arabischen Literaturszene. Und daraus schöpfe ich Kraft, es spornt mich an weiterzuarbeiten.

Safeta: Denkst du nicht daran, dich irgendwo zu verstecken, dir einen Ort zu suchen, an den du nach längeren oder kürzeren Reisen zurückkehrst?

Sargon: Natürlich denke ich darüber nach, ich habe mir schon aufgeschrieben, welche Städte mich reizen, länger zu bleiben.

Safeta: Und welche sind das?

Sargon: Ganz oben stehen Prag und Sarajevo.

Safeta: Sarajevo? Was findest du an Sarajevo?

Sargon: Kollegen, Dichter aus Bosnien, haben mir von dieser Stadt im Heinrich-Böll-Haus erzählt. Das klang phantastisch, ich würde gern dieses europäische Gemisch von Orient und Okzident kennenlernen.

Safeta: Jetzt redest du wie ein Europaabgeordneter, der den Vertrag von Dayton durchsetzen muß. Die Dichterkollegen aus Bosnien haben dir vom Vorkriegsbosnien erzählt, von der Stadt, wie wir sie uns vorgestellt haben. Es ist die Stadt unserer Erinnerung.

Sargon: Vielleicht ist ein wenig davon noch übrig.

Safeta: Nach allem, was passiert ist? Ist Beirut noch wie einst?

Sargon: Leider nicht, die Erneuerung geht sehr langsam und unter Schwierigkeiten voran.

Safeta: Sind die Menschen, die früher in Beirut gearbeitet und etwas geschaffen hatten, zurückgekehrt?

Sargon: Ein paar schon, andere pendeln zwischen dem Exil und der Stadt. Und wieder andere wollen nicht zurück.

Safeta: Sarajevo teilt das Schicksal von Beirut. Man betrachtet die Orientalen dort jetzt aus einem anderen Blickwinkel.

Sargon: Das verstehe ich nicht.

Safeta: Der jugoslawische Staatspräsident Tito war ein großer Freund der blockfreien Araber. Solange wir noch zu Jugoslawien gehörten, kamen aus der arabischen Welt meist Studenten nach Sarajevo, die dort studieren wollten. Und jetzt pilgern die Alten hin, aber nicht um was zu lernen, sondern um uns zu lehren.

Sargon: Kannst du mir ein Beispiel nennen? Laß uns etwas ausdenken. Du bist eine Bosnierin und triffst mich, den Fremden, der sich in Sarajevo niederlassen will.

Safeta: Niederlassen? Du wärst der erste mit einem solchen Wunsch. Fremde kommen nur kurz nach Sarajevo, um ihre Seele zu kurieren.

Sargon: Habt ihr gute Psychiater?

Safeta: Ja, all die Kriegsfolgen, das Elend, die Hoffnungslosigkeit und die Minen. Menschen aus den reichen Ländern kommen um zu helfen und finden so einen Sinn für ihr Leben. Viele verdienen auch ziemlich gut dabei. Aber du kommst aus dem Orient, du hast gewiß andere Absichten. Ich rate dir, laß dir einen Schnurrbart wachsen und trag einen Turban, dann wirkst du glaubwürdiger.

Sargon: Gemacht. Rätst du, aus welchem Land ich komme?

Safeta: Iran, Saudi-Arabien?

Sargon: Falsch. Ist auch nicht wichtig, ich bin dein Freund und wünsche dir nur Gutes.

Safeta: Also noch ein Wohltäter. Willkommen! Ich überlege, ob ich dir die Adresse der Anstalt für Städtebau geben soll oder ob wir zusammen spazierengehen und einen Ort aussuchen, an dem du anbauen kannst.

Sargon: Was werde ich bauen?

Safeta: Eine Moschee! Hast du die Baupläne mitgebracht?

Sargon: Wie kommst du auf die Idee, ich sei wegen ...

Safeta: Wie ich auf die Idee komme? Aber das ist eure Idee! Ihr baut hier doch nichts anderes.

Sargon: Falsche Annahme. Ich bin weder Scheich noch besitze ich Ölquellen.

Safeta: Und du bist nicht reich?

Sargon: Ich bin nicht reich, aber ich kann die Miete für eine Wohnung bezahlen, drei Monate im voraus.

Safeta: Auf wessen Veranlassung kommst du her?

Sargon: Niemand hat mich gebeten zu kommen; ich will es so.

Safeta: Warum, was willst du hier tun?

Sargon: Mit den Leuten reden, neue Themen suchen, schreiben.

Safeta: Schreiben?! Du gehörst also ins Lager der westlichen Freunde Sarajevos, die sich jahrelang in Schwärmen auf unserem Blut und unserem Tod niedergelassen haben.

Sargon: Entschuldige. Nein, ich bin keiner von den Tagesschreibern, Reportern, die von Kriegen leben, ich bin ein Dichter.

Safeta: Dichter? Was für ein Elend! Weißt du, wieviele davon noch in der Stadt sind? Meinst du, hier könne Poesie gedeihen? Wenn es so weitergeht, werden unsere Dichter bald schon niemanden mehr haben, für den sie schreiben, die Menschen wandern aus oder verhungern.

Sargon: Bis es soweit ist, könnte ich doch hierbleiben. Ich bin ein neugieriger Schriftsteller, ich will alles sehen.

Safeta: Und später beschreiben. Sei's drum, du wärest nicht der einzige, der von unserem Unglück profitierte. Bist du sicher, daß du die Miete bezahlen kannst? Mit welcher Währung zahlst du? Meine Verwandten haben ein

Zimmer. Vorausgesetzt, du hast mich nicht belogen und willst nicht doch eine Moschee bauen.

Sargon: Wenn du weiter von der Moschee redest, pack ich meine Koffer und fahre fort.

Safeta: Wär nicht schade drum, wir brauchen nicht noch eine Vesna Parun. Auch ohne dich haben wir übergenug Obdachlose.

Der Witz der Geschichte

Belgrad und Sarajevo streiten seit langem darüber, wem der historische Roman 'Der Derwisch und der Tod' gehört. Dieser Roman hat Kultstatus und wurde von einem Bosniaken, einem bosnischen Muslim geschrieben, Mesa Selimovic. Obwohl in dem Werk die Serben und ihr, wie sie es zu nennen belieben, jahrhundertelanger Überlebens- und Freiheitskampf nicht erwähnt werden, zählen sie ihn zu den wichtigsten serbischen Romanen. Die Bosniaken fühlen sich vom Autor betrogen, weil der Roman nicht in bosnischer, sondern rein serbischer Sprache verfaßt ist. Einige haben bereits behauptet, man müsse das Werk unbedingt ins Bosnische übertragen, manche haben sich schon daran versucht.

Ich erwähne das nur als Beispiel für die verschiedensten Kämpfe, die auf diesem engen Raum, in dem drei Religionen aufeinandertreffen, schon immer geführt wurden, wenn nicht als richtige Kriege, dann mindestens als heftige Kulturschlachten. Die Bosniaken, eingeklemmt zwischen zwei stärkeren und homogeneren Völkern, verloren ihre intellektuelle und kulturelle Identität mehr und mehr. Aus ihnen gingen viele herausragende Intellektuelle und Künstler des ehemaligen Jugoslawien hervor, aber um leichter zur Spitze vorzudringen, entschieden sie sich schon zu Beginn ihrer Laufbahn und wurden entweder Serben oder Kroaten. Die Poesie Mak Dizdaras zum Beispiel bildet zwar eine Brücke zwischen dem mittelalterlichen und dem modernen Bosnien, seine dichterische Sprache entwickelte er unter dem Einfluß von Grabinschriften, die auf mittelalterlichen Stelen, sogenannten Stecci, gefunden wurden. Dennoch wird sein Name schon lange als der eines bekannten kroatischen Autors genannt. Obwohl es sich nicht beweisen läßt, behauptet man dort, er habe sich selbst der kroatischen Nationalität zugerechnet. Von dem in Tuzla geborenen Mesa Selimovic weiß man, daß er wegen familiärer Probleme und der Heirat mit einer Serbin, die aus der Bourgeoisie stammte, Ende der fünfziger Jahre ins Kreuzfeuer kommunistischer Kritik geriet. Er verlor seinen Lehrstuhl an der neu gegründeten philosophischen Fakultät in Sarajevo und bekam danach keine neue Stelle.

Seine Familie hungerte und fror sich jahrelang durch die kalten bosnischen Winter, während er wie ein Geist durch seine Stadt streifte. Belgrad bot ihm, nachdem er sich lange genug gequält hatte, Zuflucht, eine Wohnung, eine Existenz. Der Schriftsteller hat seiner Stadt nie verziehen, er erklärte seine Zugehörigkeit zur serbischen Literatur. Ich weiß nicht, ob er sich die Frage gestellt hat, inwiefern das möglich ist, denn seine beiden Schlüsselwerke analysieren nur Bosnien und seine Muslime, die alteingesessenen Bosniaken und die herrschenden Türken. In seinem Roman 'Der Derwisch und der Tod' sagt eine der Hauptfiguren, Hasan, der seine Jugend auf der Suche nach Wissen am osmanischen Hof verbracht hatte, während seiner reifen Jahre jedoch auf der Suche nach Ruhe durch die Lande zog, in einem philosophischen Monolog folgendes über seine bosnische Herkunft:

"Die kompliziertesten Menschen der Welt. Mit niemand sonst hat die Geschichte so ihren Scherz getrieben wie mit uns. Bis gestern waren wir das, was wir heute vergessen wollen. Aber wir sind auch nicht etwas anderes geworden. Wir sind auf halbem Wege stehengeblieben, hilflos staunend. Nirgendwo können wir noch hin. Losgerissen sind wir, aber nicht woanders aufgenommen. Wie ein Flußarm, den eine Sandbank vom Fluß selbst, von der Mutter, getrennt hat, so daß er ohne Zufluß und ohne Mündung ist, zu klein, um ein See zu werden, zu groß, als daß ihn die Erde aufsaugte. Mit einem unklaren Gefühl der Scham wegen unserer Herkunft und der Schuld wegen unserer Abtrünnigkeit wollen wir nicht zurückschauen und haben doch auch nichts, worauf wir den vorausschauenden Blick richten könnten; deshalb versuchen wir die Zeit anzuhalten — aus Angst vor (. . .) irgendeiner Entscheidung. Verachtet werden wir von unseren Brüdern wie von denen, die später gekommen sind, wir aber wehren uns durch Stolz und Haß. Wir wollten uns bewahren, und so haben wir uns verloren – wir wissen nicht mehr, wer wir sind. Unglücklicherweise haben wir diese unsere Starre liebgewonnen und wollen nicht aus ihr heraus. Für alles aber muß man zahlen, auch für diese Liebe. Sind wir denn zufällig so übertrieben weich und übertrieben hart, rührselig und eiskalt, fröhlich

und traurig, immer bereit, jedermann zu überraschen, auch
uns selbst? Ist es Zufall, daß wir Schutz hinter der Liebe
suchen, der einzigen Gewißheit in dieser Unbestimmtheit?
Lassen wir ohne Grund das Leben über uns hinweggehen,
geschieht es ohne Grund, daß wir uns vernichten ? Und
warum tun wir's? Deshalb, weil es uns nicht gleichgültig
ist. Und wenn es uns nicht gleichgültig ist, so heißt das, daß
wir Anstand haben. Und wenn wir Anstand haben, gebührt
unserer Narrheit alle Ehre! «[2]

In meiner Jugend habe ich diesen Abschnitt als einen Gedanken gelesen, der aus der Tiefe unserer Mentalität erwachsen war und unser grund-
legendes Problem präzise ausgedrückt: Wer sind wir, was bestimmt unsere
Zugehörigkeit, die Herkunft, die Sprache oder die Religion? Vielleicht aus
dem Gefühl heraus, daß auch ich keine Antwort auf diese Fragen wußte,
glaubte ich, daß das dann doch der Vergangenheit angehöre und mit uns
Heutigen nichts mehr zu tun habe. Ja, ich stamme aus einer muslimischen
Familie und trage einen muslimischen Namen, aber zum Glück lebe ich in
einer Zeit, in der die Geschichte ihren Lauf beschleunigt hat, über Nacht
verändert sie uns und die Gesellschaft, in der wir leben. Was habe ich mit
diesen Missetätern von einst zu tun, von denen Selimovic spricht, nicht ich,
sondern meine Vorfahren sind zum Islam übergetreten, und ich kann auch
nicht glauben, daß das eine Schuld ist, es war einfach eine gesellschaftliche
Notwendigkeit, deren Erbe auch ich durch meinen Namen und einige Fa-
milienbräuche antrete. Ich will mich nicht davon lossagen, zusammen mit
dem, was ich gelernt habe, macht es mich zu der, die ich bin.

Es war angenehm, auf eine so spezifische Herkunft und Tradition zu-
rückzublicken und gleichzeitig andere Kulturen um sich zu haben und mit-
zubekommen, was dort geschah. Ich sprach oft mit meinem Mentor darüber, wir stimmten darin überein, daß es in Zukunft nicht zur Bildung einer
jugoslawischen, sondern einer bosnischen Nation kommen würde, denn in
diesem Raum lebten die drei Religionen im Alltag zusammen, die Menschen heirateten untereinander und bekamen gemeinsame Kinder. "Meine
Tochter hat den ersten Schritt schon getan", lobte er sich. "Das Kind ist
klüger als wir, es hat sein Problem spontan gelöst. Der Verlobte meiner
Tochter ist Kroate; einmal waren die beiden allein zu Hause, als jemand
wegen der Volkszählung vorbeikam. Als sie nach der Nationalität gefragt

wurden, gab meine Tochter für beide 'Bosnier' an, auch uns, meine Frau und mich, hat sie als Bosnier eintragen lassen. Also bin ich auch auf dem Papier kein Serbe mehr. Vielleicht ist es besser so, wegen der Enkel."

Heute glaube ich, daß es sich mehr um eine vorübergehende Abstinenz vom Nationalismus handelte, die während Titos 'Brüderlichkeit und Einheit' viele Einwohner unseres Staates ereilte. Der Fluch lag darin, daß man anschließend in noch stärkeren Dosen zu diesem 'Opium der Massen' griff. Ich muß zugeben, daß ich die ersten Folgen des Konsums dieser Droge nicht ernst nahm; ich konnte einfach nicht glauben, daß ein Mann, der sich gestern noch als Bosnier bezeichnete, in mir nur noch die Muslimin sehen wollte, die ihm durch die jahrhundertealte Schuld ihrer Vorfahren aufgebürdet wurde. Aber als mich die Anschuldigungen, ich würde nichts begreifen, allmählich irritierten, schaute ich mir meine Vorfahren und ihre Kultur genauer an, um nicht dumm dazustehen oder ihm recht zu geben. Ich glaubte, alles ließe sich mit Argumenten im Gespräch lösen. Durch das Gefühl der Bedrohung wurde ich stärker als bisher zur Bosniakin, ohne mich dem Islam zuzuwenden, der mir nichts sagte. Identität suchte ich im Land meiner Herkunft. Unmittelbar vor dem Krieg konnte ich mich davon überzeugen, wie sehr Selimovics Hasan im Recht war, als er sagte, wir Bosniaken seien der 'Witz der Geschichte', auf vielerlei Art und Weise.

Es ist allgemein bekannt, daß viele alteingesessene Christen in Bosnien, Serbien, Montenegro, Makedonien und dem Sandzak den Islam von den Türken übernahmen, wahrscheinlich aus der Notwendigkeit heraus, auf der gesellschaftlichen Leiter die eine oder andere Stufe hinaufzuklettern, Knechtschaft abzustreifen, Land zu besitzen, ihre Gemeinden selbst zu verwalten, die Söhne zur Schule schicken zu können in der Hoffnung, daß sie hohe Ämter im Reich erreichen würden. Und das kam durchaus vor, siebzehn Großwesire des sechzehnten und siebzehnten Jahrhunderts waren slawischer Abstammung; sie hielten in Istanbul nicht wenig Macht in den Händen. Untersuchungen besagen, daß die damalige Stadtbevölkerung Serbiens und Bosniens mehrheitlich muslimisch war. In der zweiten Hälfte des neunzehnten Jahrhunderts wurde aus dem einst mächtigen Türken der "kranke Mann am Bosporus", und "Geschichte schlürfte das Osmanische Reich mit einem Zug", um es mit einem Bild, das Sargon in seinem Gedicht über den Fall der Berliner Mauer benutzt, zu sagen. Mit dem Rückzug der Türken aus Serbien begann die Migration; einzelne zogen nach Bosnien, in dem die Osmanen noch fest im Sattel saßen, andere in den Kosovo, wieder andere in die Türkei, wo sie ihre ethnische und sprachliche Zugehörigkeit für immer verloren. Während ihr Besitz in Serbien geplündert und zerstört wurde, verschwanden die islamisierten Serben mit ihrem Erbe wie einst die Chasaren. In jener Zeit entstand der Ausdruck 'pusto tursko', mit dem das bezeichnet wurde, das einst den Muslimen gehört hatte und das man zerstören oder sich gewaltsam aneignen durfte, ohne dafür zur Rechenschaft gezogen zu werden. Vor allem Frauen kamen damals um, jene, deren ehemalige Herren sie nicht mitnehmen wollten. Popovic, der Biograph von Vuk Stefanovic Karadzic, beschreibt quälende Szenen, die sich in der Jugend des Reformators der serbischen Sprache in den Straßen Belgrads abspielten: die Sieger ließen an den Körpern der Haremsdamen und Sklavinnen den in Jahrhunderten aufgestauten Haß gegen die Herren aus.

Viele bosnische Muslime verließen das Land mit den später auch dort abziehenden Osmanen. Ganze Straßenzüge, ganze Dörfer verödeten. Aber viele andere blieben. Vielleicht liebten sie, wie Selimovic schreibt, ihr bosnisches Totenhaus, vielleicht hielten sie es für sinnlos, sich von ihren Wurzeln loszureißen und glaubten nicht daran, daß sie unter der sengenden Sonne Anatoliens, inmitten fremder Sitten und einer fremden Sprache leben könnten. Die katholische und die orthodoxe Bevölkerung sah sich damals noch nicht als Kroaten oder Serben, sondern als Bosnier verschiedenen Glaubens. Das trug sicher zu dem Entschluß dazubleiben bei, ebenso, daß hier die Serben nicht direkt an die Macht kamen, weil Bosnien von der österreichisch-ungarischen Monarchie annektiert wurde. Nicht, daß die neuen Herren von der dritten Religionsgruppe in ihrer neuen Provinz begeistert gewesen wären, auch die Aufstände und Unruhen verziehen sie nicht, aber sie vertrieben die Muslime auch nicht von ihren Besitzungen, gestatteten nicht, daß das, was sie über die Jahrhunderte geschaffen hatten, vogelfrei wurde. Die Moscheen wurden als Gotteshäuser respektiert, wurden nicht zerstört und dem Erdboden gleichgemacht wie in Serbien. Und es gab auch Orthodoxe, die ihre muslimischen Nachbarn vom Auswandern abhielten, ihnen Schutz boten und sie davon überzeugten, daß sie weiter hier wohnen konnten, wenn schon nicht mit-, so doch nebeneinander. Aleksa Santic – er stammt aus einer angesehenen Mostarer Kaufmannsfamilie – hat sogar ein Gedicht darüber geschrieben, Verse, die bis heute gern gesungen werden: "Bleibt hier, die Sonne fremder Himmel wird euch nicht so wärmen, wie diese hier wärmt, bitter ist dort das Brot, wo man niemanden hat und kein Bruder da ist. Hier ist eure Muttererde, hier sind die Gräber eurer Ahnen." Wir lernten das Gedicht in der Schule, nicht aber den Anlaß, dem es seine Entstehung verdankt. Statt dessen hieß es, der Dichter habe an alle Herzegoviner gedacht, die sich der Armut wegen als Tagelöhner in Übersee verdingten. Totschweigen und Ignoranz charakterisierten die staatliche Haltung gegenüber den Muslimen in Bosnien. Man wollte nicht den geringsten Anlaß bieten, der die muslimische Frage hätte aufwerfen können, man durfte über ihre Vergangenheit nichts erfahren, weil ihnen keine Vergangenheit gestattet war. Womöglich hätten sie daraus ihre Zukunft abgeleitet. Die Geschichte Bosniens durfte nicht auch ihre Geschichte sein, am Ende hätten sie noch gedacht, sie hätten ein Recht auf das Land, in dem sie geboren waren.

Vierzig Jahre wurde Bosnien-Herzegowina von den Habsburgern regiert, dann schluckte die Geschichte in Gestalt des ersten Weltkrieges auch deren Macht. Die Südslawen gründeten ihren gemeinsamen Staat, in dem vom ersten Tag an die Beziehung zwischen Serben und Kroaten die komplexeste Frage darstellte. Die Kroaten empfanden die Serben, die zu den Siegern des ersten Weltkriegs gehörten, als Okkupanten; nach Jahrhunderten unter österreichisch-ungarischer Herrschaft wollten sie endlich einen eigenen Staat. Die Bosniaken gerieten zwischen die Fronten, sie kämpften ums nackte Überleben; um die nationale Zugehörigkeit und ihre Kultur machte sich kaum einer Gedanken. Dennoch, einzelne sammelten die Schätze und bewahrten das bosnische Erbe vor dem Verfall, meist hatten sie sich 'entschieden', waren als Serben oder als Kroaten registriert. Zwischen Intellektuellen und gemeinem Volk bestanden keine Verbindungen, denn es gab keine Mittelschicht aufgeklärter Bürger, die solche Verbindungen hätte schaffen können. Dann kam der zweite Weltkrieg, und die Bosniaken suchten bei den Kroaten Schutz vor den Serben, während die Kroaten wiederum andere Nationen von ihrem Territorium vertrieben. Tito und seine Kommunisten sahen in diesem Chaos ihre Chance, an die Macht zu kommen, ihr Motto der 'Brüderlichkeit und Einheit' für alle dort lebenden Völker wurde von viele Bosniaken angenommen, so daß sie sich der antifaschistischen Bewegung anschlossen. Wahrscheinlich rettete sie das vor der vollständigen Vernichtung. Milovan Djilas, während des Krieges ein enger Mitarbeiter Titos, der den bekannten Dissidenten später höchstpersönlich in die Gefangenschaft schickte, zeigte in einem seiner Bücher ehrlich, daß unter den zivilen Opfern des zweiten Weltkriegs wesentlich mehr von Serben getötete Bosniaken waren, als Kroaten Serben umgebracht hatten. Djilas erreichte mit seiner Ehrlichkeit wenig, niemand wollte auf ihn hören, und er verbrachte mehr Zeit im Gefängnis als in Freiheit. Nicht einmal die Bosniaken selbst trauten sich, die Opfer zu zählen, ihnen ging es offensichtlich vornehmlich darum, alles so schnell wie möglich zu vergessen.

Nachdem die Kommunisten das sozialistische Jugoslawien stabilisiert hatten, hofften sie, daß die islamische Bevölkerung durch die Einbindung ins Erziehungssystem, in dem ihre Vergangenheit ausgeblendet wurde, allmählich unterwandert würde. Aber das ging nur sehr langsam vonstatten, die Mehrheit war lieber unentschieden als sich den Serben oder Kroaten anzuschließen. Der Druck wuchs, in Bosnien jene dritte Nation als Puffer anzuerkennen zwischen Serben und Kroaten, die trotz der proklamierten Gleichstellung unaufhörlich gegeneinander arbeiteten. Und die Kommunisten wählten Anfang der siebziger Jahre eine salomonische Lösung, in Bosnien entstand eine dritte Volksgruppe, aber sie wurde nicht aufgrund ihres Siedlungsgebiets, sondern nach ihrer Religion definiert. Statt Bosnier oder Bosniaken, wie wir während der türkischen oder österreichisch-ungarischen Herrschaft hießen, wurden wir Muslime, obwohl sich die Mehrheit nicht nach der Religion einteilen lassen wollte.

Wir alle haben auf die eine oder andere Weise zwei-, dreimal die Nationalität gewechselt. Mein Mann ist seinem Wehrpaß nach Kroate, weil er seinen Militärdienst in Kroatien ableistete, in Pale hingegen, an seinem Wohnort, konnte er nur Serbe oder unentschieden sein. In der Geburtsurkunde meiner Tochter steht, beide Eltern seien Serben. Später wurden wir Muslime und hofften, auf die Erfüllung der Vision meines Mentors Sreten Kluberic, alle Menschen in Bosnien würden eines Tages Bosnier sein.

Als sie Anfang 1992 mit den ethnischen Säuberungen begannen, spielte diese Selbsteinordnung überhaupt keine Rolle mehr, unser Name genügte ihnen, nicht der Vorname, der der Mode wegen neutral oder europäisch sein konnte, sondern der Nachname oder ein muslimischer Elternteil, damit sie uns in ein Massengrab, ein Lager oder das Exil trieben.

Vier, fünf Jahre später endete der Krieg, die Bosniaken haben physisch überlebt. Jetzt wird der Krieg auf politischem und kulturellem Gebiet weitergeführt. Die Schriftsteller stehen wegen der nachzulesenden Spuren besonders oft am Pranger, und wieder geht es um dieselbe Frage, wer zu wem und warum gehört, wer und was bilden die Säulen der nationalen Identität.

Safeta Obhodjas: Scheherezade im Winterland (Auszug)

Der Onkel stimmte ihr nicht zu, die Engel blieben bei denen mit guter Seele, auch wenn sie nicht wußten, wie man betet. Er erzählte eine Geschichte von einem Jungen, der vor langer, langer Zeit, als der Islam gerade nach Bosnien kam, an der Reichsstraße eine Schafherde hütete. Auf dem Weg zogen gelehrte Leute aus Istanbul vorbei; der Junge sah, wie sie sich mit Wasser reinigten und dann beteten. Er wollte ihnen nacheifern und tat es auch, jeden Morgen und jeden Abend betete er fleißig, aber da er kein arabisches Gebet kannte, murmelte er statt dessen in seiner Sprache: "Schwarzes Schaf, weißes Schaf". Andere gebildete Menschen kamen vorbei und staunten, daß ein junger Kerl in der bosnischen Wildnis zu dem lieben Allah, dem Allmächtigen, betete. Sie baten ihn, den Text laut herzusagen, und er wiederholte schamrot sein "schwarzes Schaf, weißes Schaf". Die gebildeten Leute lachten ihn nicht aus, sondern erklärten ihm, wie man betet, mit welchen Worten man sich auf dem Gebetsteppich verneigt. Er glaubte, daß er sich alles gemerkt habe, aber als er es wiederholen wollte, hatte er alles vergessen. Die gebildeten Leute waren schon weitergezogen, er rannte hinterher, damit sie es ihm noch einmal zeigten. Er lief und lief und kam an einen Fluß, den sie mit ihren Pferden schon durchquert hatten. Sie winkten ihm vom anderen Ufer aus. Er konnte nicht hinüber, schrie aus vollem Hals, daß er vergessen habe, was sie ihm beigebracht hätten. Plötzlich versiegte das Wasser, das Flußbett trocknete aus, und er konnte mühelos mit drei Sprüngen auf die andere Seite zu seinen Lehrern hüpfen.

Die standen still, stumm vor Staunen. "Ich habe vergessen, was ihr mich gelehrt habt, zeigt es mir noch einmal", bat er, aber sie senkten nur die Köpfe, beschämt von der Gnade, die er bei Gott errungen hatte. "Geh zu deinen Schafen und bete wie bisher, Allah hat erkannt, wie groß dein Vertrauen in ihn ist, du stehst in seiner Gnade."[3]

Staub sammeln

Wir hatten nie viel, aber nach dem neuen Krieg ist beinahe nichts mehr übrig.

Safeta Obhodjas bei einer Lesung in der bosnischen Gemeinde Aachen (1998)

Die materiellen Spuren der vorslawischen Kultur in Bosnien sind unbedeutend, entweder weil diese Illyrer, Thraker oder Kelten keinen Wert darauf legten, etwas von Bestand zu bauen, oder weil die Nachkommenden alles vor ihnen Gewesene zerstörten, – darauf konnte noch niemand eine Antwort geben. Man redet bei uns von Ban Kulin und den besseren Tagen. Mit diesem bosnischen Herrscher beginnt auch die Geschichte der bosnischen Literatur. Er ließ im zwölften Jahrhundert eine Urkunde mit glagolitischen Buchstaben schreiben und überreichte sie Dubrovniker Kaufleuten. Mit diesem Dokument garantierte er ihnen Bewegungsfreiheit in seinem Reich; sie sollten ungestört von der Willkür seiner Fürsten ihren Geschäften nachgehen können. Die Urkunde wurde im Stadtarchiv Dubrovniks aufbewahrt; dort fanden Historiker auch andere Quellen über das mittelalterliche bosnische Reich. Überhaupt befinden sich fast alle schriftlichen Spuren, die über das organisierte Leben dort berichten, in Archiven der dalmatinischen Küstenstädte, meistens eben in Dubrovnik, oder in Istanbul am Bosporus; solche, die spätere Epochen betreffen, liegen in Wiener Archiven. So manches hätte in Sarajevo überdauern können, wäre die Stadt nicht mehrfach bis auf die Grundmauern niedergebrannt. Eugen von Savoyen zündete auf seinem Feldzug gegen die Türken jedes einzelne Haus der Stadt an und zerstörte alle Fundamente. Die Dickköpfigkeit, mit der die Bewohner ihre Stadt immer an derselben Stelle aufbauten, hat auch noch niemand erklären können, wo doch der Platz bei Ilidza hinter der Quelle der Bosna breiter und schöner ist.

Die sozialistische Republik Bosnien-Herzegowina hat sich auch nicht besonders um die Spuren ihrer Geschichte gekümmert. Ich habe einmal eine Doktorarbeit über Stecci, die mittelalterlichen, nur in Bosnien anzutreffenden Grabstelen, und Nekropolen zwischen den Gipfeln des Tilav und des Pavlovac bei Sarajevo gelesen. Gern wäre ich dorthin gegangen und hätte mir die Stelle angesehen. Ich wandte mich an Frau Snjezana Mutapcic, eine Mitarbeiterin beim städtischen Denkmalschutzamt, und fragte sie, wie man dorthin kommen könnte. Sie schaute mich verblüfft an. "Wissen Sie nicht, daß es dort nichts mehr gibt, keinen Stein, keine Grabkammer, alles ist ausgegraben und weggebracht worden. Ein Teil befindet sich vor dem Bosnien-Herzegowina-Museum, der andere vor dem Hotel auf dem Ilidza." "Wer hat das getan und warum", bestürmte ich sie mit Fragen. "Warum wurde das nicht verhindert, habt ihr den Schuldigen verklagt?" "Wen hätten wir verklagen sollen, die Jugoslawische Volksarmee hat dort einen Truppenübungsplatz angelegt."

Aber nicht nur die großen, sondern auch die kleinen Kulturschänder haben viele Schäden angerichtet. Ich erinnere mich an ein altes bosnisches Haus auf dem Vratnik, in dem Hanuma Esma, eine entfernte Verwandte meiner Mutter, wohnte. Das Haus hatte wie durch ein Wunder mehrere Feuersbrünste in dem Viertel überstanden, und ich dachte oft, daß man es hätte bewahren müssen mit seinem Garten und dem Hof. Alles darin war wie früher, die hohe Hofmauer, das Kopfsteinpflaster, der Frauenbereich, der Männerbereich, der Erker, der in die Gasse ragte. Als die letzte Bewohnerin verschied, verkauften die Erben es, und das Haus war verloren. Der neue Eigentümer riß fast alles ab, bis auf die Außenmauer zur Straße hin. Sie schützte ihn vor den Blicken der Kontrolleure, während er dahinter ein neues Haus aus Betonfertigteilen baute. Ein paar Jahre später hatte er durch Bestechung die erforderliche Genehmigung, und dann verschwand über Nacht auch der letzte Teil der altertümlichen Architektur.

In Serbien wurden nach dem Abzug der Türken und der Abwanderung der slawischen islamisierten Bevölkerung sofort alle materiellen Spuren dieser Kultur zerstört, jede Moschee, jedes Hamam, jeder Beg-Turm. In Bosnien hingegen überdauerte einiges die Zeiten, und man sagte stolz, die Ferhadija in Banja Luka und die fünfhundert Jahre alte Aladza in Foca seien die schönsten Moscheen. In Bosnien blieben aus der türkischen Zeit auch zahlreiche Brücken erhalten. Die Wichtigste wurde von Mehmed Pascha Sokolovic in Visegrad gebaut. Ivo Andric hat sie ins Zentrum der Ereignisse seiner Romanchronik 'Die Brücke über die Drina' gestellt. Zum Glück steht diese Brücke noch, ebenso jene in Zepa, deren Bau Andric ebenfalls beschrieben hat. Nicht jedoch die alte Brücke in Mostar. Die Serben haben sie bei ihrem Rückzug geschont, die Kroaten, als sie 1993 das Kommando übernahmen, nicht. Für viele war die Brücke das Symbol für die Verbindung mehrerer Welten, mehrerer Religionen. Aber andere mochten solche Brücken nicht mehr in Mostar haben. Und nirgendwo sonst in der Welt.

Auch die Aladza in Foca, die Bunte Moschee, gebaut 1550, ist verschwunden. In einer Mitteilung der Unesco heißt es über sie:

Es ist die Arbeit des berühmten Architekten Ramadan Aga aus der Schule des Mimar Sinan, des berühmtesten osmanischen Architekten überhaupt. Ihrem Stil nach ist es ein vollkommenes Beispiel der klassischen osmanischen Kuppelmoschee. Mit ihren harmonischen Proportionen, den reichen Reliefs, Steinmetzarbeiten, den Wandbildern, die die Illusion von Höhe erzeugen, ist sie nicht nur ein architektonisches, sondern auch ein kunsthandwerkliches Meisterwerk.

Und über die Ferhadija-Moschee in Banja Luka aus dem Jahr 1579 kann man unter anderem lesen:

Sie gehört zu den schönsten Denkmälern orientalischer Kultur. Diese Moschee ist ein herrliches Beispiel osmani-

scher Architektur – eine geräumige Moschee mit mehreren Kuppeln und einem steinernen Minarett. Das Gebäude hat die Qualität einer Skulptur, so daß jenseits der tatsächlichen räumlichen Gegebenheiten ein Gefühl von Freiheit entsteht. Im Innern wurden bei der Konstruktion ursprüngliche Techniken verwandt mit reichen Steinreliefs. Innerhalb des Komplexes befinden sich Brunnen, ein Friedhof und drei Steinmausoleen und ein Uhrturm mit der ersten öffentlichen Uhr, die in unserem Land errichtet wurde.

Am 8. Mai 1993 wurde die Moschee vermint und vollständig zerstört. Ein paar Bosniaken versuchten, aus den Ruinen der Ferhadija ein paar Steinbrocken zu bergen, aber sie wurden von der serbischen Polizei gefoltert. Wenn ich die lange Liste der zerstörten Kulturerbe lese, bedaure ich, daß nicht mehr in den Westen verkauft wurde, dort wäre es wenigstens erhalten geblieben.

Noch während ich mit meiner Familie in Pale lebte, brannte in Sarajevo das ehemalige Rathaus, in dem die Nationalbibliothek untergebracht war.

Mein Mentor Kluberic, mit dem ich auch lange Jahre eng befreundet war, besuchte uns an diesem Tag.

"Warum das Rathaus?" fragte ich ihn; ich glaubte noch gar nicht richtig daran, daß die Serben es wirklich in Brand gesteckt hatten. "Was redest du da", er schaute mich finster an. "Das ist ihr Werk, die muslimische Obrigkeit hat alle Bücher herausgeholt und irgendwo versteckt, und dann haben sie im Rathaus alte Autoreifen abgefackelt. Nur damit sie die Serben vor aller Welt als Bücherverbrenner hinstellen können."

Ich kannte die Kriegspropaganda, ich hatte sogar Geschichten gehört, die Bürger Sarajevos hätten selbst in Höfen und auf Balkonen Sprengstoff gezündet, um das serbische Heer für das Bombardement verantwortlich machen zu können. Diesmal wünschte ich mir, daß es wahr wäre, daß sie zum Glück nur gelogen hätten, die Bücher aus dem Rathaus gerettet und die Möbel verbrannt hätten. Leider hatte die Regierung in Sarajevo keinen so monströsen Verstand. Aber es war Dummheit, daß sie nicht vorhersah, was die, die Bosnien auslöschen wollten, als erstes tun würden. Wollte sie Bosnien bewahren, so hätte sie zuerst an das jahrhundertealte Gedächtnis denken müssen, die Bücher, die wir den nachfolgenden Generationen hätten weitergeben müssen. Nur ein Teil der Bücher wurde gerettet, die Bibliothek der

Serbischen Gesellschaft der Aufklärung 'Prosveta'. Die serbische Lobby, die nach Pale geflohen war, fand einen Weg, über den sie einen in Sarajevo gebliebenen Serben von dem geplanten Bombardement informieren konnte, und er rettete natürlich erst mal sein eigenes Erbe. Der Rest verbrannte. Vergeblich hoffte ich, daß Flammen und Rauch von Gummi und Altpapier stammten. Da sage einer was vom Ende des zwanzigsten Jahrhunderts.

Ende Dezember 1998

Sargon: Die Jahrhunderte wechseln, aber die Barbarei gegen die Zivilisation bleibt dieselbe. Im zwölften Jahrhundert drangen mongolische Krieger in Bagdad ein, das damals ein Zentrum islamischer Hochkultur war. Auch sie haben eine große Bibliothek vernichtet.

Safeta: Die Bibliothek von Sarajevo wurde nicht von wilden Horden zerstört, sondern von Menschen, denen sie zum Teil mit gehörte. Die Mongolen kannten keine Bibliotheken.

Sargon: Aber sie wußten sehr gut, daß sie die zuerst vernichten mußten. Sie trugen alle Bücher hinaus, Zehntausende von Bänden, und warfen sie in den Tigris. Es gibt eine Notiz, daß der Fluß tagelang schwarz war von der Tinte, mit der die Bücher geschrieben waren.

Safeta: Euphrat und Tigris, zwei Flüsse im Tal Mesopotamiens. Früher haben wir in der Schule gelernt, daß dort vor Urzeiten die babylonische Kultur blühte, die Wiege der heutigen Zivilisation.

Sargon: Die Bezeichnung Mesopotamien hat Herodot dem Land gegeben, als er Babylon besuchte. Er sagte, er sei im Land zwischen zwei Flüssen gewesen.

Safeta: Mir hat die Theorie gefallen, nach der wir mehrmals auf der Erde geboren werden. Als ich sie zum ersten Mal hörte, stellte ich mir vor, ich sei zum ersten Mal in dieser Wiege der Zivilisation auf die Welt gekommen.

Sargon: Unter den Hängenden Gärten?

Safeta: Schade, ich erinnere mich einfach an nichts mehr aus diesem früheren Leben, ich weiß nicht, wie diese paradiesischen Gefilde aussahen.

Sargon: Weißt du nicht, daß die Liebe sie geschaffen hat? König Sennacharib heiratete eine Frau aus dem Norden, aus den Bergen von Babylon. Die liegen heute zwischen Türkei, Irak und Iran. Die junge Königin konnte sich einfach nicht an das neue Klima gewöhnen, sie beschwerte sich über die Hitze; sie halte es unter dieser sengenden Sonne nicht aus, sie wolle in das frische, kühle Land ihres Vaters zurück. Als der König es nicht mehr hören konnte, rief er einen Baumeister und der legte die sieben hängenden Gärten an, auf sieben verschiedenen hängenden Etagen. Jeder Garten war mit Wasserleitungen versorgt, so daß die Königin Frische und Schatten hatte, soviel sie wollte.

Safeta: Und was stammt sonst noch aus dieser Wiege der Zivilisation?

Sargon: Weißt du nicht, daß das Rad in Babylon erfunden wurde?

Safeta: Ich hab's mal gehört, aber wieder vergessen. Ihr seid also schuld an all den Ungetümen auf Rädern heute.

Sargon: Weißt du eigentlich, daß Sargon ein babylonischer König war?

Safeta: Hat er die Gärten bauen lassen?

Sargon: Nein, ganze Städte. König Sargon von Agada. Er wird in der Bibel erwähnt. Die Legende von seiner Herkunft ist ein paar Jahrhunderte älter als die von Moses.

Safeta: Sag mal, wo lebt dieses Volk denn heute, das so einen schöpferischen Geist hatte, sind von ihm nur Legenden von Weltwundern und Epen geblieben?

Sargon: Zum Teil lebt es noch immer im Zentralirak und den Nachbarländern.

Safeta: In jeder beliebigen Stadt, in der du einmal warst, hast du einen deiner Landsleute getroffen: Paris, Athen, San Fransisco.

Sargon: Wir sind überall, in Amerika, Australien, Kanada, in jedem Winkel Europas, vor kurzem hat mich ein Bekannter in Nordschweden eingeladen, in die Tundra an den Polarkreis.

Safeta: Wer schickt Leute vom Orient an den Polarkreis?

Sargon: Die schwedische Regierung hat Flüchtlinge und Asylanten aufgenommen, um sie in den schwach besiedelten Regionen anzusiedeln.

Safeta: Was berichtet dein Freund? Wie geht es ihm dort oben in Eis und Schnee?

Sargon: Er sagt, das Leben sei erträglicher geworden, seit sie ein Gerät zur Herstellung von Arak haben. Kennst du Arak? Das ist ein starkes alkoholisches Getränk aus Datteln oder Trauben. Man braucht dazu ein spezielles Gerät, es wird weiß, wenn man Wasser dazugibt. Arak ist im Orient das, was den Amerikanern der Whisky und den Russen der Wodka ist.

Safeta: Und sie haben sich im Norden Schwedens diese Maschine zur Produktion von Erträglichkeit besorgt.

Sargon: Vom ganzen Babylon und Orient ist ihnen nur diese Maschine geblieben.

Safeta: Und was hast du dem Arak-Liebhaber erzählt?

Sargon: Ich habe ihm erzählt, daß ich im Sommer heimatliche Erde gesehen habe.

Safeta: Du warst im Irak? Du hast nichts dergleichen erwähnt.

Sargon: Ich war nicht im Irak, eine meiner Verwandten hat in ihrem ledernen Kulturbeutel eine Handvoll Erde unserer Vorfahren mitgenommen. Als wir uns in Amman trafen, zeigte sie mir dieses Häuflein Staub.

Legenden und Staub

Wenn Flüsse sprechen könnten, wenn Felsen redeten oder jene Statuen aus dem alten Babylon, die vor so langer Zeit gemacht wurden und sich heute in den großen Museen von London, Paris, New York, Berlin, Chicago befinden. Wieviele Witze der Geschichte könnten sie uns erzählen?

Siebentausend Jahre vor Christus entstand in dem Land, das Herodot Mesopotamien nannte, die erste Version des Gilgamesch-Epos. Damals lebten in diesem Land weder Assyrer noch Babylonier, sondern Syriaker. Sie kannten Buchstaben und Zahlen; diese Zahlen sah ich zum ersten Mal in London im Museum und benutzte sie als Kapitelbezeichnungen für meine Gedichtsammlung 'Alpha und Omega'. Ein Dreieck auf einem Stab deutet zum Beispiel Eins, zwei Dreiecke auf Stäben eine Zwei, die Drei wird anders dargestellt, die Dreiecke haben keinen Stab, zwei stehen in der oberen, das dritte in der unteren Reihe. Und so weiter, die Gedichtsammlung hatte leider nur sieben Teile, ich benutzte sieben Zahlen. Die Ufer der Flüsse, das fruchtbare Tal zwischen ihnen und das günstige Klima zogen andere Völker und Stämme an, und durch die Jahrtausende mischten sich die Zivilisationen in Mesopotamien. Eine Zeitlang bekamen die Assyrer die Oberhand. Sie besiegten oder unterwarfen all ihre Nachbarn und schufen ein großes Imperium. Neujahr feiern sie am ersten April, und sie leben nicht am Ende des zwanzigsten Jahrhunderts, sondern nach ihrem Kalender am Ende des achtundsechzigsten. Die neue, überarbeitete Version des Gilgamesch, die wir heute lesen, entstand viertausend Jahre vor Christus.

Die Geschichte des mittleren Ostens ist ein gutes Beispiel für die Zyklentheorie der Zivilisationsentwicklung. Eine Kultur erreicht den Gipfel, wenn sie am stärksten scheint, wird schwächer, angegriffen und zerstört von jenen, die sich nie über das Stammesleben hinausentwickelt haben. Babylon zum Beispiel hat sich über Tausende von Jahren entwickelt. Bestens ausgerüstete Krieger bewahrten es und eroberten zugleich neue Gebiete. Nach der Erfindung des Rades bauten sie Streitwagen, deren Aufbau Schutz vor den Waffen der Feinde bot. So war das babylonische Heer nicht nur schneller, sondern auch weniger gefährdet. Während die anderen, beladen mit Schild, Bogen und Pfeilen, laufen mußten, fuhren sie herrschaftlich umher und besiegten eilends ihre Gegner.

Unter dem Schutz des wohlorganisierten Staates arbeitete das Volk unermüdlich, in den Städten blühte die Kultur. Jahrhunderte, Jahrtausende später grub man Kunstwerke ebenso wie Alltagsgegenstände aus dem Boden aus, die lange vor Christus gefertigt worden waren. Noch heute finden die Menschen, wenn sie ihre Felder bestellen, interessante Dinge, beschriftete Tonplatten oder zylinderförmige Steine. Solche Zylinder hielt ich während meines Studiums in Bagdad selbst in Händen, Buchstaben oder Zeichnungen waren darauf eingeritzt. Hätte man Tinte oder Farbe in die Vertiefungen laufen lassen, hätte man ein phantastisches Bild oder eine ganz beschriebene Seite erhalten. Wie Drucke, deren Entdeckung man tausend Jahre später erwähnte.

Als König Sennacharib plante, ein großartiges Bauwerk für seine Königin zu errichten, rief er Architekten und Baumeister aus allen umliegenden Reichen zusammen. Er fragte nicht nach den Kosten für diesen Beweis seiner Liebe zu seiner schönen Königin aus dem Norden. Es entstand ein Weltwunder in mehrfacher Hinsicht: Sie legten die Luftzufuhr so an, daß der Wüstenwind nicht durch die Gärten wehen konnte, und bauten ein Netz von Wasserleitungen, so daß das Wasser durch die Rohre in eine Höhe geführt werden konnte, in der die Quellen entsprangen. Den Genuß, den diese Gärten boten, haben die Bildhauer verewigt. Die großen Steinstatuen von König und Königin stehen heute, umgeben von Weinreben, in einem Londoner Museum.

Sargon war zum Beispiel lange vor Moses auf einem Fluß zu dem Land gekommen, in dem er König wurde. Der Legende nach stammt er aus den Bergen im Norden, in denen mehrere Stämme lebten. Die Tochter eines Fürsten war mit ihrem Bräutigam zum Fluß gegangen. Sie sahen eine Wiege mit einem Kind darin auf dem Wasser treiben. Die Prinzessin ließ das Kind bergen und zu sich bringen. Sie nahm es mit nach Hause, der Junge wurde Sargon genannt und wuchs am Hofe ihres Vaters auf. Später bestieg er den Thron, wahrscheinlich noch vor seinem siebzehnten Lebensjahr. Als König baute er zuerst eine Stadt, die Festung Dar Shurukin, vereinte dann die einzelnen Stämme, organisierte Kampftruppen und eroberte mit neunzehn Jahren Babylon. Seine Stadt mit der Festung hat sich erhalten, sie steht noch heute. Als ich sie besuchte, hatte ich das Gefühl, die Gebeine von Generationen meiner Vorfahren zu stören. Der blinde arabische Dichter aus dem zehnten oder elften Jahrhundert, Abu al Alla' al Maa'vri, schrieb in einem Vers: 'Schreitet leise, damit die Gebeine der Ahnen in Frieden ruhen.' Aber ich wünschte mir auf König Sargons Ruinen die Stimme und die Kräfte eines Riesen, um die Erde bis tief ins Innere erschüttern zu können und mit ihr alle Gebeine meiner Vorfahren: 'Wacht auf und seht, wie es uns ergangen ist.' Dieses Motiv habe ich in einem Gedicht in meiner neuen Sammlung mit dem Titel 'Letzte Liebesnacht' verwendet. Was uns widerfuhr, widerfuhr auch dem König. Sargons überlebensgroße Statue ist schon lange nicht mehr in seiner Stadt. Irgendwie kam sie nach Berlin ins Museum. Vor zwei Jahren habe ich ihr dort meine Aufwartung gemacht.

Assurbanipal war der letzte große assyrische König. Auch er war ein großer Förderer der Künste und des Wissens, er versammelte Gelehrte aus allen Zivilisationen und beauftragte sie, ihr Wissen in Steine oder Tonplatten zu ritzen. Er hatte Ninive zur Hauptstadt erkoren. Dort entstand die erste systematische Bibliothek des damaligen Mittleren Ostens. In ihr lagerten fünfundzwanzigtausend Schrifttafeln mit den Werken der sumerischen, assyrischen und babylonischen Kultur, berühmte Epen von der Schöpfung, der Sintflut, über Gilgamesch, viele Geschichten aus dem Volk und Märchen, Gebete und Prophezeiungen. Die Steinplatten lagern heute in Chicago. Es hat ein Jahrhundert gedauert, bis alle entziffert waren. Aus einem Bruchteil des bearbeiteten Materials entstand eine zweibändige Enzyklopädie über die Assyrer, und die Erforschung dauert an. Viele verdienen ihr Geld mit der Vergangenheit von Völkern, die allmählich aussterben.

Im Wohlstand vergaßen die assyrischen Könige, daß sie sich nie in Sicherheit wiegen durften angesichts möglicher Staatsstreiche und Erhebungen des Volkes. Nach Assurbanipal herrschten unfähige Machthaber, so ging diese Kultur langsam ihrem Ende entgegen. Sie wurde von allen Seiten angegriffen, und die Assyrer hatten nicht mehr die Kraft, sich zu verteidigen. Als die Perser Babylon eroberten, verloren die sie ihren Staat und sollten ihn nie wieder bekommen. Im zweiten Jahrhundert der jetzigen Zeitrechnung nahmen sie das Christentum an, um ein bißchen Schutz zu finden, manche freiwillig, andere durch Missionierung. Bis heute sind sie bei diesem ursprünglichen Christentum geblieben, dessen Rituale entfernte Ähnlichkeit mit denen der orthodoxen Kirche haben. Meiner Meinung nach haben dieses Volk und seine Kultur in gewissem Maße eben wegen dieser Kirche bis heute überlebt.

Nach dem Niedergang des assyrischen Imperiums kamen mehrere Jahrhunderte der kulturellen Leere. Dann besiedelten die Araber, die bis dahin in der Wüste gelebt hatten, das Gebiet, parallel zur Ausbreitung des Islams. Vom zehnten bis zum zwölften Jahrhundert währte das goldene Zeitalter der arabischen Zivilisation. Unter Harun al Raschid war Bagdad eine Stadt der Aufklärung und des Reichtums. Ich müßte mich in Scheherezade verwandeln, um die ganze Schönheit der damaligen Metropole zu beschreiben. Junge Männer aus Europa kamen dorthin, um Medizin und Astrologie zu studieren, philosophische Betrachtungen zu schreiben und in der Bibliothek Bücher zu lesen. Damals gab es Herrscher mit Visionen, das ganze Volk war mehr oder weniger geschützt. Auf jeden Fall traten viele Assyrer zum Islam über und schufen als Muslime wichtige Werke. Einige große arabische Dichter stammten aus dem christlichen Volk: Emr al Quais, Nabi al Dhubiani (ein großer Hofdichter), Abu Tammam. Der Historiker Ibn al Abri war Assyrer, und Ibn al Rhumi Grieche. All diese Menschen, die die Vergangenheit ausgruben, Herkunft und Sprachen, mischten Kenntnisse und Terminologien, schufen Werke, von denen man nicht sagen kann, sie seien ausschließlich arabisch. Ihr Beitrag zur Bereicherung dieser Sprache war gewaltig.

Der Reichtum und die Schönheit von Bagdad weckten natürlich die Begierde kriegerischer Völker. Die Mongolen standen unter ihrem Führer Hulagi vor den Mauern Bagdads und schickten dem Herrscher eine Botschaft, er solle die Tore freiwillig öffnen, sonst würden sie jedes einzelne mit Menschenköpfen füllen. Nachdem sie die Stadt erobert hatten, hielten sie ihr Versprechen. Ein Teil der Bevölkerung wurde umgebracht, andere in die Sklaverei geführt, der ganze Besitz geplündert, alle Häuser niedergebrannt. Der Tigris war schwarz von Tinte, das Wasser löste das über Jahrhunderte in Bagdads Bibliotheken zusammengetragene Wissen auf und schwemmte es fort. Die Stadt hatte sich noch nicht aus den Trümmern erhoben, da kamen neue Eroberer, die Türken. Sie herrschten auf brutalste Weise fünfhundert Jahre lang. Im Vergleich zu den Arabern waren sie in Kultur und Religion unterlegen. Darin liegt, glaube ich, der wichtigste Grund dafür, daß sie ihre Herrschaft über die Araber mit eiserner Faust, Feuer und Schwert ausübten. Der schlimmste und brutalste Herrscher war Suleiman der Große.

Der Pascha, den er entsandte, verwandelte das wunderschöne Land in eine Hölle. Die Brutalität der Osmanen wurde dadurch verstärkt, daß das Volk sich immer wieder erhob, Aufstände organisierte, für die es blutig bezahlte. Die Türken haben als Herrscher nur geraubt und verschleppt, sie haben nichts selbst geschaffen, sie hinterließen keine Straße, keine Stadt, keine Schule. Die fünf Jahrhunderte unter türkischer Herrschaft waren Zeiten der Finsternis. Und nach den Türken kamen die Engländer! Die Engländer als Kolonisatoren, – alle Länder, die je unter ihre Verwaltung gerieten, wissen, was das bedeutet. Sie kamen auch nicht auf die Idee, das Land zu erneuern, auch sie haben es nur ausgebeutet. Ihnen ging das Öl über alles andere. Geschickt verstanden sie es nebenbei, durch Manipulation und Bewaffnung Umstände zu schaffen, in denen sich die Völker mit ihren verschiedenen Religionen bekämpften. Sie haben nichts aufgebaut, nicht einmal ein gutes Schulsystem. Die Schulen, die wir hatten, funktionierten noch zu meiner Zeit nach dem türkischen System, fast alle Lehrer waren Türken oder Turkmenen. Bis heute habe ich die körperliche Züchtigung nicht vergessen, die in diesen Schulen angewendet wurde. Morgens mußten wir uns, auch im Winter bei Frost, im Hof versammeln. Der Lehrer kam mit einem Stock und suchte die Schüler aus, die an diesem Tag auf Hände oder Fußsohlen geschlagen werden sollten. Es war nicht wichtig, ob sie etwas angestellt hatten. Die englische Regierung überprüfte nie das Schulwesen, die Unterrichtsqualität und die Ausbildung des Lehrkörpers. Und wenn oben in den Bergen ein bewaffnetes Volk ein anderes, unbewaffnetes angriff, sahen sie aus der Ferne zu, vollkommen gleichmütig, wie und wann die Henker ihre Opfer erledigten. Je weniger Menschen, desto mehr Öl, das war ihre Devise.

Viele Assyrer lebten damals im Gebirge, das einen gewissen Schutz bot; sie hatten sich dorthin geflüchtet nach verschiedenen Pogromen. Es gab dort auch ein paar befestigte Städte. Die Kirche organisierte die Schule, in der die Kinder ihre Muttersprache lernten. Natürlich bekamen sie weder Autonomie noch eine öffentliche Verwaltung, aber es gab ein bißchen Industrie. Es langte zum Überleben. Die meisten waren Bauern. Dort lebten auch andere christliche Gemeinschaften, zum Beispiel Chaldeer, zu denen meine Mutter gehört. Sie paßten ihr Leben der Natur an, ohne sich selbst verteidigen oder gegen Angriffe wehren zu können. Sie hofften, die anderen würden sie in Ruhe lassen, wie sie sie in Ruhe ließen. Aber die dachten anders. Die christlichen und damit auch die assyrischen Dörfer verleiteten sie zum Plündern. Meistens griffen die Kurden an. Sie kamen gut bewaffnet aus den Bergen des wilden Kurdistan und zerstörten alles Leben in den assyrischen Dörfern. Alle besiedelten Orte im Nordirak, in denen heute Kurden leben, haben sie den Assyrern oder anderen Christen abgenommen. Anfang dieses Jahrhunderts, im Jahr neunzehn oder zwanzig, schlossen sich Kurden und Turkmenen zusammen und griffen die letzte assyrische Festung an. Sie eroberten sie nicht gleich, sie belagerten sie lange, bis die Leute drinnen verhungerten. Ein Mädchen, sie hieß Surma, sprach Englisch, weil sie in Europa studiert hatte. Sie versuchte gemeinsam mit ihrem Bruder irgendeinen Schutz für ihr Volk zu organisieren. Sie bat überall um Hilfe, schrieb an Bischöfe und die Engländer. Ich las einen ihrer Briefe in einem Buch über dieses letzte große Massaker an den Assyrern, Surma flehte, wenigstens Frauen und Kinder zu retten. Niemand antwortete auf ihre Bitten, niemand interessierte sich für die Geschehnisse im Gebirge. Die Kurden eroberten die Festung und töteten Tausende. Da erst reagierte die englische Obrigkeit. Sie sammelte die Bewohner der restlichen Bergdörfer und brachte sie nach al Habbaniya, einen Ort, an dem sie ein großes Militärlager unterhielten. Sie begannen mit der Rettungsaktion erst, nachdem die Hälfte der Bevölkerung bereits umgekommen war. Meine Mutter hat uns oft erzählt, daß sie mehrfach aus ihrem Dorf fliehen mußte, tiefer in die Berge hinein. Die Menschen ließen ihre gesamte Habe zurück, alle Lebensmittelvorräte, Kleidung, Saatgut, und flohen ins Gebirge oder über den Fluß. Hunderte von Kindern starben auf diesen Fluchten, weil ihre Mütter sie nicht ernähren konnten. Und die bewaffneten Kurden verfolgten sie auf Pferden und töteten den, der erschöpft zurückblieb.

In den fünfziger Jahren zogen die Engländer, die uns angeblich beschützt hatten, ab, und nach mehreren Revolutionen und Umstürzen kam Saddam Hussein an die Macht. Mein Geburtsort al Habbaniya verschwand vom Erdboden. Manchmal greifen Diktatoren nicht direkt an, sondern finden andere Wege, um Menschen zu vertreiben. Land und See wurden für den Tourismus benötigt, das Volk mußte verschwinden. Und die Kurden im Norden hörten auch nicht mit ihren Angriffen auf assyrische Dörfer auf. Das letzte Massaker liegt ein paar Jahre zurück. Ein Dorf wurde völlig zerstört. Nur die, die zur Zeit des Angriffs auf den Feldern arbeiteten, überlebten.

Die amerikanischen Sanktionen gegen den Irak treffen natürlich alle Völker, die dort leben. Saddam Hussein ist ein Diktator, aber keine Gefahr für die ganze Welt, denn noch niemand hat etwas gefunden, auch nicht die UN-Kontrolleure, die Millionen verdient haben bei ihrer Suche nach Massenvernichtungswaffen im Irak. Warum muß dann das Volk so sehr leiden? Saddam ist allein durch amerikanische Propaganda zum Feind Nummer Eins geworden, kein Mensch kann sich mehr an die Wahrheit erinnern. Ist sein Regime wirklich schlimmer als die anderen im Mittleren und Nahen Osten? Oder geht es um etwas anderes? Die anderen verhalten sich vielleicht wie Vasallen und verkaufen das Öl zu den Preisen, die ihnen diktiert werden. Sie kaufen im Westen unbegrenzte Mengen an billigem technischen Schrott und genießen dadurch unbeschränkte Macht in ihren Staaten.

Ich bin Kosmopolit geworden und habe über viele Themen, Länder und Völker geschrieben. In letzter Zeit wende ich mich meinen Ursprüngen in der assyrischen und arabischen Kultur zu. Dort sind meine Wurzeln, das ist meine Sprache. Fast alle meine Kollegen und Freunde, die ich in europäischen oder orientalischen Städten treffe, sind Muslime. Als Clinton im April achtundneunzig die Abschaffung der sinnlosen Sanktionen gegen den Irak verkündete, freute ich mich für alle Iraker: Für jene, die im Mutterland unter ihnen gelitten hatten, für jene, die als Flüchtlinge und Asylanten in der ganzen Welt verstreut waren, und für jene, die wie meine Familie ihre Flucht auf halbem Weg unterbrachen, unfähig, weiter zu fliehen, und ebenso unfähig zurückzugehen. Es war eine der größten Lügen in der Amtszeit Clintons, die vielleicht schon vergessen ist. Ich kann dieses kurze Aufblitzen der Hoffnung nicht vergessen. Er hat die Sanktionen nicht aufgehoben, sondern ließ das Land erneut bombardieren, und keiner kann genau sagen, warum. Wahrscheinlich wissen das nicht einmal die englischen und amerikanischen Generäle, die dem Land den Tod geschickt haben. Ich habe ein Gedicht über diese Lüge des mächtigen Mannes der Welt geschrieben. Will es jemand hören?

Sargon Boulus: We Heard the Man

This time
we heard the man
clearly tell
the truth:
applause.
a standing
ovation: at last the obvious
solution found, sanctions
lifted at last -
from now on
our children
will not starve and die:
Then gradually
but soon
it was revealed
that this time also
the man had been
lying -
one more
disappointment carefully
packaged, and
wrapped
with expensive lies:
app-
laaause.
thise time
even louder,
almost deafening – camera crews,
projector lights – while
all around him

his victims fell
like flies.[4]

Wir hörten ihn

Diesmal
  sagte der Mann
  hörbar
  die Wahrheit:
  Applaus
  stehender
  Beifall: zu guter Letzt die offenkundige
  Lösung gefunden, die Sanktionen
  aufgehoben zu guter Letzt -
  von nun an
  werden unsere Kinder
  nicht mehr hungern und sterben:
  Dann wurde stückweise
  doch rasch
  enthüllt
  daß der Mann
  auch diesmal
  log -
  eine
  Enttäuschung mehr sorgsam
  verpackt und
  umwickelt
  mit teuren Lügen:
  App-
  laaaaausss
  diesmal
  noch lauter
  ohrenbetäubend – Kamerateams,
  Spots – während
  überall um ihn

133

seine Opfer fallen
wie die Fliegen.

(Ende Mai 1998)

Sargon: Heute habe ich einen leeren Tag, ich habe die angefangenen Gedichte angeschaut, als seien es nicht meine. Ich habe zwei, drei Verse angefangen, aber es knirschte so gewaltig, daß ich es sein ließ.

Safeta: Morgen schmierst du das Getriebe, und es geht weiter. Ich habe eine Methode, die immer hilft, wenn es bei mir nicht läuft, ich höre bosnische Sevdalinken.

Sargon: Sevdalinken?

Safeta: Bosnische Volkslieder. Willst du eins hören? Es ist eine Mischung von Orient und Okzident.

Sargon: Was wird da gesungen, kannst du ein paar Zeilen übersetzen?

Safeta: Ich geb' dir was zum Durchlesen, ich habe eine englische Übersetzung von Heines Gedicht gefunden.

Sargon: Was hat Heine damit zu tun?

Safeta: Er hat das Gedicht 'Der Azra' geschrieben. Es handelt von einem jemenitischen Stamm und einer Legende, derzufolge die Männer dieses Stammes starben, wenn das Mädchen, das sie wollten, einen anderen nahm. Heine hatte das irgendwo aufgeschnappt und schrieb ein Gedicht über eine Sultanstochter und . . .

Sargon: Wie ist es zu euch gekommen, wie wurde daraus eine bosnische Sevdalinka?

Safeta: Safetbeg Basagic und Aleksa Santic dichteten es nach, und unsere Genießer glaubten, es sei wie für uns geschaffen: Liebe, Liebesschmerz, Sehnsucht und unerfüllte Wünsche. Sevdalinken sind Lieder des Leidens und der Trauer um Verlorenes.

Sargon: Solche Lieder und Legenden haben wir auch, soviel du willst.

Safeta: Unsere sind etwas Besonderes, es ist die Musik, die sie einmalig macht. In keiner anderen Kultur findet sich etwas Vergleichbares. Sevdalinken können nur Stimmvirtuosen singen. Nicht einmal Opernarien sind schwieriger.

Sargon: Was singt er da, übersetze bitte.

Safeta: Von der Liebe eines Mannes. es ist eine wahre Geschichte: Der berühmte reiche Mujo Komandina aus Mostar baute Ende des neunzehnten Jahrhunderts das schönste Haus in seiner Stadt mit den meisten Verzierungen, nur um ein Mädchen zu beeindrucken, Zaims Ziba. Ganz Mostar kam, um den Wunderbau anzuschauen, nur seine Liebste nicht.

Sargon: Das klingt für mich wie arabische Lyrik, alles ist mit Liebe und ihren Kapriolen verkitscht.

Safeta: Volkslieder sollen eben das herbeizaubern, was es im wirklichen Leben kaum oder gar nicht gibt.

Sargon: Ist das die älteste Poesie, die ihr habt?

Safeta: Nein, ich habe einmal gelesen, die ältesten Gedichte in unserer Sprache seien zwischen dem achten und neunten Jahrhundert entstanden. Aber wir hatten keine Schrift, so daß sie erst viel später aufgeschrieben wurden.

Sargon: Aber unser Land zwischen den zwei Flüssen war die Wiege der Literatur. Ich habe dir schon von Gilgamesch erzählt.

Safeta: Ja, wir haben etwas darüber in der Schule gelernt, als dem ersten Stück Literatur der Welt.

Sargon: Das Gilgamesch-Epos. In meiner Bibliothek in Amerika hatte ich mehrere Versionen. Vor kurzem wurde noch eine entdeckt, die vollständigste, auf Tonplatten. Seine Metaphern entdeckt man immer neu, das ganze Leben lang, nie kann man sagen, man habe alles entdeckt. Die westlichen Schriftsteller haben später immer wieder Themen und Bilder aus diesem Epos kopiert und variiert. Und niemand hat sie des Plagiats bezichtigt.

Das Gilgamesch-Epos

Die Stadt Uruk, in der König Gilgamesch herrschte, besteht noch heute, nach ihr wurde der ganze Irak benannt. Gilgamesch hatte keine gewöhnliche Herkunft, seine Mutter war die Göttin Ninsun, sein Vater stammte aus dem Menschengeschlecht, so daß er zu zwei Dritteln unsterblich und zu einem Drittel sterblich war. Aber darüber konnte er nicht nachdenken, er hatte zu viel zu tun, mußte er doch jeden Tag beweisen, daß er der Beste, Größte, Bedeutsamste war. Und außerdem brauchte er Zeit, um mit allen heiratswilligen Jungfrauen zu schlafen, denn dem König gehörte ihre Jungfräulichkeit.

Bald schon langweilte sich Gilgamesch, niemand konnte ihn besiegen, die meisten erkannten kampflos seine Übermacht an.

Eines Tages traf ein Jäger im Wald einen ungewöhnlichen, halbwilden Mann, genannt Enkidu. Er lebte mit den Tieren, sprach mit ihnen ohne jede Furcht, denn seine Kraft war gewaltig. 'Da haben wir endlich einen, der unseren König besiegen kann', dachte der Jäger und lud Enkidu ein, mit ihm nach Uruk zu gehen, aber der wollte um nichts auf der Welt seinen Wald verlassen. Der Jäger gab nicht auf, sondern besuchte den Tempel der Göttin der Liebe, Ischtar, wählte dort das schönste der Mädchen und schickte es zu dem halbwilden Mann. Es verstand sich gut auf seine Arbeit, verführte Enkudu rasch und zeigte ihm drei Tage lang alle erotischen Spiele, die es als Liebesdienerin gelernt hatte. Da mochte er nicht länger im Wald bleiben, er folgte der Gespielin. Kaum in Uruk eingetroffen, hörte der König auch schon, in der Stadt lebe ein Mann, der sei viel stärker als er. Nun, so etwas durfte nicht sein, Gilgamesch traf augenblicklich seine Vorbereitungen, um den Eindringling zu töten oder zu vertreiben. Als der Kampf begann, begriff er, daß es nicht so einfach werden würde. Ihr Kräftemessen dauerte lange, Tag und Nacht, aber keiner konnte den anderen besiegen. Der König schlug vor, vom Kampf abzulassen und Freunde zu werden.

Eine Zeitlang lebten beide am Hof und verstanden sich prächtig. Sie teilten Geschenke und Jungfrauen (Gilgamesch hatte jetzt weniger zu tun), dann traf die Nachricht ein, daß es im Libanon ein Ungeheuer namens Huwawa gäbe, das einen Zedernwald bewache. Sie brauchten gerade Zedern, weil sie neue Häuser und neue Städte bauen wollten. Rasch verständigten sie sich darauf, in jene entfernte Gegend zu ziehen und das Ungeheuer zu töten. Unterwegs wurden sie gewarnt: "Geht nicht dorthin, der unbarmherzige Waldwächter steht unter göttlichem Schutz." Das verstärkte nur den Wunsch der Helden, ihre Kraft zu beweisen. Als sie anfingen, eine Zeder zu fällen, kam der Wächter herbei: Die Freunde besiegten ihn nach langem Kampf. Das erzürnte die Göttin Ischtar. Sie bat den höchsten Gott Elil, einen riesigen Stier zu schicken. Aber sie töteten auch den Stier, und als die Göttin sie deswegen bestrafen wollte, riß Enkidu dem Stier ein Bein aus und warf es nach ihr. Sie rächte sich mit einem Fluch: Innerhalb von zwei, drei Tagen erkrankte der starke Mann und starb.

Gilgamesch glaubte einfach nicht, daß er tot sei, sondern dachte, sein Freund schlafe. Er saß stundenlang neben ihm und wartete darauf, daß er aufwache. Er wartete und wartete, schüttelte ihn ab und zu, und dann bemerkte er, daß der Körper sich langsam zersetzte, daß sein Freund nie wieder lebendig würde. Der mächtige König wurde, als er seinen Freund verlor, der ihm so viel bedeutet hatte, zum ersten Mal mit dem Tod konfrontiert. Wartete auch auf ihn ein solches Ende? Er kehrte in sein Königreich zurück, fand aber keine Ruhe. Er mußte eine Antwort finden auf die Frage, ob der Mensch wirklich von vornherein zum Tod verurteilt sei. Wieder machte er sich auf den Weg, suchte nach dem Sinn, für den man lebt und stirbt.

Gilgamesch wurde ein Bettler und Landstreicher. Er wanderte durch Städte, Dörfer und durch die Wüste. Er lebte von dem, was ihm die Menschen gaben und trug einen Wolfspelz als Kleidung. Aber einen Ausweg auf sein Dilemma fand er nirgends. Er kam in den Südirak. Am Zusammenfluß der beiden Ströme stand eine Herberge, die gehörte Sidura. Die gutherzige Frau vertrieb stets die Sorgen der Reisenden. Sie bot Gilgamesch Zuflucht, gab ihm zu essen und Bier zu trinken – nein, das ist kein Witz, sie kannten tatsächlich Bier –, weckte seine Lebensgeister und redete ihm gut zu, er solle in sein Königreich zurückkehren. Schließlich könne er auf der Welt schwerlich mehr verlangen als den Reichtum und die Macht, die er dort genoß. Er müsse sich mit der Tatsache, daß Menschen sterblich sind, eben abfinden. Aber nein, ihm genügte das nicht, er suchte ein Mittel gegen den Tod. Die Frau schickte ihn zur Mündung von Euphrat und Tigris, dort lebte der unsterbliche Utamma Pischtu mit seiner Gefährtin. Er war nicht als Unsterblicher geboren worden, sondern hatte sich diese Gnade bei den Göttern verdient. Seine Geschichte ähnelt der biblischen Erzählung von Noahs Arche, die Motive sind exakt dieselben, nur sind sie ein paar tausend Jahre früher entstanden. Eine große Flut kam, und dieser Mann baute auf Wunsch der Götter eine Arche, in die er von allen Lebewesen ein Paar mitnahm, um sie vor dem Untergang zu bewahren. Als die Flut zurückging, blieb er auf der Halbinsel zwischen zwei Flüssen und genoß dort seine Unsterblichkeit. Gilgamesch brach sofort auf. Den Fluß überquerte er in einem geliehenen Kahn. Ihn erwartete ein Mann mit langem weißen Bart, dessen Alter man nicht mehr erraten konnte. Das erste, was er zu ihm sagte, war: "Geh heim, die Menschen sind sterblich, auch du hast ihr Blut in den Adern und bist sterblich."

Als Gilgamesch nicht locker ließ, willigte Utamma ein, ihn zu unterweisen. "Ich weiß, wo ein Kraut gegen die Sterblichkeit wächst. Es gedeiht im Wasser, am Zusammenfluß zweier Ströme. Wenn du diese Pflanze ißt, bist du unsterblich. Du mußt tief hinabtauchen, um sie von da unten heraufzuholen. Aber sieh dich vor, eine Schlange, die Göttin der Unterwasserwelt, bewacht das Kraut. Nur wenn sie schläft, kannst du es pflücken."

Kaum hatte er das Geheimnis vernommen, brach Gilgamesch auf. Er erreichte die Mündung zweier Flüsse, holte tief Luft und tauchte. Am Boden sah er eine Pflanze in herrlichen Farben und eine zusammengerollte Schlange. Zum Glück schlief die Wächterin. Er packte rasch das Mittel zu seiner Unsterblichkeit und tauchte wieder auf. Völlig erschöpft, kletterte er ans Ufer. Dort setzte er sich, um auszuruhen und die Schönheit der Pflanze ein wenig zu bewundern, ehe er hineinbiß. Augenblicklich fiel er in tiefen Schlaf. Als er aufwachte, wußte er nicht, wie lange er geschlafen hatte, aber die Pflanze war nicht mehr da. Er sprang auf, lief zum Wasser. Aber es war zu spät, er sah nur noch, wie die Schlange in ihrem Maul seine Unsterblichkeit wieder in die Tiefe trug.

Müde und gealtert kehrte Gilgamesch in sein Königreich zurück, nach Uruk.

Immerhin hatte er mindestens einen Ort, wohin er zurückkehren konnte.

Wenn Assyrer ihre Urheimat verlassen, fliehen sie vor Not und Hunger. Das einzige, was sie aus dem Erbe ihrer Ahnen mitnehmen können, sind ein paar Legenden und eine Handvoll Staub in einem Lederbeutel. Was Generationen in diesem Gebiet schufen, verkaufen und verprassen andere. Niemals wird man wissen, wie viele arabische und assyrische Kulturdenkmäler die Türken an den Westen verhökert haben, wieviel die Engländer verschleppten, wieviel Saddams Regime verkaufte, um zu überleben. Wenn ich die Vergangenheit meiner Vorfahren suche, finde ich in Mesopotamien nur Ruinen von Städten, die wenigstens konnten sie nicht forttragen. Alles übrige ist in den Museen von London, Paris, Chikago, New York, Berlin. In Berlin befindet sich zum Beispiel im Pergamon-Museum neben der Statue von König Sargon eine ganze Straße, durch die einst die Erntedank-Prozession einer babylonischen Stadt zog. Die Göttin Ischtar kommt in zwei verschiedenen Mythologien vor, sie hatte verschiedene Rollen. Nach der einen war sie die Göttin der Liebe, nach der anderen die Göttin der Ernte. Die Menschen schritten, um sich für den reichen Ertrag zu bedanken, mit einer Ähre der neuen Ernte in der Hand durch diese Straße, um sie der großherzigen Göttin zu schenken. Vor dem Museum in London stehen zwei riesige geflügelte Löwen aus schwarzem Granit. Sie bewachten einst ein Tor von Babylon. Wer kann noch zählen, was alles aus dem Orient in Privatsammlungen gewandert ist. Der Handel mit fremden Vergangenheiten ist nicht nur in Amerika sehr einträglich.

Vor kurzem bekam ich Briefe von Landsleuten aus Kanada und Schweden. Sie schreiben, daß sie nicht zulassen können und wollen, daß ihre Sprache und ihre Kultur vollständig verschwindet. "Schick uns wenigstens ein Gedicht aus dem Leben der Assyrer", baten sie. "Gut, ich schicke euch ein Gedicht über eine assyrische Hochzeit, aber es ist arabisch geschrieben." "Schick es, auch das ist unsere Sprache, so wie du unser Dichter bist."

Sie wissen genau, daß ich ihr Dichter bin, und ich frage mich immerzu, ob ich wirklich irgendwohin gehöre.

Wenn sich die Tresore öffnen

Sargon: Die Art, in der zweitausend Jahre lang arabische Poesie geschrieben wurde, gibt es nirgends sonst auf der Welt. Das klassische arabische Gedicht besteht aus zwei senkrechten Versreihen mit exakt derselben Länge und obligatorischen Reimen am Ende. Ich habe mir sehr früh schon die besten Dichter genau angesehen, die trotz der vorgeschriebenen Metrik die ganze Schönheit der arabischen Sprache erfaßten und dabei jedesmal etwas Neues sagten. Es ist eigentlich die Sprache von Wüstenbewohnern, die lange vor dem Islam das dichterische Handwerk zu schätzen wußten. Es ist überliefert, daß die arabischen Stämme ein Fest feierten, wenn ein Kind poetisches Talent bewies. Das war für sie eine Gabe des Himmels, denn ein so talentiertes Kind sorgte später durch die Poesie für Kontakte zu anderen Wüstenstämmen. In Mekka wurden sogar Dichterwettbewerbe organisiert, um herauszufinden, welcher Stamm den besten Dichter hatte. Die sechs besten Gedichte des Wettbewerbs wurden abgeschrieben und an die Wand gehängt, auf daß sich alle Lesekundigen daran erfreuten. Die talentierten Kinder erfuhren eine besondere Erziehung, sie wurden für lange Zeit von ihrem Stamm getrennt und lebten allein in einer Oase, damit ihr Denken so klar wie möglich wurde.

Leider wurde diese schöne Tradition nicht fortgesetzt. Dichter hatten später große Macht im arabischen Volk und viel Einfluß, sie sprachen aus, was andere nicht sagen durften. Verkauften sie ihre Kunst an die Mächtigen, lebten sie im Überfluß, blieben sie dabei, mit ihrer Poesie anderen Menschen die Augen zu öffnen, war das Gefängnis oder das Exil ihr Schicksal, oder sie führten ein Schattendasein. Daran änderte sich jahrhundertelang nichts. Der letzte große Schöpfer arabischer klassischer Dichtung, al Joschahiri, starb vor ein paar Jahren im damaszenischen Exil. Als Kind erlebte ich ihn bei einem Vortrag über seine Poesie. Die Leute standen da und lauschten ihm wie verzaubert. Eine solche Kommunikation zwischen dem Dichter und seinem Publikum kennt der Westen nicht.

Aber die Verse al Joaschahiris waren das letzte Aufblitzen der arabischen klassischen Dichtung, nach ihm hat sie ihre Kraft gänzlich eingebüßt. Ein paar Jahre nach meiner Geburt begann die Revolution. Der irakische Dichter Shaker al Sayyab veränderte Ende der vierziger Jahre unter dem Einfluß der englischen Romantik, besonders Byrons und Edith Sitwells, als erster die Metrik, fast zeitgleich tat das auch die Dichterin Nazaik al Malaika. Beide schufen neue Rhythmen, variierten die Reime und belebten so das verknöcherte Gerüst, erweiterten die metrischen Formen. Als ich zu schreiben begann, hatten diese Vorreiter bereits Nachfolger gefunden, Schriftsteller arabischer Zunge, die in Amerika lebten wie Gibran Kahlil Gibran, Ahmed al Rehani und andere. Sie waren direkt von Walt Whitman und der Beat Generation beeinflußt.

Sargon Boulus, Arbeitsblatt eines Gedichtes

Safeta: Als ich anfing zu schreiben, hatte die Literatur aller Völker in der Mitte des Balkans einen Rahmen, den Jugoslawiens, der sich in einen bosnischen, kroatischen und serbischen Teil unterteilte und das serbokroatische als gemeinsame Sprache hatte. Dann gab es noch die makedonische Literatur auf Makedonisch und die slowenische auf Slowenisch. Alle poetischen und prosaischen Gattungen waren vertreten, nur daß Romantik, Realismus, Surrealismus und die Moderne recht verspätet auf dem Balkan ankamen. Einzelne Schriftsteller wie Andric und Selimovic beschäftigten sich ausschließlich mit der Vergangenheit, andere beschrieben das Verhältnis des Einzelnen zur Macht, wieder andere thematisierten nur Revolution und Krieg. Die kleinen Literaturen des jugoslawischen Raums hatten zwei Charakteristika gemein: Es gab kaum Prosa von Frauen, und die Frauen-

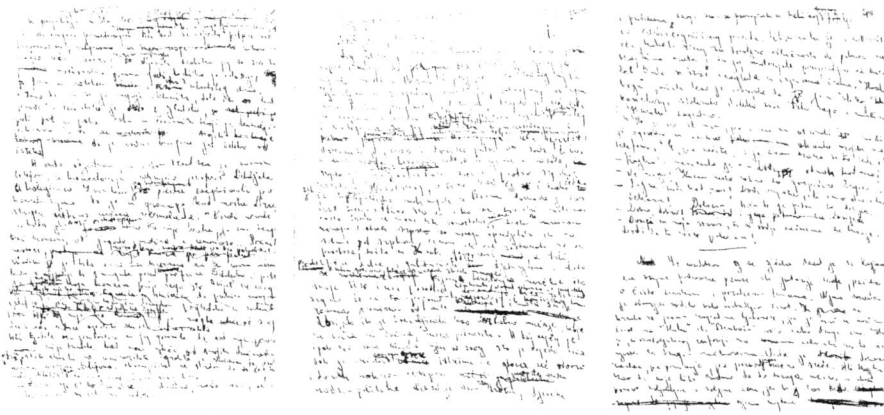

Safeta Obhodjas, Arbeitsblatt einer Erzählung

gestalten in der Literatur waren hoffnungslos armselig. Die Autoren stellten weibliche Wesen auf zwei, drei stereotype Arten dar: die gute Mutter, die feurige Liebhaberin und natürlich die Xanthippe, die von früh bis spät nur Böses sinnt. Ich fragte mich, warum keiner uns zeitgenössische Frauen bemerkte, die den Familienalltag organisierten und nebenbei erfolgreiche Arbeiterinnen, Ärztinnen, Lehrerinnen und Professorinnen waren. Wollte wirklich niemand hören, was sie dachten und fühlten, während sie sich abhetzten, um ihre täglichen Pflichten zu erfüllen?

Sargon: Nach der Veröffentlichung der ersten Gedichte intensivierten sich mein Nachdenken, mein Wissensdurst und meine Neugier für westliche Kulturen. Bald hatte ich eine Vision, ein Gefühl, daß etwas Großes geschehen würde, und wenn ich nicht richtig vorbereitet wäre, würde ich dieses Ereignis verpassen. Ich wurde mir der Magie der Worte bewußt und war nie zufrieden mit der Art, wie ich diese Magie in Verse umsetzte. Ich wollte mehr Raum, mehr Freiheit. Ich schrieb mehrere Gedichte hintereinander, machte dann eins daraus, von einem übernahm ich den Rhythmus, von dem zweiten die Metaphern, von dem dritten die Idee oder ein Bild. Ich schuftete täglich. Es war mir damals schon klar, daß die Inspiration ein trügerischer seelischer Zustand ist, daß man von solchen Anfällen wenig zu erhoffen hatte. Damals entstand meine Denkwerkstatt, in der ich noch heute unermüdlich arbeite. Ich erinnere mich, daß ich bereits nach den ersten in 'Shi-r' veröffentlichten Gedichten in der Kairoer Zeitschrift al Nahar als literarische Entdeckung bezeichnet wurde. Damals war ich noch nicht siebzehn und lebte bei meinen Eltern in Kirkuk. Unter dem Einfluß amerikanischer Autoren begann ich Kurzgeschichten zu schreiben. Obwohl mein Wissen über Literatur immer breiter wurde, faßte ich meine Gedanken immer in kurze Formen.

Safeta: Es gehörte zu unserer Kultur, daß die Literatur mündlich von Generation zu Generation übertragen wurde. Mein Vater erzählte uns eine Geschichte, die er von seiner Mutter gehört hatte. Zum Beispiel: es war einmal ein Hamza, der sich mit seinem Nachbarn stritt. Eines Nachts prügelten sie sich bei Vollmond heimlich in der Nähe des Flußufers. Hamza tötete seinen ehemaligen Freund und warf ihn ins Wasser. Zeugen gab es nicht, nur den Mond am Himmel. Die Jahre vergingen. Hamza saß eines Abends mit seiner Frau auf der Veranda. Als er die große leuchtende Scheibe des Mondes über seinem Kopf sah, lachte er über seinen komischen Zeugen. Aber seine Frau, neugierig wie alle Angehörigen dieses Geschlechts, bestürmte ihn, er solle ihr sagen, warum er so gelacht habe. Sie holte das Geheimnis aus ihm heraus und schwor, sie würde ihn niemals verraten. Als sie zum ersten Mal stritten, ging sie zur Polizei und verpfiff ihn. Ich war achtundzwanzig, als ich 'Die Frau und das Geheimnis' schrieb. Ich schrieb es, weil ich diese Frau rechtfertigen, die Gründe aufdecken wollte, warum sie ihren Mann verriet. Von mir als großer Entdeckung in unserer Literatur sprach nur mein Mentor. Aber gerade diese Erzählung, 'Die Frau und das Geheimnis', wurde vor zwei, drei Jahren in eine Anthologie bosnischer Erzähler des zwanzigsten Jahrhunderts aufgenommen, unter den dreißig Autoren sind zwei Frauen.

Sargon: Mit der Ankunft in Bagdad erweiterte sich plötzlich mein Tätigkeitskreis. Ich fand viele Freunde, Angehörige einer neuen Generation, die ebenfalls glaubten, daß endlich große Veränderungen bevorstünden. Wir hatten viel gemeinsam, besonders die Liebe zur Literatur und ein aufregendes Leben. Damals schrieb ich Kurzgeschichten, eine nach der anderen, Themen gab es überall um mich herum, jedes Erlebnis wurde auf irgendeine Art zum Thema. Ich erforschte und variierte meine Schreibweise, nahm eine meiner Eigenheiten, etwa meinen Drang, für Momente oder für Tage allein zu sein, und verpflanzte sie in eine erfundene Person. Dann floh zum Beispiel ein Jüngling, mein Doppelgänger, täglich auf seinem Fahrrad aus der Stadt und ihrem Gewühl in die Berge, kilometerweit vor Bagdad, und baute sich dort einen Schutzwinkel aus Steinen. Kaum begann er seine Einsamkeit zu genießen, kam ein anderer und behauptete, er habe kein

Recht dazu. Je mehr sich der Jüngling verteidigte, desto heftiger griff ihn der Neuankömmling an, und ihr Streit endete tragisch. Gern schrieb ich über den unversöhnlichen Gegensatz zwischen Stadt und Land. Ich stellte zum Beispiel Menschen aus einem Dorf einander gegenüber: Die einen blieben in ihrem Geburtsort, die anderen gingen wegen ihrer Ausbildung in die Stadt und veränderten sich in ihrer Persönlichkeit, so daß sie sich überhaupt nicht mehr mit den Daheimgebliebenen verstanden. Die letzte derartige Erzählung schrieb ich, bevor ich Bagdad verließ. Thema war die Begegnung ehemaliger Liebender. Der junge Mann ist Schmuggler geworden, das Mädchen eine Dame aus der Stadt. Sie arbeitet als Sekretärin in einer großen Firma. Er kann auf Messer und Gewalt nicht mehr verzichten, sie schreckt davor zurück. Mir schien damals jede neue Erzählung ein neuer Schnörkel in meinen Arabesken zu sein. Mich beeinflußten die amerikanischen Meister der Kurzgeschichte stark. In Bagdad arbeitete ich auch als Redakteur für verschiedene literarische Magazine. Sobald eine mich langweilte, wechselte ich zur nächsten. Meine Rezensionen und Besprechungen erschienen in allen wichtigeren Literaturzeitschriften der arabischsprachigen Welt. Ich war jung, unerschöpfliche Energie, wollte ja nichts verpassen. Kein Tag war wie der andere, keine Nacht wurde zum Schlafen genutzt. Ich floh vor allem, was nach Gewöhnlichkeit roch. Es gab keinen Gedanken an die Gründung eines Heims und einer Familie.

Safeta: Nach der Veröffentlichung der ersten Erzählungen und Hörspiele konnte ich mir ein Leben ohne diese kleine Freiheit des Geistes nicht mehr vorstellen. Aber damals hatte ich schon eine Familie und Kinder, zwei Töchter, für die ich große Verantwortung empfand. Mein Problem lag darin, den Alltag so zu organisieren, daß dabei ein wenig Freiraum fürs Schreiben blieb. Jeder Tag war wie der andere, weil mein Mann auf jedwede Veränderung allergisch reagierte. War das Essen einmal anders gewürzt, aß er es nicht. Und ich als Frau war verpflichtet, mich anzupassen. Diese Anpassung funktionierte nach außen hin. Seinem Wunsch folgend gab es in meinem Leben nichts Aufregendes, aber dafür besaß ich eine eigene Art, die Welt um mich herum zu beobachten und zu belauschen. Während ich die Hausarbeit erledigte, spazierenging oder mit dem Bus von Pale nach Sarajevo und zurück fuhr, mischten sich in meinem Kopf Erinnerungen aus meiner Kindheit mit neuen Kenntnissen. Aus diesem ständigen Wirbel kristallisierte sich ein Gedanke heraus, der mich an den möglichen Beginn

einer Geschichte brachte. Eine Arbeitskollegin zum Beispiel gab eine An-
ekdote aus ihrem Urlaub zum Besten: Am Strand saß sie mit ihrem Bruder
und einer fröhlichen Gruppe in der Nähe einer jungen Frau mit zwei Kindern. Die Frau war über eine Betriebsorganisation ans Meer gekommen.
Aus ihrer Tasche lugten zwei Schachteln Zigaretten, während die Kinder
vergebens um ein Eis bettelten. Dafür hatte sie kein Geld. Dem Bruder taten die Kinder leid, und er kaufte jeden Tag etwas für sie, was die Frau
als Werbung um sie interpretierte. Die Gruppe machte sich einen Spaß daraus, aber ich fand es nicht komisch. Was hatte sie erlebt, wieso war sie mit
den Kindern allein? Als ich mir alles erklärt und Zeit gefunden hatte zum
Aufschreiben, entstand die Erzählung 'Der Gewerkschaftsurlaub der Naza
Jusufova'. Natürlich hatte ich Salinger und Borghes und Hemingway gelesen, aber ich dachte über mögliche Einflüsse auf meine Arbeit nicht nach,
Orientierung bot mir nur mein Instinkt. Über meine eigene Freiheit dachte
ich nicht nach. Die Kinder brauchten ein Zuhause und eine Familie, und ich
war bemüht, ihnen das nicht wegen meines Schreibens wegzunehmen.

Sargon: Nach meiner Ankunft in Beirut setzte ich mein Leben ganz
ähnlich fort, nur noch freier als in Bagdad. Dann kam die Fahrt nach Amerika, ich war einige Jahre ohne jeden Kontakt zur arabischen Kultur. Im
neuen Land wollte ich erfahren und sehen, was ich zu Hause gelesen hatte.
Es war eine Zeit intensiver Akkumulation. Als ich wieder zu schreiben begann, war meine einstige Euphorie verschwunden, ebenso das Bedürfnis,
etwas beweisen zu müssen. Ich kann sagen, daß ich damals nur für mich
schrieb. So hatte ich die Möglichkeit, noch tiefer in die arabische Sprache einzudringen und neue Sphären in ihr zu entdecken, meinen Stil bis zur
Vollkommenheit zu schleifen. Mein Name war, als ich zu schreiben begann,
über Literaturzeitschriften bekannt geworden. Auf demselben Weg kehrte
ich auch in die arabische Welt zurück. Mein erster Band mit Gedichten entstand über einen langen Zeitraum. Erst neunzehnhundertfünfundachtzig, da
war ich schon über vierzig und arbeitete als Redakteur in Athen, veröffentlichte ich das Buch 'Rückkehr in die Stadt Wohin'. Der Titel war von
meinen Wechseln von einer Kultur in die andere inspiriert. Immer, wenn
ich über Rückkehr nachdachte, stellte sich die Frage: 'Aber wohin?' Wohin wollte ich zurückkehren? Die Sammlung wurde in London gedruckt
und in alle Städte des Orients geschickt. Ich kehrte nicht in die Stadt 'Wohin' zurück, aber meine Gedichte. Die Liebhaber meiner Poesie konnten in

arabischer Sprache vom Knaben lesen, der aus den Zweigen des Maulbeer-
baums die Gewalt der Polizei gegen seinen Vater mitansah, von Flüssen, in
deren Bett das Wasser nur dann entlangsauste, wenn es oben im Gebirge
stark geregnet hatte, vom Traum meines Vaters, alle menschlichen Krank-
heiten zu heilen außer jenen, die 'auf der Stirn geschrieben stehen', von
den Abenteuern eines jungen Mannes, der aus seinem Dorf geflohen war.
Griechenland wirkte sehr inspirierend auf mein Werk. In täglichen Spaziergängen über die Akropolis entstand ein neuer Gedichtband, der direkt nach
dem ersten veröffentlicht wurde. Damals gab es für mich weder Essays
noch Kurzgeschichten, nur Poesie. Ich erforschte immer tiefere Schichten
des dichterischen Ausdrucks. Zwei weitere Gedichtbände in Arabisch folgten. Meine Poesie stammt aus zwei, drei Quellen, einmal dem arabischen
Tresor meiner Kindheit und ersten Jugend, zum anderen aus dem, was ich
während meiner Aufenthalte in anderen Ländern und Kulturen erlebte und
sah.

Safeta: Als ich meinen 'Kinderliteraturpreis' bekommen hatte, besuchte eine Dichterin unser Literaturcamp in Split. Ich erinnere mich nicht an
ihren Namen, nur an den Satz, den sie an uns Mädchen gerichtet hatte:
"All die weiblichen Talente verlöschen in unserer Heimat noch bevor sie
sich entfalten." Was sie sagen wollte, begriff ich viel später, als Ideen aus
meinem Kopf verschwanden, nur weil ich nicht die Zeit gefunden hatte,
um sie aufzuschreiben oder um mich intensiver mit ihnen auseinanderzu-
setzen. Bis heute ist mir nicht klar, wie es mir gelang, einige davon zu
retten. Trotzdem sammelte sich zwischen neunzehnhunderteinundachtzig
und neunzehnhundertsechsundachtzig neben den veröffentlichten Hörspie-
len eine Reihe von Erzählungen an, die neunzehnhundertsiebenundachtzig
unter dem Titel 'Zena i tajna' (Frau und Geheimnis) erschienen. Ich war
sechsunddreißig und betrachtete meine Schreiberei immer noch als nettes
Hobby. Mein erstes Buch lag nur einige Monate in den Buchhandlungen.
Als ich in eine hineinging, um mich zu erkundigen, warum der Band mit
Erzählungen nicht mehr ins Schaufenster gelegt würde, bekam ich einen
Schock: Man sagte mir, er sei ausverkauft. Einige Kritiker schrieben sehr
günstige Besprechungen des Buches, aber alle fragten sich nur das eine:
Was für eine Literatur schreibt diese Frau? So eine 'Frauenliteratur' haben
wir noch nie gelesen. Und sonst? Die Ausgabe wurde nicht neu aufgelegt,
keiner fragte, ob ich weiterhin schrieb, ob ich aufgeben würde oder Steh-

vermögen hätte. Aus Gesprächen mit meinem jungen Kollegen Miljenko Jergovic, heute ein bekannter Journalist und Schriftsteller aus Sarajevo und Zagreb, erfuhr ich, daß ich nicht die notwendigen drei Voraussetzungen mitbrachte, durch die mein Werk beachtet würde. Ich stammte nicht aus einer angesehenen Familie, hatte keine Begs als Vorfahren, ich hatte keinen Mann, der in der Politik etwas zu sagen gehabt hatte, und keinen Liebhaber in kulturellen Kreisen. Da ich diese Bedingungen nicht erfüllen konnte, begann ich einen Roman zu schreiben, in dem ich zeigen wollte, wie unsere Gesellschaft weibliche Talente erstickte und vernichtete. Ich wollte sehr drastisch schreiben, damit sich das Bewußtsein und das Gewissen bei uns wenigstens ein bißchen bewegten.

Sargon: Wenn du von den Anfängen abrückst, in denen du dich noch deinem Instinkt folgend bewegtest, begreifst du, daß du ohne diese Droge namens Poesie nicht mehr leben kannst, ohne gebundene Sprache in eigenen Formen und Bedeutungen. Vielleicht fragst du dich manchmal, warum gerade du dazu ausersehen bist, die Welt auf diese besondere Weise zu sehen, sie durch Worte zu erleben. Obwohl du wenig Zeit hast, darüber nachzudenken, ist doch eines klar: du suchst ständig nach etwas, woraus ein neues Gedicht oder eine neue Erzählung entstehen könnte. Vierzig Jahre sind seit der Veröffentlichung meines ersten Gedichtes vergangen, und ich suche noch immer.

An meinem Geburtsort bin ich zu Beginn meiner Bildungslaufbahn auch in die Kirchenschule gegangen, in der Assyrisch unterrichtet wurde. Es war die Sprache meines Vaters, und ich schrieb gern in ihr. Dann begriff ich, daß es eine sterbende Sprache war, daß nur sehr wenige Menschen diese Sprache lesen und schreiben konnten, daß das Schreiben in ihr kein Publikum finden würde. Mit der weiteren Ausbildung wurde das Arabische zur eigentlichen Sprache meines dichterischen Ausdrucks. Das ist eine wirklich wundersame Sprache, so viele Jahrhunderte alt und doch besonders zur Verjüngung befähigt, mit einer unwahrscheinlichen Kraft, die Sprache anderer Völker zu absorbieren, die in diesem Gebiet gelebt hatten und deren Kultur ausstarb. Es ist keine reine Sprache, in ihr steckt die arabische, assyrische, armenische Geschichte. Wenn wir der Herkunft mancher Worte folgen, führen sie uns nicht nur in die assyrische, sondern auch in die hebräische, syrische Kultur und sogar in die Zivilisation der Chaldäer, die einst den ganzen Mittleren Osten beherrschten. Wenn ich arabisch schreibe, habe ich das Gefühl, das Gedächtnis all dieser Völker zu öffnen, tief einzutauchen in den gewaltigen Strom der Geschichte, um wenigstens einige Worte, kleine, glänzende Stücke der Erinnerung an unsere Vorfahren, vor dem Vergessen zu bewahren. Daß ich es nicht vergesse: Das Wörterbuch der arabischen Sprache hat über zwanzig Bände, davon sind heute etwa fünf Prozent in Gebrauch. Viele alte Lexeme wurden vergessen, weil sie ihren Gebrauchswert verloren haben, aber so manches wunderbare Wort läßt sich durch die Literatur neu beleben, denn der Begriff, für den es einst stand, existiert noch. Nur daß natürlich viele Fundamentalisten diese zwanzig Bände mit der Entwicklung unserer Sprache ignorieren, sie haben nur ein einziges Buch vor Augen.

Die arabische Welt ist gespalten: in jene, die die Entstehung der Sprache mit wissenschaftlichen Methoden erklären und Freiheit anstreben, im Denken wie im Ausdruck, und in jene sprachlichen und religiösen Fundamentalisten, deren Kontemplation nur dem Koran gilt. Sie wollen beweisen, daß dieses Buch der Quell aller Beredsamkeit ist. Das kann natürlich nicht die Wahrheit sein, denn diese phantastische große Sprache bestand lange vor dem Koran, und viele Worte, die er verwendet, sind nicht arabischen Ursprungs. Arabisch zu schreiben ist eine politisch äußerst heikle Frage, denn die religiös-sprachlichen Fundamentalisten fürchten sich entsetzlich vor Veränderungen und dem Verlust ihrer Macht. Sie sind bereit, alle Gewaltmittel anzuwenden, um das zu verhindern. Daraus entwickelt sich eine Besonderheit der arabischen Länder, ein regelrechter Krieg um poetische Formen. Obwohl viele Dichter und Schriftsteller den Kampf gegen die Fundamentalisten verloren haben, bringt jede neue Generation neuen Mut und Jugend mit. Die Meister der revolutionären Veränderung haben Schüler gefunden, fähig, die Bewegung am Leben zu halten. Viele von ihnen leben heute in Europa, Amerika, Australien. Aber der Prozeß setzt sich fort.

Safeta: Zu dem 'historischen Witz', der mit den Bosniaken getrieben wird, gehört ihre Muttersprache. Sie haben von den Türken die Religion, nicht jedoch die Sprache übernommen. Obwohl offiziell türkisch gesprochen wurde, redeten die Bosniaken immer in ihrer kleinen slawischen Sprache miteinander, die im Lauf der Geschichte mehrmals ihren Namen änderte. Es ist bekannt, daß die Osmanen keine Hochschulen in ihren Provinzen eröffneten, und so mußten junge Bosniaken, die etwas lernen wollten, in die Städte an Bosporus, Nil und Tigris wandern, natürlich nur, wenn ihre

Familien genügend Dukaten hatten, um das zu finanzieren. Da es talentierte Knaben waren, beherrschten sie bald drei Fremdsprachen. Zu Gott beteten sie auf Arabisch, Verse und philosophische Traktate schrieben sie auf Arabisch oder Persisch und für den Alltag gebrauchten sie Türkisch. Kamen sie in ihre Heimat, konnten sie sich vor ihren Verwandten nicht mit dem Erreichten brüsten, denn dort verstanden nur ganz wenige Menschen diese reichen ausländischen Sprachen. Das Paradox lag darin, daß sie ihre Werke nicht in die Muttersprache übersetzen konnten, denn es gab keine Schrift für diese. Die mittelalterlichen Buchstaben, in alte Grabsteine geritzt, waren vernachlässigt und vergessen. Einige Gelehrte in Sarajevo versuchten ihre Sprache mit arabischen Zeichen zu schreiben, so entstand in Bosnien die 'Arabica' und die Alhamijaden-Literatur. Nach dem Fall des türkischen Reichs gab es mehrere Grenzen zwischen den Bosniaken und den Geistesprodukten, die ihre gelehrten Landsleute in den Städten des Orients geschaffen hatten. Sie waren von ihrer intellektuellen Vergangenheit abgeschnitten. Als dann auch noch die am besten Ausgebildeten und die Reichsten in die Türkei übersiedelten, wußten die Zurückgebliebenen nicht, wie sie die Erneuerung der Bindung an das Land beginnen sollten. Und doch war es seit Jahrhunderten die Heimat ihrer Vorfahren. Die Desorientierung vertiefte sich durch die Tatsache, daß in Bosnien keine Hochschulen eröffnet wurden. Wieder mußten bosniakische Intellektuelle fortgehen, um zu studieren, nach Wien, Zagreb oder Belgrad.

Als ich anfing zu schreiben, war serbo-kroatisch die offizielle Sprache. Die Kombination verdankt sich einer Absprache zwischen Serben und Kroaten. Die Muslime zog niemand in Betracht, obwohl sie seit langem diese Sprache sprachen und seit Ende des neunzehnten Jahrunderts in ihr auch literarische Werke geschaffen hatten. Bosnien ist faktisch die Wiege der beiden anderen Sprachen. Der Reformator des Serbischen, der Schöpfer ihres ersten Wörterbuches, Vuk Stefanovic Karadzic, schrieb: "Unsere bosnischen Brüder aller drei Bekenntnisse sprechen die korrekteste und reichste serbische Sprache." Dieses Eingeständnis war ihm eine willkommene Ausrede, um die reiche Grammatik der bosnischen Sprache für serbisch auszugeben. Er war ein Mann, der schnell dachte und reagierte. Er wußte, daß nur das, was schriftlich niedergelegt war, als Tatsache galt. In Kroatien war Deutsch durch die österreichisch-ungarische Herrschaft jahrhundertelang offizielle Sprache. Das Kroatische wurde zur gleichen Zeit

149

wie das Serbische reformiert. Ljudevit Gaj arbeitete mit Stefanovic zusammen, beide vereinbarten, daß die Grammatik des Bosnischen auch die der kroatischen Sprache sein sollte. Nur daß die Serben weiterhin kyrillisch schrieben, während die Kroaten beim lateinischen Alphabet blieben.

Während der österreichisch-ungarischen Herrschaft wurde Bosnisch in Bosnien amtlich anerkannt, aber einige bosnische Herren sagten sich von der Sprache los, ohne das Volk um seine Meinung zu fragen. Im Gegenzug bekamen sie konfisziertes Land zurück. Die Zeche für diese kurzsichtige Ignoranz zahlten spätere Generationen. Als Titos Jugoslawien parzelliert wurde, teilten Kroaten und Serben auch die Sprache. Für die Bosniaken erklärte der Rat der Intellektuellen neunzehnhundertdreiundneunzig in Sarajevo – der Krieg hatte schon begonnen – ihre Sprache heiße Bosnisch. Aber welche wissenschaftlichen Methoden man auch immer anwendet, diese drei Sprachen bleiben eine Sprache, auch wenn jene, die die politische Kleinkrämerei anführen, unermüdlich das Gegenteil behaupten.

Sargon: Ich begann sehr früh, Weltliteratur ins Arabische zu übersetzen, und überzeugte mich davon, daß man alles auf der Welt in diese Sprache transportieren kann, alle Gedanken und Bedeutungen aus anderen Sprachen. Ich habe das Gefühl, daß man das Arabische unbegrenzt erweitern kann mit neuen idiomatischen Wendungen. Wenn ich Gedichte übersetze, spreche ich nicht von Übersetzungen, sondern nenne sie 'poems after the poet'. Ich nehme das Original und überlege, wie es geklungen hätte, wäre es zuerst arabisch geschrieben worden. Wie hätte ein arabischer Dichter diesen Gedanken aufgefaßt, wie dieses Gefühl beschrieben. So schlüpft meine Vorstellungskraft in seinen Klang. Natürlich, als ich mit dem Übersetzen begann, war ich durch die Länge arabischer Verse eingeschränkt. Aber als ich neue Verse schuf, die länger waren, wirkte sich das sofort auch auf meine eigene Dichtung aus. Ich arbeitete gleichzeitig mit Tönen und mit Versen, ein Vers zog den nächsten nach sich und bekam den Rhythmus des Atems. Das gab es wegen der Metrik zuvor nicht im Arabischen.

Über meine Dichtung wurden viele Rezensionen und Kritiken geschrieben, aber es war, als bemerkten ihre Verfasser nur die materielle Ebene, das, worüber ich sprach, aber nie, daß ich diese Gedanken als Töne und Verse komponierte. Ich schreibe nie in einem Zug. Manchmal vergehen zwischen der ersten Idee und Fassung zwei, drei Jahre mit der Suche nach Wörtern mit tieferem Sinn oder anderem Klang, bis der Moment kommt, in dem jenes eindeutige 'Klick' zu hören ist, das Zeichen, daß endlich alles an seinem Platz ist, daß kein Wort mehr über ein anderes stolpert. In meinem Gepäck liegen immer ein paar hundert Blätter mit ersten, zweiten, dritten Versionen. Ich weiß nie, welche dieser zahlreichen Variationen ich nach abschließendem Ziselieren in einem Gedicht zusammenfasse. Die Sprache der Poesie und die der Prosa sind für mich zwei Welten. In der Dichtung zählt jeder Laut, und deswegen muß man mit Sprache sehr präzise und ökonomisch umgehen. Gerade das Arabische ist voller Verzierungen und überflüssiger Worte. Meine 'Schattendame' und ich treffen uns meistens in der Nacht. Ihr zuliebe schufte ich im Sprachstollen auf Nachtschicht, und die flüchtigen Augenblicke des Übergangs von der Nacht zum Tag sind oft Momente, in denen ich aus dem Erzhaufen jene Substanz berge, aus der die vollendete Form, der vollendete Klang eines Gedichts entsteht.

Safeta: Vor kurzem habe ich in mein erstes Buch geguckt, das 1987 in Sarajevo erschien, und erst da ist mir bewußt geworden, welchen Weg ich seitdem in meinem sprachlichen Ausdruck zurückgelegt habe. Ich erinnere mich, daß mich damals handwerkliche Probleme und das, was ich sagen wollte, viel mehr beschäftigten, als daß ich mich um einen schöneren Ausdruck bemüht hätte. Damals war ich von journalistischem Schreibstil und dem Stil meines Mentors beeinflußt, dessen Prosakonstrukte immer an Fischgräten erinnerten. Heute würde ich meine ersten Erzählungen gern anders schreiben, aber wozu, sie sollen bleiben, wie sie sind, des Vergleichs wegen.

Ich muß zugeben, daß ich mich mit meinem ersten Roman 'Na jednoj od bosanskih gozbi' (wörtlich 'Auf einem der bosnischen Gastmahle', deutsch unter dem Titel 'Rache und Illusion. Ein bosnisches Gastmahl') furchtbar schwertat, ich habe wohl vier oder fünf Fassungen geschrieben. Das Thema verleitete mich, pathetisch zu werden. Ich wollte beschreiben, wie unsere politische Wirklichkeit jede, insbesondere jede weibliche Individualität erstickt, aber da der Nationalismus um mich herum immer vernehmlicher aufheulte, trug ich alle Ängste und schwarzen Ahnungen in dieses Buch. Ich probierte und probierte, bis ich nach einigen Jahren entdeckte, daß die Glaubwürdigkeit sich leichter herstellen ließ, wenn ich mich mit Ironie und Sarkasmus vom Stoff distanzierte. Aber bevor ich über diese Neuerung in meiner Prosa nachdenken konnte, bevor ich das Erreichte ganz entfalten konnte, verwandelte sich das Heulen des Nationalismus in Krieg, und ich war mehrere Jahre lang gezwungen, eine Schreibpause einzulegen.

Ich saß erst wieder am Schreibtisch, als ich die deutsche Literatursprache bereits gut beherrschte. Schon nach den ersten Seiten merkte ich, daß sich ein unglaublicher Umbruch ereignet hatte. Das gründliche Erlernen der fremden Sprache hatte in meinem Kopf die Tresore mit den Worten meiner eigenen Sprache geöffnet, die Bedeutung eines jeden einzelnen enthüllt. Ich schreibe jetzt unverkrampfter, Wortspiele, Ironie und Sarkasmus haben sich vertieft. Es ermüdet mich nicht mehr, wenn ich eine Seite mehrmals überarbeite. Ich weiß nun, daß ich am Ende das richtige Wort und den ökonomischsten, präzisesten Ausdruck finde ohne überflüssige Schnörkel und Details. Wenn demnächst das Wörterbuch meiner kleinen slawischen Sprache abgeschlossen sein wird, wird es sicher keine zwanzig Bände umfassen. Aber das Bosnische ist eine vollentwickelte Sprache, ich kann in ihr alles ausdrücken und alles, was ich will, in sie übersetzen. Auch wenn mir Deutsch inzwischen nahesteht, werde ich sicher nicht in dieser Sprache schreiben. Auch das Schreiben in Bosnisch ist eine sehr komplexe politische Frage. Es geht um Sein oder Nichtsein der kleinen bosniakischen Nation.

Vor Sargons Abreise aus Schöppingen

(Ende Mai 1998)

Begegnung der Kulturen war eindrucksvoll in Szene gesetzt

kfd und Künstlerdorf spannten zum Tag der Deutschen Einheit weiten Bogen

SCHÖPPINGEN — Einen weiten Bogen spannten kfd und Künstlerdorf Schöppingen bei der diesjährigen Veranstaltung anläßlich des „Tag der Deutschen Einheit" am Einheitstag abend. Nicht nur die Einheit des eigenen Landes stand im Blickpunkt, sondern, wie Bürgermeister Hubert Rossmann zu Beginn betonte, die Einheit aller Menschen überhaupt. Ein weiter Bogen, der sich da mehr an, als eine Schriftstellerin aus dem Balkan gesprochen habe, die als Exilautorin in Deutschland und derzeit als Stipendiatin im Künstlerdorf lebt. Einen Abend lang Kultur von Frauen vorgetragen, das sei die Idee hinter der Kooperation gewesen, erklärte Hildegard Schulze Döiping im Namen der kfd.

Gemeinsam mit Sabine Voss präsentierte Safeta Obhodjas ein interessantes und vielseitiges Programm aus Wort, Musik und Klang, musikalisch unterstützt von Knut Knackstedt. Der junge Musiker setzte mit verschiedenen Percussionsinstrumenten Akzente zwischen den Texten der beiden Schriftstellerinnen.

„Berührung der Kulturen" lautete das Thema, in das Safeta Obhodjas kurz mit zeitgeschichtlichen Erklärungen einführte. Eine Landkarte des ehemaligen Jugoslawien zeigte einen dicken schwarzen Fleck auf der Grenze zwischen Kroatien und Bosnien. Hier, so die gebürtige Bosnierin, stießen immer schon zwei Welten aufeinander, das österreichisch-deutsch geprägte Kroatien und die orientalische-türkisch-bosnische Einflußbereich. Aus diesem Gegensatz lebt die bosnische Kultur, die oft auch deutsche Künstler anzug: Mozart etwa habe ebenso wie viele andere Ausflüge in diese Welt gemacht, was seinen Niederschlag auch in seiner Musik fand. Daß es schon früh Berührschen und der orientalischen Kultur gegeben habe, erläuterte Safeta Obhodjas an der Ballade „Klaggesang", der ein Begebenheit aus dem 18. Jahrhundert beschreibt. Hassan Aga, der in einem Gefecht verwundet wurde, verstößt seine Frau, weil diese ihn nicht am Krankenlager besuchte. Das war ihr aber laut Etikette verboten, ein Dilemma, das wahrhaft tragisch endete.

Diese Ballade in der „orientalischen Sprache", von Safeta Obhodjas die ursprünglich nicht an zunennende kroatisch-serbisch-bosnische Sprache ihrer Heimat nennt, kam in einer italienischen Übersetzung Goethe zu Gehör, der sie 1774 ins Deutsche übersetzte. Eindrucksvoll trug Sabine Voss die Ballade in Deutsch vor, Safeta Obhodjas noch einmal in ihrer Muttersprache. Auch anderherum funktionierte die kulturelle Grenzüberschreitung: Heinrich Heines „Dichtung der Asra", hundert Jahre nach Goethe Übersetzung entstanden, wurde zum bosnischen Volkslied. Eine Kassettenaufnahme ließ das Lied in einer ganzen Bosnien hörbar werden, „Sultan Sultantochter. Liebe – das paßte gut zu den Krankentagen", erklärte Frau Obhodjas augenzwinkernd, wie sie überhaupt ihren Vortrag lebendig und humorvoll gestaltete.

Eigene Texte, die an die Kindheit erinnert werden möchte: auf Erinnerungen an die Kindheit befaßten, trugen die beiden Schriftstellerinnen danach vor. Hier wurden kulturelle Unterschiede deutlich. Auf die einen Seite sprach die Deutsche von ihrer Familie, der Mutter, den zunehmend nur noch ihre Töpfe zählt, dem Bruder, der nicht gern noch einmal in ihrer Muttersprache. Auch anderherum funktionierte die kulturelle Grenzüberschreitung: Heinrich Heines „Dichtung der Asra", hundert Jahre nach Goethe Übersetzung entstanden, wurde zum bosnischen Volkslied. Eine Kassettenaufnahme der anderen Seite die bosnische Muslimin, die als Heldin des Romans „Scheherezade" im Winterland" unversehens mit den sozio-kulturellen Fallstricken einer gespaltenen Gesellschaft konfrontiert wird. Die Schlagzeug-, Trommel- und Klanghölztöne der Improvisationen Knut Knackstedts schufen Zäsuren zwischen den persönlichen Texten, nahmen Stimmungen auf und sorgten für erfrischende Abwechslung. Das begeisterte Publikum forderte denn auch eine Zugabe von dem begabten Trommler.

Ursula Siegers

Safeta Obhodjas, Sabine Voß und Knut Knackstedt gestalteten einen eindrucksvollen Abend zur „Begegnung der Kulturen" im Hof der Literaten. *Foto: vs*

Safeta Obhodjas veranstaltet mit ihren Kollegen 1998 in Schöppingen eine Begegnung der Kulturen

Safeta: In diesem Land wird es nie Frühling. Dauernd Regen, Regen. Es ist schon Ende Mai, und wir haben die Sonne noch nicht gesehen. Heute hat es sich ein bißchen aufgeheitert, also bin ich sofort zu einem Spaziergang aufgebrochen, habe aber den Regenschirm vergessen. Der Schauer hat mich auf halbem Weg erwischt, ich bin völlig durchnäßt zurückgekommen.

Sargon: Wenn du dich nach Sonne sehnst, fahr mit mir nach Jordanien zu dem Kulturfestival. Es findet im heißesten Sommermonat statt, im August. Ich verspreche dir, jeder Tag wird sonnig sein.

Safeta: Zum dritten Mal erwähnst du dieses Festival schon. Was wird da aufgeführt, was passiert da?

Sargon: Es ist ein internationales Festival. Dieses Jahr treten Folklore-Gruppen aus verschiedenen Teilen Europas, aus Tschechien, der Slowakei und Jugoslawien auf, wahrscheinlich aus diesem neuen kleinen Jugoslawien. In Amman gibt es eine römische Ruine, die in eine Sommerbühne verwandelt wird. Dieses Jahr werden Vorstellungen aus verschiedenen Ecken der Erde gegeben. Außerdem gibt es einen Dichtermarathon, nicht nur in Amman. Mit der Poesie gastieren wir in mehreren jordanischen Städten.

Safeta: Aber wer ist der Veranstalter, wer hat dich eingeladen?

Sargon: Dieses Jahr ist die Gattin des jordanischen Königs Hassan die Schirmherrin, Königin Nur. Meine Einladung trägt ihre Unterschrift. Ich zerbreche mir schon seit drei Tagen den Kopf über meine Antwort. Ich habe noch nie mit einer Königin korrespondiert.

Safeta: Gehst du wegen der Poesie oder wegen der Königin hin?

Sargon: Wegen beidem. Von Zeit zu Zeit brauche ich den Duft des Orients, die Melodie der reinen arabischen Sprache. Und Königin Nur ist eine Person, die Achtung verdient.

Safeta: Ich habe in deutschen Zeitungen gelesen, daß sie in Amerika aufwuchs und studierte.

Sargon: Und sie ist eine sehr engagierte orientalische Königin geworden.

Safeta: Das kann ich mir nur schwer vorstellen. Wo engagiert sie sich denn?

Sargon: In Dingen, die ihr als Frau möglich sind, Kultur, humanitäre Hilfe.

Safeta: Wird sie auf dem Festival sein? Wird sie einen Empfang für die Teilnehmer geben?

Sargon: Sie wird sicher eine Rede halten und uns für die Teilnahme danken. Vielleicht werde ich mich persönlich mit ihr unterhalten.

Safeta: Das glaube ich dir nicht.

Sargon: Ich bring dir den Beweis, ein Bild mit der Königin.

Safeta: Mit einem Bild kann ich nichts anfangen, bring etwas Konkretes. Vielleicht ist sie eine Königin, die gern Geschenke macht. Sag ihr, in einem deutschen Künstlerdorf halte sich eine Schriftstellerin aus Bosnien auf, deren Inspirationsquellen in letzter Zeit ein wenig ausgetrocknet sind. Sie habe geträumt, sie würden wieder lebhafter sprudeln, wenn ihr die jordanische Königin ein Armband schenken würde.

Sargon: Sie wird es dir senden. Ihre Hoheit hat viel Verständnis für Künstler.

Safeta: Ich glaub' dir nicht. Sobald du die schöne Königin siehst, vergißt du dein Versprechen.

Sargon: Dann komm doch mit und frag sie selbst.

Safeta: Nein, es ist zu spät, ich habe mich nicht für das Festival angemeldet und keine Einladung bekommen, niemand kennt mich dort. Dabei würde ich so gern diese orientalische Atmosphäre erleben.

Sargon: Dann lade ich dich ein, mich nächstes Jahr nach Marokko zu begleiten, nach Marrakesch. Du kannst dir die Stadt nicht vorstellen. Ein Platz quirlt Tag und Nacht vor Leben. Und erst während des Festivals. Derwische durchstechen sich mit Nadeln und Säbeln, Bauchtänzerinnen, Schlangen, die sich nach Flötentönen winden. Ich verspreche dir...

Safeta: Esel, verreck nicht vor dem grünen Gras.

Sargon: Was sagst du da, das verstehe ich nicht. War das bosnisch?

Safeta: Ja, das ist ein bosnisches Sprichwort. Es gab mal einen Mann bei uns, der hatte einen Esel, hatte aber im Sommer nicht genug Heu für ihn geerntet. Natürlich hungerte das arme Tier bald, und sein Besitzer bat es, sich zu gedulden. Bald käme der Frühling und mit ihm würde wieder frisches Gras wachsen. Daraus wurde ein Sprichwort für die, die leere Versprechungen machen: krepier jetzt nicht, bald wird die Wiese wieder grün.

Sargon: Ich weiß nicht, warum es dir so unglaubwürdig erscheint. Bis jetzt habe ich doch jedes Versprechen gehalten. Überleg besser schon mal, wie du dich für das Festival zurechtmachst.

Safeta: Zurechtmachen? Davon verstehe ich nichts. Hast du einen Tip?

Sargon: Wenn wir nach Marrakesch kommen, kaufst du dir zuerst im Basar eine glänzende Stola und Kopfschmuck. Das Armband der Königin hast du schon, also suchen wir noch goldene Reifen für die Beine. Ihr Klirren bei jedem Schritt übt eine geheimnisvolle Macht aus.

Safeta: Ist das alles?

Sargon: Nein! Wo bleibt deine Phantasie? Du könntest dir selbst ausdenken, was du noch brauchst.

Safeta: Einen betörenden Duft?

Sargon: Nicht nur das. Komm, überleg mal, wie würdest du eine Prinzessin aus tausendundeiner Nacht beschreiben?

Safeta: Naja, ich müßte mir die Fußnägel mit Henna färben und eine dicke Schicht Kajal um die Augen legen.

Sargon: Das wär dann in etwa alles. Jetzt schau dich im Spiegel an, wie es dir steht.

Safeta: Besser nicht. Es ist nicht zum Ausdenken. Ich weiß, daß die Tracht orientalischer Schönheiten zu meinem slawischen Typ mit weißer Haut und blauen Augen ungefähr so gut paßt wie Unterhosen zu einem Frosch.

Sargon: Wieder so ein bosnisches Sprichwort.

Safeta: Klar, wir haben Sprichwörter für jede Lebenslage. Die Einladung zum Festival, die Armreifen der Königin, goldene Kleider, alles zusammen Versprechungen – verrückte Freude.

Das Leben im Schatten von Königen, Diktatoren und fliegenden Festungen

(In Amman)

Als wir uns im Frühjahr 1998 kennenlernten, neigte sich Sargons Aufenthalt im Künstlerdorf Schöppingen dem Ende zu; nach mehr als einem Jahr mußte er den Ort seines freiwilligen Exils endlich aufgeben und einigen Einladungen folgen, die ihn fortlockten in die Welt seiner Kollegen und Leser. Während unseres nachmittäglichen Kaffees erzählte er mir von den geplanten Reisen, erwähnte London, Paris und Amman, aber aus seinem Tonfall und dem Gesichtsausdruck schloß ich, daß er mehr mit sich selbst als mit mir redete, wie um sich davon zu überzeugen, daß er unbedingt reisen wolle. Es hörte sich fast so an, als wolle er sich auf die erneute Konfrontation mit der Wirklichkeit seelisch einstimmen. Schließlich hatte er sich für einige Zeit aus ihr ausgeklinkt. "What can I do? Go to Paris or to London, to London or to Paris?" Aber dieser psychischen Konditionierung folgten keine Taten. Sein Freund aus Köln Khalid al Maalay half ihm schließlich, am Tag seiner Abfahrt, beim Sortieren und Packen. Während ich ihnen zusah, wie sie die Koffer aus dem Apartment trugen, mußte ich wieder an Vesna Parun denken, an ihre zwei Bündel und die Frage, wohin jetzt. Angst und Schrecken packten mich, war das mein Schicksal, sollte mein Mann am Ende recht behalten?

Wir verabschiedeten uns, er beneidete mich, weil ich in Schöppingen blieb, ich ihn für seine so herrlich weiten Reisen.

Als wir uns fünf Monate später wieder im Künstlerdorf trafen, diesmal in der Absicht, unser gemeinsames Projekt durchzuführen, erfuhr ich als erstes, daß seine Reise nach Jordanien ihm schwer zu schaffen machte. Er brachte mir folgende Geschichte mit.

Die Mitglieder von Sargons Familie hatten sich in die Welt zerstreut. Mutter, Schwester und der jüngere Bruder waren schon lange in Amerika, die andere Schwester mit ihren Kindern in der Schweiz. Der ältere Bruder

Sargon Boulus mit seinen Verwandten während seines Bagdadbesuchs 1986

wollte den Irak nicht verlassen. Er hatte in der Heimat ein Geschäft aufgebaut. Der Verdienst war nicht riesig, reichte aber, um ein Haus zu bauen und seiner Familie ein anständiges Leben zu bieten. Seine Kinder waren sehr begabt, die Tochter studierte, die Söhne beschäftigten sich mit Musik. Dann kamen die amerikanischen Sanktionen gegen Saddam, innerhalb von ein, zwei Jahren gab es weder Arbeit noch Einkommen mehr, die Familie konnte nicht mehr überleben. Die zwei älteren Söhne fanden auf der Flucht vor dem Militärdienst und dem Elend den Weg in zwei europäische Staaten. Sargons Bruder brach mit seinen drei kleineren Kindern einfach auf. Er wollte so weit wie möglich von dem Land weg, in dem man nicht mal mehr von einem Tag zum nächsten überleben konnte. Aber er schaffte es nur bis Amman. Die Familie ging in dem Meer irakischer Flüchtlinge dort unter. Die Stadt war ein riesiger Wartesaal für Menschen geworden, die weder vor noch zurück konnten.

Als er dort eintraf, dachte der Dichter, er würde die fünfzehn Festivaltage nicht durchstehen. Gewöhnt an den Schatten und den trüben deutschen Himmel, war ihm das starke Sonnenlicht fast unerträglich, der grelle Widerschein der Steine und der weißen Wände, die Wüstentemperaturen. Nach zwei, drei Tagen hatte er sich soweit eingewöhnt, daß er seine beruflichen und familiären Pflichten wahrnehmen konnte. Zuerst wohnte er wie die anderen Festivalteilnehmer in einem feinen Hotel. Nachdem der große internationale Kulturaustausch beendet war, mietete er ein Haus, das für

158

alle Verwandten und Freunde genug Platz bot. Es waren viele, alle wollten ihren Landsmann sehen, der es in dieser fremden, ihnen unerreichbaren Welt zu etwas gebracht hatte.

Die Gebäude in jenem Stadtteil von Amman hatte ein merkwürdiger Architekt geplant: jedes stand auf einem hohen Betonsockel, zu dem man nur über eine hohe, steile Treppe gelangen konnte. Ebensolche Treppen verbanden es mit den Nachbarebenen und der Straße. Wo immer du hinwillst, du mußt Hunderte von Treppenstufen steigen durch die glühende Sonne. In diesem Beton überlebt kaum ein krüppeliger Baum. Er findet hier keinen Schutz vor der Sonne. Auch sonst gibt es kein Grün, keinen Grashalm, keinen Busch. Das größte Problem der Bewohner dieses Stadtteils von Amman ist das Wasser. Jordanien hat ohnehin keinen Fluß, und Bohrungen zu unterirdischen Reservoirs sind teuer und langwierig. Diesen Sommer gelangten irgendwie Abwässer aus Israel in die Leitungen. Trinkwasser und Wasser zum Kochen wurde aus Syrien und dem Irak hergebracht und in Kanistern verkauft. Aber es war so teuer, daß es sich nur wenige leisten konnten.

Sargon traf zum ersten Mal die schon erwachsenen Kinder seines Bruders. Einst in Amerika hatte er Neuigkeiten von Nichten gehört, daß sie in die Schule gingen, Kunst studierten, daß sich ihnen trotz allem die Möglichkeit zu einem etwas anderen Leben bot, als es die Sitten und Traditionen des Orients vorschrieben. Hätten die Politik und die Grauköpfe, die in den diversen Gremien der Welt sitzen, nicht entschieden, aus diesem Land ein Ghetto für Millionen Menschen zu machen, hätten die jungen Frauen vielleicht etwas aus ihren Fähigkeiten schaffen können. Vielleicht hätten sie geheiratet und versucht, zwischen ihrem Wunsch nach Selbstverwirklichung und familiären Verpflichtungen ein Gleichgewicht zu schaffen. Vielleicht hätte ihre Generation Chancen gehabt, ein paar Veränderungen in die Gesellschaft zu tragen. Mit dem Wunsch, diesen einen Mann zu bekämpfen, haben die Weltpolitiker Generationen vernichtet. Seit der Abreise aus der Heimat blieb den jungen Frauen nichts anderes übrig, als im jordanischen Exil auszuharren und mühselige Arbeit zu verrichten.

So sah ihr Alltag aus, Warten und Arbeiten. Es gab keine gesellschaftlichen Kontakte oder irgendeinen sozialen Status. Nichts. Die ganze Familie lebte in einem engen Apartment. Sargons Bruder und die Mehrheit der Männer füllten ihre Zeit, indem sie in Tee- und Kaffeestuben saßen und absurde Witze erzählten. Man sammelte Witze, je absurder, desto interessanter, als ersetzten sie das gesellschaftliche Leben. Der Sohn lebte in der Welt der Musik. Als Junge wurde er von der irakischen Polizei gefoltert. Er war nicht in der Lage, an etwas anderes als an arabische Volkslieder zu denken. Er träumte davon, als Disc-Jockey zu arbeiten. Wo es eine Disco gab, in der er arbeiten könnte, wußte er nicht, aber er kannte die Namen von Dutzenden von Sängern und Hunderte von Titeln ihrer Lieder. Den ganzen Tag wechselte er die Cassetten im Cassettenrecorder, das war seine Arbeit.

Auch wenn Sargons Nichten mit dreißig und fünfundzwanzig Jahren nach orientalischer Sitte längst schon überfällig waren, hatte sich noch niemand gefunden, den sie hätten ehelichen wollen. Hier heiraten, unter diesen Umständen? Alles wäre beim alten geblieben, denn in ihrem Umkreis gab es keine Männer, die mehr besaßen als sie selbst. Sie hatten ja noch Glück, lebten von den Überweisungen ihrer Verwandten in Amerika und dem, was sie mit dem Putzen bei reichen Jordanierinnen verdienten. Der einzige Traum, den sie noch hatten, war fortzugehen. Aber wie und wohin?

Die Ankunft ihres Onkels, von dem sie bis dahin nur gehört und ab und zu ein Bild in der Zeitung gesehen hatten, war das größte Erlebnis, seit sie im Exil lebten. Sie merkten, daß er anders war als alle anderen Männer, die sie bisher kennengelernt hatten, und verliebten sich sofort in ihn. Mit ihm gingen sie zum ersten Mal im Leben zu einer Lesung, zu einer Theatervorstellung. Er brachte sie in Berührung mit einer Welt, von der sie nicht einmal gewußt hatten, daß es sie gab.

Als seine Festivalpflichten hinter ihm lagen, hatte er mehr Zeit für sie. Nach der Arbeit kamen sie zu ihm. Manchmal nahm er sie mit zu einem Bummel auf dem wichtigsten Platz von Amman, lud sie an der Promenade auf einen Kaffee oder ein Eis ein. Blieben sie zu Hause, wichen sie nicht von seiner Seite, saßen neben ihm auf dem Boden, wo es ein wenig kühler war, und lauschten, lauschten, lauschten. Er erzählte von seinem Leben in Amerika, von seinen Reisen durch die Welt, wie er sich einen Namen in der Literatur gemacht hatte, von Freunden und Kollegen, von seinem Schicksal als heimatloser Dichter. Dann brachte er ein bißchen Geduld für ihre Geschichten auf. Sie redeten darüber, wie schwer ihnen die Arbeit fiel, daß sie zehn Stunden täglich arbeiteten und sich mit ein paar Dinar zufriedengeben mußten, nur weil sie Flüchtlinge aus dem Irak waren. Das Geld bekamen sie auch nur, wenn der Boß Lust hatte, sie zu bezahlen. Die erniedrigende Arbeit und der karge Verdienst waren die geringere Last, schwerer wogen die sadistischen alten Frauen, die ihre Arbeit überwachten. Sie waren dankbar, daß er ihnen zuhörte, daß er sie verstand.

Sie wetteiferten, welche ihm mehr zu Diensten war. Noch bevor er einen Wunsch äußerte, hatten sie ihm schon einen Kaffee eingegossen und zur Seite gestellt oder Saft oder Arak, oder das Essen serviert, die Kleider gewaschen und gebügelt. Sie kauften ihm sogar, wenn sie von der Arbeit kamen, kleine Geschenke. "Laßt doch", sagte er zu ihnen, "ich tauge nicht für weibliche Aufmerksamkeit, was ich brauche, nehme ich mir selbst."

Umsonst, sie bemühten sich, in seinen Blicken seine Wünsche zu erraten.

*

Ich betrachtete die Fotos der Mädchen: auf dem Gesicht der älteren, der ehemaligen Kunststudentin von Bagdad, Trauer, fast Hoffnungslosigkeit.

"Nein", hatte sie dem Onkel geantwortet, als er sie überreden wollte, wieder zu malen. "Ich kann nicht, für wen und wofür. Hier leben Menschen, die mich nur auslachen würden."

"Arbeite für dich, nicht für die anderen, vielleicht ergibt sich eine Gelegenheit."

"Nein, hier nicht, ich fang wieder an, wenn ich weggehe." Ihr schien, daß sie an einem anderen Ort ihre Begabung wiederfinden würde und Leinwände mit Farben bedecken könnte. Nur nicht hier!

Die Fotografien der jüngeren Schwester hätte man auf eine Ausstellung zum Thema Haare schicken können. Diese Haare, geflochten oder offen, reichte ihr fast bis zu den Knien, dunkel, glänzend, gepflegt. Sargon war einmal ins Fettnäpfchen getreten, weil er fragte, wie sie es bei diesem Wassermangel überhaupt waschen könne, warum sie es nicht abschneide, das wäre doch einfacher. Das Mädchen war verletzt und weinte lange. War es möglich, daß jemand, den sie so mochte, das einzige Schöne und Wertvolle, das sie besaß, ihr Haar, nicht liebte? Ich hätte gern auf meine Art die Geschichte dieses Mädchens erzählt.

In diesem irakisch-jordanischen Wartesaal gab es Tausende von Frauen. Ungefähr ein Drittel war verheiratet. Sie führten täglich denselben Kampf: wie genug Essen für die Familie beschaffen, wie es mit wenig Wasser waschen und zubereiten? Sie hatten sich die Fähigkeit angeeignet, aus Sägemehl Brot zu backen. Damit konnten sie nicht die Kinder ernähren, hatten aber wenigstens das Gefühl, etwas zu tun. Die anderen zwei Drittel träumten von ihrer Hochzeit, nicht einer real erreichbaren, sondern von der Heirat mit einem Mann, der sich um sie und die Kinder, die sie gebären würden, kümmern konnte. Für viele Irakerinnen war das in der Heimat unerreichbar. Wie in anderen Staaten, aus denen man wegen des Regimes, eines Krieges, Terrors, Arbeitslosigkeit flieht, so auch im Irak – meistens fliehen die jungen Männer. Entweder fallen sie im Krieg oder werden in den Gefängnissen vergessen. Und die, die noch frei sind, laden sich nicht gern familiäre Pflichten auf den Hals, von ihrer Arbeitslosigkeit können sie nicht einmal eine, geschweige denn die vier nach dem Koran großzügig gestatteten Frauen ernähren. Außerdem würden sie sich mit der Gründung einer Familie von ihrem Traum verabschieden: fortgehen. Sie glauben, es wäre leichter, allein und frei die erste sich bietende Gelegenheit zu ergreifen. Und die jungen Frauen erwarten auch nichts mehr von ihnen. Sie wissen schon, daß die ihnen nichts bieten können, und deswegen hoffen sie auf einen, der von weither kommt und ihnen 'bestimmt' ist. Im Irak war selbst diese Hoffnung vergebens, denn dorthin verirrte sich keiner aus der weiten Welt. In Jordanien traf man trotz allem den einen oder anderen, viele Amerikaner arabischer oder assyrischer Herkunft kamen geschäftlich oder zum Urlaub oder um Verwandte zu besuchen. Man konnte unverhofft auf der Straße, in einem Geschäft, bei den Nachbarn einen treffen, der gerade auf der Suche nach einer frommen, ehrbaren, ordentlichen Frau war. Die Gelegenheiten waren selten und die Konkurrenz der auf ihr Glück und den ihnen bestimmten Bräutigam wartenden Frauen riesengroß. Vielleicht pflegte und kämmte dieses Mädchen gerade deswegen, trotz des Wassermangels, ihr Haar, etwas, das nur ihr eigen war, etwas, das sie aus der Masse junger Frauen mit ähnlichem Schicksal heraushob.

Vom Onkel hatte sie Lob erwartet, Bewunderung für ihre Haarpracht, sie wollte in seinen Augen die Bestätigung ablesen, daß sie sich von den anderen Mädchen unterschied. Und er fragte, ob das Haar nicht lästig sei, ob sie es ohne nicht leichter hätte. Er begriff nicht, warum sie weinte.

Ich sehe mir die Fotografien an: Sargon sitzt im Sessel, seine Nichten auf der Lehne, auf jedem Bild legen sie ihre Arme um seinen Hals. Ich frage mich, welche Wüste für sie seine Abreise aus Amman hinterlassen hat.

Man weiß, daß die Bosniaken den Islam von den Türken annahmen, aber ihr Familienleben unterschied sich erheblich von dem der Türken. Der

Begriff Harem war in Bosnien beispielsweise unbekannt. Es kam selten vor, daß Männer zwei oder mehr Frauen hatten. Die Kinder von Schwestern und Brüdern verhielten sich untereinander selbst wie Geschwister. Ehen zwischen entfernten Verwandten waren nicht erlaubt. Sobald ein älteres Familienmitglied auf eine verwandtschaftliche Verbindung hinwies, hörte die Brautwerbung sofort auf. Auch wenn gelegentlich Ehen gemäß der Wahl und Erlaubnis der Eltern geschlossen wurden, wählten häufig die Jungen ihren Lebenspartner. Es kam vor, daß ein junger Mann ein Mädchen gegen ihren Willen zwang, ihn zu heiraten, aber der Brautkauf war in Bosnien unbekannt. Ein Sprichwort drückt das Schicksal der Frauen am besten aus: Solange ich bei den Eltern lebte, war ich die Königin. Als ich verlobt war, wurde ich Prinzessin, und nach der Heirat fiel ich in Knechtschaft. Und tatsächlich, Mädchen wurden von ihren Familien oft genauso wie die Söhne behandelt. Aber in der Familie ihres Gatten mußten sie sich ihr Ansehen wieder von Null aufbauen, was oft genug eine harte Prüfung bedeutete, besonders wenn sie in der Familie auf Schwiegermutter, Schwägerin und Schwester trafen. Frauen verzeihen Frauen keine Fehler, sie finden sogar welche, wenn es gar keine gibt.

Seit Jahrhunderten wiederholt sich das Szenario: Die Hälfte der männlichen Bevölkerung fällt im Krieg, die Frauen retten, was zu retten ist. Umihana, Uma oder Cuvidina, eine Frau, die als erste bosnische Dichterin gilt, hat Gedichte in episch-lyrischer Form geschrieben. Von einigen sind Bruchstücke erhalten, zwei wurden ganz überliefert. In allen spricht sie von ihrer verlorenen Liebe. Anfang des neunzehnten Jahrhunderts schickten die Osmanen ganze Bataillone bosniakischer junger Männer in den Kampf gegen die aufständischen Serben in Serbien. Unter ihnen war der Verlobte der schönen Umihane, der Soldat – Camdzi – Mujo. Nun, dieser Mujo ließ sein Leben irgendwo jenseits der Drina, und die junge Frau verfaßte in ihrer Trauer Gedichte. In einem beschreibt sie unter der Überschrift 'Lijepa Uma i Camdzi Mujo' (Die schöne Uma und der Soldat Mujo) den Tod ihres Liebsten. In ihrer Phantasie malte sie sich aus, daß er, durchbohrt vom feindlichen Säbel, nicht den mütterlichen, sondern ihren Namen rief: "Allah mein, meine liebe Uma". Sie heiratete niemals, sondern trauerte bis zu ihrem Tod um ihn.

Umihane konnte im Schutz ihrer reichen Begfamilie trauern, solange sie wollte. Viele andere Frauen hatten dieses Glück nicht. Zogen ihre Männer zu Kriegsschauplätzen in der fernen russischen Steppe, arabischen Wüste oder zu den Festungswällen in Galizien, mußten sie mit Armut und einer Kinderschar, die durchgefüttert werden wollte, fertig werden. Bosnien war ein kleines und armes Land, aber dort wurden die meisten Kinder geboren. Das nutzten diverse Beamte des Sultans geschickt: Wann immer ihnen Köpfe hinter den Fahnen fehlten, wußten sie, wo sie welche finden konnten, in den bosnischen Kleinstädten.

Nach dem großen Aderlaß männlichen Blutes in den zwanziger Jahren des 20. Jahrhunderts lockerten sich für die bosnische Frau zum ersten Mal die Bande der Tradition, in denen sie bis dahin gelebt hatte. Österreich-Ungarn hatte alle jungen Bosnier nach Galizien oder an die Piave, den Grenzfluß zu Italien, geschickt. Die Mädchen blieben und sangen: 'Galizien weit und breit, hast dir genug Burschen einverleibt'. Das Reich verlor den Krieg und zerfiel. Von ihm konnte, nachdem das Königreich Jugoslawien die Macht übernommen hatte, nicht erwartet werden, daß es für die armen Kinder sorgte, deren Väter und Brüder in den Tod geschickt worden waren. Angesehene Bürger Sarajevos und geistliche Würdenträger, insbesondere Rais Efendi Causevic, erkannten, daß nach den Alten auch der Nachwuchs umkam, wenn nicht etwas passierte. Deswegen gewährten sie den Frauen die Erlaubnis, sich aus dem Schutz ihres Hauses hinauszubegeben und Arbeit zu suchen, um ihre Kinder zu ernähren.

So öffnete sich die Tür zu dem bis dahin fest verschlossenen Käfig der Traditionen und Gebräuche. Es gab immer Arbeiten, mit denen Frauen ein bißchen Geld verdienen konnten, in Teppich- oder Strumpffabriken, in kleinen Werkstätten mit Handarbeit, im Dienst reicher Haushalte. Damals übernahmen die Frauen auch die finanzielle Verantwortung für die Familie. Bessergestellte Häuser, besonders in den Städten Sarajevo, Mostar und Banja Luka, schickten ihre Töchter immer öfter in die Schule. Natürlich hatten Väter oder Brüder das letzte Wort. Die Verbote wurden zuerst da aufgehoben, wo diese männlichen Familienmitglieder hochgebildet waren.

Nach dem zweiten Weltkrieg wiederholte sich das Bild. An manchen Orten gab es so gut wie keinen erwachsenen Mann. Die Frauen übernahmen die Arbeit, die Kommunisten sammelten sie in Arbeitsbrigaden und schickte sie zu diversen Fortbildungen. Ein Gesetz verbot Gesichts- und Ganzkörperschleier. Meine Schwiegermutter erzählte oft, das sei das Beste gewesen, was sie je getan hätten. "Es gibt nichts Schlimmeres, als die

Bosnische Mädchen, Musliminnen, 1936 in Banjaluka. Eine Klasse der Haushaltsschule.

Gegend aus diesem schwarzen Käfig anzuschauen", wiederholte sie häufig. Die Zeit verstrich, und die Menschen in Jugoslawien gewöhnten sich an die andere Lebensweise und den Atheismus. Aber die Familien standen ständig wirtschaftlich unter Druck, jetzt reichte das Einkommen des Mannes nicht aus, um zu überleben. Daß Frauen eine Ausbildung hatten und arbeiten gingen, war normal. Auch wenn sie heirateten und Kinder bekamen, verließen sie ihre Arbeitsstelle nicht, sie mußten einfach dazuverdienen. Die Kinderbetreuung wurde auf unterschiedlichen Wegen organisiert: Verwandte, Omas und Opas, Nachbarinnen, Krippen, Horte. Ich habe meine eigenen Erfahrungen mit einem Leben mit Zwei- und Dreifachbelastung. Der Arbeitstag dauerte oft sechzehn Stunden. Das bosnische Sprichwort – "Nur eine Ecke des Hauses steht auf der Erde, die anderen drei ruhen auf der Frau" – wurde wie gottgegeben hingenommen.

Wahrscheinlich hatten die jugoslawischen Militärstrategen das im Hinterkopf, als sie die bosnischen Frauen zum Opfer ihrer Gewalt erkoren. Darin lag eine ursprüngliche Wut gegen die Vitalität dieser Frauen, ihre Fähigkeit, sich nach allen großen Katastrophen und Einzeltragödien aufzurappeln, zu retten, was zu retten war und das Leben zu organisieren, die übriggebliebenen Kinder durchzubringen. Systematische Vergewaltigung, darüber gibt es Tausende von Berichten von jenen, die es erlebt haben, in

165

Foca, Visegrad, Brcko, Prijedor, Kozarac, und das sind nur einige der Städte, in denen dies geschah. Aus herrlichen Ausflugszielen und Hotels wurden Folterplätze für Frauen. Zu den Opfern gehören Mädchen, die noch keine zehn Jahre alt waren. Dort wurden auch Filme gedreht, die sich später an der Weltbörse für morbide Genüsse gut handeln ließen.

Aber die Zeit bringt Vergessen, die Gewalt an den Frauen bewegte einst die Weltöffentlichkeit zum Protest. Mächtige Köpfe forderten Taten. Heute redet niemand mehr darüber, denn nun gilt es, die Friedensverträge durchzusetzen. Überlebende Opfer der Vergewaltigungen dürfen, wenn sie ins Ausland gelangten, als Flüchtlinge bleiben, denn bei Rückkehr könnten sie negativ wirken. Wenn sie in der Heimat blieben, schweigen sie, denn wer kann schon über eine solche Erniedrigung und Tötung der Seele reden.

Keiner weiß genau, wieviele Kinder dadurch auf die Welt kamen. Ich habe vor achtzehn Jahren im Roman 'Hana' das Schicksal eines solchen durch Vergewaltigung gezeugten Kindes beschrieben. Zwar ging ich damals von Berichten aus dem zweiten Weltkrieg aus. Ich hatte eine Frau kennengelernt, die auf den Berg hinter ihrem Haus stieg, wenn sie ihre Mutter sehen wollte. Von dort konnte sie ihr dabei zuschauen, wie sie im Hof herumging. Ich wollte einem solchen Kind die Möglichkeit geben, einmal zu sagen, wie es ist, wenn man verachtet und von allen verabscheut lebt, vor allem von der eigenen Mutter. Als ich dieses Buch schrieb, ahnte ich nicht, daß sich die Seuche wieder auf die bosnische Frau stürzen würde.

Die neuesten Statistiken besagen, daß sechzig Prozent der Bevölkerung Bosniens derzeit Frauen sind. Die Männer sind umgekommen oder geflohen, um nie mehr zurückzukommen. Sie finden überall leicht eine Möglichkeit, zu heiraten und ein Heim zu gründen. Aber wen können die Mädchen heiraten, sei es in Amman, sei es in Sarajevo? Einen Baum, wie der libanesische Dichter Shadih Sa'adeh sagt, der den Krieg in Beirut überlebt hatte. Wenn der Baum nicht von Bomben gefällt wurde.

Vor kurzem sprach ich in Berlin mit einer jungen Journalistin, die beim Fernsehen von Sarajevo angestellt ist, Medzida Buljubasic. Wir waren beide zu Besuch bei einer gemeinsamen Freundin. Sie war dreißig Jahre alt, hatte während des ganzen Krieges in Sarajevo in ihrem Beruf gearbeitet. Ihre Gedanken sind die Gedanken einer reifen, vorzeitig gealterten Person. "Wieder arbeiten und arbeiten und arbeiten die Frauen. Obwohl sie die Mehrheit sind, überlassen sie die Verwaltung den

Männern. Sie haben keine Zeit, sich für Verantwortungen zu qualifizieren, die sie jenseits der häuslichen Türschwelle übernehmen könnten. Und diesseits wartet zu viel Arbeit auf sie: Sie lesen die Gebete für die Toten, tragen Kränze zu ihren Gräbern und gießen die Blumen dort, treiben Essen für die Lebenden auf. Am schlimmsten ist die Isolierung, die vollständige kulturelle Verarmung. Ich kann mich nicht erinnern, je so glücklich gewesen zu sein, wie eben, als sich das Flugzeug in Sarajevo von der Startbahn in die Luft hob. Nach so langer Zeit endlich wieder was von der Welt sehen. Nein, ich muß nichts sehen. Es genügt, wenn ich mich einmal im Monat von diesem Boden in die Luft erheben kann, von dieser verfluchten Erde, auf der nie Frieden herrscht."

(Anfang Dezember 1998)

Sargon: Ich komme von einem langen Spaziergang, ich bin kreuz und quer durch die Stadt gelaufen.

Safeta: Wie aufregend! Richtig abenteuerlich, stundenlang durch die überfüllten Straßen in diesem Dorf zu laufen. Laß mich raten, wem du begegnet bist.

Sargon: Lach nicht, nicht nur der dicken Lady mit ihrem kleinen Hund. Ich habe noch eine Frau getroffen. Sie sagte 'Guten Abend' mit einer Stimme, als wollte sie mich einladen mitzukommen.

Safeta: Das ist wirklich ungerecht! Du triffst immer irgendwelche einsamen Frauen, die dich einladen. Letzten Sommer, als du weg warst, bin ich jeden Abend durch die Straßen hier gelaufen, aber mich hat nie jemand gegrüßt.

Sargon: Vielleicht hast du es überhört.

Safeta: Vielleicht hat die komische Frau gar nichts gesagt, und du hast es trotzdem gehört. In der Vereinsamung halluziniert der Mensch einiges.

Sargon: Weißt du, wo ich die totale Vereinsamung erlebt habe?

Safeta: In Amerika.

Sargon: Nein, in der Villa Waldberta bei München.

Safeta: Was hast du in dem Nobelschuppen gemacht?

Sargon: Ich hatte ein Stipendium für vier Monate, Ende fünfundneunzig, Anfang sechsundneunzig.

Safeta: Ich habe das Schloß einmal im Fernsehen gesehen. Ich erinnere mich an die herrliche Landschaft und einen steilen Pfad.

Sargon: Ich habe diese Idylle im Glanz von Eis und Schnee erlebt. Und den steilen Pfad werde ich nie vergessen. Jedesmal, wenn ich einkaufen ging, hab ich oben zu Gott gebetet, daß ich mir nicht den Hals breche beim Abstieg, und unten, daß ich irgendwie hochkomme.

Stipendien

Villa Waldberta

Ich habe Deutschland, wie alle anderen Länder, zuerst durch die Literatur kennengelernt, zuallererst durch die Märchen der Brüder Grimm. Aus ihrer Phantasie und meinen Ergänzungen entstanden phantastische Bilder der germanischen Gefilde. Ich sah Deutschland als Land der Schlösser, Türme und Wehrbauten, Prinzen und Prinzessinnen geheimnisvoller Orte, an denen sich gute oder schlechte Zauberer versammeln, um neue alchemistische Rezepturen auszuprobieren. Dann verzauberten mich Hölderlins und Rilkes Lyrik, später die Gedanken Nietzsches, Kafkas und Thomas Manns. Ich wollte auf jeden Fall einmal dieses Land besuchen, aber ich wußte nicht, wann.

Sargon Boulos vor dem Heinrich Böll-Haus in Langenbroich, 1994

169

Reisen in europäische Länder, unter anderem auch nach Deutschland, unternahm ich von Amerika aus, gemeinsam mit meiner langjährigen Freundin und Lebensgefährtin Elke Sommer. Sie ist in einem kleinen Ort bei Hamburg geboren und aufgewachsen und später nach Amerika ausgewandert, aber sie ist nie Amerikanerin geworden. Als ich sie in den siebziger Jahren kennenlernte, war mein Leben ein ziemliches Chaos. Die praktische Seite war noch nie meine Stärke. Dann schrieb ich auch noch auf arabisch, ohne direkten Kontakt mit meiner Kultur. Zudem war der jugendliche Enthusiasmus verschwunden. Ich glaubte nicht mehr daran, daß man mit Worten und Poesie Brücken zwischen Welten bauen könnte.

Elke, die Europäerin, die Deutsche, war die erste Person in Amerika, die Ordnung in mein Leben brachte. Als ich sie zum ersten Mal besuchte, sah ich einen vollkommen aufgeräumten Haushalt, alles an seinem Platz. Ich glaubte nicht, daß es sowas geben könne. Außerdem diskutierte ich mit ihr stundenlang über europäische Literatur, besonders über Goethe. Wir beschlossen, zusammen zu leben. Eine mutige Entscheidung, vor allem für sie, denn wir waren völlig unterschiedliche Persönlichkeiten. Ich konnte nur mit Bewunderung beobachten, wie sie aus kleinen Dingen großen Genuß zog und für jede Situation die richtige Lösung fand. Wir zwei hatten trotzdem etwas gemeinsam, die Reiselust. Sobald wir ein bißchen Geld beisammen hatten, kümmerte sie sich schon um die Flugtickets. Wir flogen nach London, Paris. Unsere erste Reise durch Deutschland war ein tolles Erlebnis. Wir besuchten alle wichtigen historischen Stätten, viele Burgen mit ihrem Bergfried. Nie hatte ich daran gedacht, in so einem Gebäude zu wohnen. In Heidelberg waren wir auf dem Weinfest im Oktober. Es war wie in einem Märchen der Brüder Grimm. Mädchen in lebhaften Trachten, mit buntem Kopfschmuck, schleppten volle Weinkrüge, bedienten die Feiernden. Eine Menschenmasse mit Fackeln in der Hand tummelte sich die steile Treppe zur Burg hinauf. Oben war in einem großen Raum mit nur einem Fenster und dicken Wänden das Alchemie-Museum untergebracht. Ein König hat dort die berühmtesten Alchemisten Europas versammelt, sie mit ihren Hörnern, Krokodilen und Vöglein, mit Steinen und Kräutern und anderen magischen Dingen eingesperrt und ihnen befohlen, ein Mittel für ewige Jugend und Unsterblichkeit zu finden. Mir fiel Gilgamesch ein, er hatte auf seinen Reisen ein paar tausend Jahre zuvor dasselbe gesucht.

170

In Hamburg wohnten Elke und ich bei engen Verwandten von ihr, die mich sehr freundlich empfingen. Sie gaben jedesmal ein Fest zu Ehren unserer Ankunft, so daß ich Deutschland früher nie als Fremder, sondern als gern gesehener Gast erlebte. Die Rückkehr nach Amerika fiel mir schon damals schwer.

Als die amerikanische Kriegsmaschinerie zum ersten Mal irakische Städte bombardierte, wurde mein Traum von Amerika zum Alptraum. Ich fiel in eine tiefe seelische Krise, mein inneres Gleichgewicht war völlig zerstört. Ich mußte dieses Land verlassen. Nach einem Besuch bei Freunden in London, Paris und Berlin bekam ich ein sechsmonatiges Stipendium im Heinrich-Böll-Haus in Köln. Es war, als erwachte ich dort aus einer langen Nachtmahr, ich kam wieder zu mir selbst. Der Frieden in und um dieses Haus herum und der Geist dieses großen Schriftstellers halfen mir, das Wissen, daß er mit seiner Stiftung wenigstens ein paar Autoren in jenen Momenten unterstützen wollte, in denen ihnen Wirklichkeit und Literatur über den Kopf wuchsen. In diesen sechs Monaten las und schrieb ich beinahe mit derselben Besessenheit wie in meiner Jugend. Es entstanden neue Verse, Essays. Ich veröffentlichte in arabischen Blättern und Zeitschriften in London und Paris, arabischen Kulturzentren. In meinem Kopf öffneten sich neue poetische Quellen, eine neue Metrik.

Danach erneute Rückkehr in die USA, aber ich hielt es dort nicht lange aus, wieder flüchtete ich nach Europa. In London erreichte mich die Nachricht von dem Stipendium der Villa Waldberta bei München. Ich freute mich über diese zweite Flucht ins Alleinsein und bedachte nicht, daß ich aus dem milden London mitten in den kalten bayerischen Winter kommen würde. Das Wort Villa zauberte in meiner Phantasie nur angenehme Bilder. Ich stellte mir ein hübsch eingerichtetes Haus mit warmen, angenehmen Räumen vor, gelegen in idyllischen Gärten zwischen Obstbäumen. Ich glaubte, ich käme dort mit Beginn des Frühlings an.

Zeitmanagement gehörte noch nie zu meinen starken Seiten. Nach einem Besuch in Köln setzte ich mich spätnachmittags in den Zug, ohne daran zu denken, daß ich mitten in der Nacht in München ankommen würde. Zum Glück erwischte ich den letzten Zug nach Feldafing. Im Zug saß ich wie auf glühenden Kohlen, weil ich Angst hatte, meine Station zu verpassen. Ich kletterte aus dem Zug in Dunkelheit und Schnee. Kein Taxi wartete am Bahnhof, also zog ich meinen schweren Koffer voller Bücher die verei-

171

ste Straße entlang. Der Ort verlassen, keine Menschenseele auf der Straße. Ich hockte mich auf mein Gepäck und rätselte, in welche Richtung ich gehen müßte. Zum Glück kam ein Taxi vorbei. Der Fahrer sagte mir, daß mein Ziel nicht weit weg wäre, aber sehr hoch läge. Mit dem Koffer würde ich es zu Fuß nicht bis oben schaffen. Mit dem Auto waren wir in fünf, sechs Minuten da. Er setzte mich vor dem großen Tor ab. Dahinter sah man nur schneebedeckte Bäume. Ödnis. Ich drückte auf die Klingel, fast panisch, ob man mich hören würde. 'Was mache ich hier, warum bin ich überhaupt hergekommen?' fragte ich mich. Mein Finger auf dem Knopf war schon halb erfroren, als schließlich eine Stimme aus der Dunkelheit ertönte: "Hören Sie mit dem Geklingel auf! Warum sind Sie nicht früher gekommen? Wir erwarten Sie seit Stunden." Der Hausherr führte mich durch den Wald. Wir standen vor einer großen Tür, die mit einem eigenartigen Geräusch aufging. Jetzt erst merkte ich, daß es der Eingang zu einer Art Schloß war. Wir traten in eine gewaltige Halle mit einem Brunnen, funkelnden Lampen und Vergoldungen an den Wänden. Über eine breite Treppe, ausgelegt mit einem roten Teppich, stiegen wir zu meinem reich eingerichteten Apartment. 'Das träume ich nur', dachte ich, 'oder man hat mich verzaubert. Wenn ich morgen aufwache, ist es bestimmt ganz anders.'

Am folgenden Tag erwachte ich spät und überzeugte mich davon, daß es wirklich ein Schloß von König Ludwig war, der Glanz und Genuß so liebte. Eine Zeitlang wohnte auch seine Schwester Elisabeth hier. Das Schloß hatte die ganze Pracht der längst verstorbenen Monarchen bewahrt. Ich habe nie erfahren, wer auf die Idee verfiel, daraus ein Künstlerhaus zu machen. In Amerika wäre so etwas unmöglich.

Aber dieser Luxus half mir an jenem Morgen wenig. Mein Magen knurrte vor Hunger. Ich sehnte mich nach einem heißen Hörnchen und einer Tasse Kaffee, aber leider gab es niemand, der es mir serviert hätte. Ich mußte in den Ort gehen, um Lebensmittel zu kaufen. Dorthin führte nur ein steiler, vereister Pfad, den ich mehr hinunter schlitterte als ging. Nach noch einmal einer halben Stunde fand ich einen Supermarkt. Und in dem dachte ich nicht mehr an den Aufstieg, der mich erwartete. Ich kaufte alles Nötige, um nicht am nächsten Tag wieder hinunter zu müssen. Den Rückweg werde ich nie vergessen. Meine Beine rutschten dauernd weg, und wegen der beiden schweren Tüten konnte ich das Gleichgewicht kaum halten. War ich fünf Meter vorangekommen, glitt ich drei zurück und fiel hin, kaum daß ich wieder auf die Beine kam. Als ich kurz vor dem Ziel hinschlug, rissen meine Tüten, und ich sah, während ich im Schnee lag, meine Flaschen und Konservenbüchsen hinunterrollen. 'Was mache ich hier, warum bin ich überhaupt hergekommen?' Ich verfluchte meine Vergeßlichkeit. Warum hatte ich mich nicht erkundigt, welche Bedingungen hier herrschten und mir rechtzeitig Winterschuhe mit dicken Gummisohlen besorgt?

In der Villa Waldberta erlebte ich in jenem Winter sechsundneunzig Tage völliger Einsamkeit. Die Schriftsteller, die zu derselben Zeit dort waren, konnten entweder kein Englisch oder waren an eingehenden Gesprächen nicht interessiert. Man sah sich einmal wöchentlich. An dem Tag kam die Verwalterin der Villa. Es war fast schon eine offizielle Zusammenkunft bei einer Tasse Kaffee. Haben Sie irgendwelche Probleme? war die Hauptfrage. Nein, wer im Schloß wohnt, hat bestimmt keine Probleme, antwortete ich.

Ich selbst war in einer merkwürdigen Verfassung, obwohl mich die Einsamkeit wie ein Alptraum umfing, wollte ich doch niemand treffen oder Menschen um mich haben. Wurde meine Wohnung unerträglich, lief ich durch das Schloß, kletterte auf den Turm, von dem aus man den zugefrorenen See sah und die unendlichen, von einer dicken Schicht Rauhreif bedeckten Wälder. An sonnigen Tagen stand ich da stundenlang, mit dem Gefühl, mitten in einem weißen, funkelnden Märchen zu sein. Manchmal ging ich nachts spazieren. Niemand ringsum, vollendete Stille. Nur das Zucken der Fernsehbildschirme zeigte, daß in den Häusern links und rechts Menschen wohnten. Einmal traf ich eine Frau. Sie stand plötzlich vor mir, wie aus dem Nichts. Ich sah ihr Gesicht im Schein der Laterne. Sie trug einen Hut, darunter langes rotes Haar, ihre Augen blitzten grünlich, sie hätte sich jeden Moment in eine Hexe wie aus dem Märchen verwandeln können. Sie stand da und schaute mich an, ob aus Neugier oder Furcht, vermochte ich nicht zu entscheiden. Ich wagte nicht, sie zu grüßen oder anzusprechen, ich ging an ihr vorbei. Später habe ich es zutiefst bereut, daß ich mich nicht an sie gewandt hatte, einfach um zu wissen, ob es nun wirklich eine Frau oder eine Erscheinung war. Täglich dachte ich mir einen Grund aus, warum sie kurz vor Mitternacht die Sicherheit und Wärme ihrer Wohnung verlassen hatte. Schade um die verpaßte Gelegenheit, ich werde weder erfahren, ob diese Frau Realität war, noch was sie so spät da draußen wollte.

Jeden Morgen, während ich noch im Bett lag, reinigte eine Frau mein Apartment, die, o Wunder, denselben Namen trug wie jener Dichter, den ich einst mit Begeisterung gelesen hatte: Frau Rilke. Manchmal kochte sie mir auch einen Kaffee, und ich versuchte mit den paar deutschen Worten, die ich konnte, mich mit ihr zu unterhalten. Frau Rilke war an so manchem Tag die einzige, mit der ich redete. Ende Dezember teilte sie mir mit, daß ich über Weihnachten und Neujahr als einziger im Schloß bliebe, alle anderen seien zu Besuchen aufgebrochen. 'Dann geh ich auch irgendwohin', war mein erster Gedanke, aber mir fehlte die Entschiedenheit, um das dann auch zu tun. Ich wollte weder bleiben noch fortgehen. Das neue Jahr erwartete ich allein, oder genauer in Gesellschaft einer Lady namens 'Vodka Gorbatschov'. Sie half mir, meinen Fluchttrieb im Zaum zu halten. Um Mitternacht stand ich oben im Turm, betrachtete das Feuerwerk im Tal, prostete mir selbst zu und dachte an meine Freunde in Nordschweden mit ihrer Arak-Maschine. Ich lachte, ich wußte selbst nicht warum.

Im Januar kam eine neue junge Verwalterin, Frau Nolte, die den offiziellen Ton bei unseren Zusammenkünften schnell fallen ließ. Frau Nolte wollte uns kennenlernen, wollte wissen, woran wir arbeiteten, ob wir schon etwas auf Deutsch veröffentlicht hatten. Dann organisierte sie in Zusammenarbeit mit dem Inhaber einer Buchhandlung für arabische Zeitschriften und Bücher einen Leseabend in München. Der Buchhändler war palästinensischer Abstammung, lebte aber seit Jahren in Deutschland. Das Publikum bei meiner Lesung war gemischt, Deutsche, die sich für arabische Kultur interessierten, und Menschen aus verschiedenen Staaten des Orients, deren Muttersprache Arabisch war. Er las meine Gedichte auf Deutsch vor, übersetzte, was ich sonst noch sagte, aus dem Arabischen. Ich erinnere mich an die Geschichte, die ich am Schluß erzählte. Ein Mann hörte von einem Hebib, einem Mystiker, der das Geheimnis der wahren göttlichen Liebe kannte und an einem abgeschiedenen Ort wohnte. Der Mann wollte gern mit dem Hebib reden. Er raffte all seinen Mut zusammen, ging zu seinem Haus, klopfte an die Tür. Gedämpft fragte eine Stimme: 'Wer ist da?' 'Ich bin's, ich heiße so und so, ich würde gerne sehen, wie du lebst, mit dir reden über das Geheimnis.' 'Es tut mir leid, aber hier ist kein Platz für zwei', antwortete die Stimme des Unsichtbaren. Der Mann war enttäuscht. Monatelang dachte er nach, warum ihn der Hebib so weggeschickt hatte. 'Hier ist kein Platz für zwei.' Was sollte das heißen? Nach einigen schlaflosen

Nächten dämmerte es ihm. Im Morgengrauen ging er wieder hin. 'Wer ist da', ertönte dieselbe Stimme. 'Du', antwortete der Mann, 'ich bin du'. Die Tür ging auf.

Es war eine meiner schönsten Lesungen in Deutschland. Nun wußte ich, warum ich gekommen war, allein dieser Abend war die vollkommene Einsamkeit in der Villa Waldberta wert.

*

Schriftstellerhaus Stuttgart

Daheim, selbst in den besten Zeiten, hätte ich nie gewagt, meine schrift-stellerische Arbeit als alleinigen Beruf anzusehen. Und hier, im Exil, muß-te ich das annehmen als einzige Möglichkeit, eine Aufenthaltserlaubnis in Deutschland zu erhalten. Es war das reine Glück für mich, eine Himmels-gabe, daß ich gleich zu Beginn meiner Existenz als 'freier Künstler' ein dreimonatiges Stipendium im Schriftstellerhaus Stuttgart erhielt. Zwar zit-terten meine Beine noch wegen der Krankheit, Herz und Lungen litten unter Sauerstoffmangel, aber das konnte mich nicht bremsen. 'Drei Monate, zum ersten Mal in meinem Leben, nur fürs Schreiben und Erholen! Was für ein Privileg! Ein Schriftstellerhaus!'

Vorbereitungen für die Abfahrt, physisch noch in Wuppertal, geistig schon in der Hauptstadt von Baden-Württemberg. Ich nahm an, das Schrift-stellerhaus liege außerhalb des Stadtzentrums, inmitten eines Parks oder größeren Gartens, und daß mein Zimmer Fenster und einen Balkon Rich-tung Osten habe. Ich hoffte, es würde im April und Mai richtig nach Früh-ling duften, und auf mehr Sonne als in Wuppertal. 'Morgens beim Aufwa-chen scheint die Sonne', ich legte mir einen neuen Tagesrhythmus zurecht. 'Der erste Kaffee und Frühstück auf dem Balkon. Dazu etwas auf Deutsch lesen, damit ich die Sprache bei Schreiben in meiner eigenen nicht verler-ne. Dann ein paar Stunden arbeiten. Keinerlei Verpflichtungen, ich kann am Schreibtisch sitzen, solange ich will. Trotzdem sollte ich nicht übertreiben, ich muß mich mal richtig ausruhen. Spazierengehen und den Kopf durchpu-sten lassen verschiebe ich auf die Nachmittage. Im Haus gibt es sicher einen Gemeinschaftsraum, in dem sich die Stipendiaten abends versammeln.' Ich

Safeta Obhodjas vor dem Schriftstellerhaus Stuttgart, 1997

hatte keine Vorstellung davon, wer dort sein könnte, schwor mir aber, weder über den Krieg in Bosnien noch über das Schicksal von Schriftstellern
im Exil zu reden. Über nichts, was mich belastete. Wenn sie sich nicht für
mich interessierten, würde ich mich auch nicht für sie interessieren. Park,
Balkon, Alleinsein, Schreibtisch, mehr brauchte ich nicht.

Als der Taxifahrer in einer kleinen Straße zwischen zwei Hauptver-
kehrsstraßen vor einem kleinen, alten Häuschen, eingequetscht zwischen
zwei größeren Gebäuden, hielt, dachte ich, er habe die Adresse mißver-
standen. 'Wer wohnt denn hier', fragte ich mich, 'Zwerge oder Literaten?'
Aber die Adresse stimmte, ebendies war das Schriftstellerhaus. An der Tür
erwartete mich die liebenswürdige Hausherrin, Ursula, Uschi Pfeifer. Sie
half mir, meinen schweren Koffer die enge, gewundene Treppe hinaufzu-
schleppen. Wir beide quälten uns, bis wir ihn endlich oben in mein Apartment unterm Dach verfrachtet hatten. Unterwegs erklärte sie mir, daß in der
Dachwohnung immer ein Stipendiat wohne, und daß es daneben noch zwei
Gästezimmer gäbe für durchreisende Schriftsteller. Sie käme an Werktagen
für vier, fünf Stunden her und erledige Büroarbeiten, am Wochenende sei
ich für mich. Sie wünschte mir einen angenehmen Aufenthalt und ließ mich
allein.

Die ersten Tage entledigte ich mich meiner Illusion, gewöhnte mich
daran, daß es weder einen Balkon noch Sitzen in der Morgensonne gab
und daß das Haus, wenn Uschi fortging, leer war. Morgens fühlte ich mich
genauso, als erwache ich in meinem Wuppertaler Alltag. Sobald mir klar
wurde, daß das weit weg lag, daß ich heute weder in der Kantine arbeitete noch putzen ging, erfüllten mich Trauer und Leere. Wie sollte ich nun
meinen Tag füllen, bloß mit Schreiben und Nachdenken?! Wie sollte ich
drei Monate in dieser fremden Stadt aushalten. Es war schwer zu akzeptie-
ren, daß ich keine Ausrede mehr hatte, keinen Vorwand, mit dem ich vor
mir selbst hätte rechtfertigen können, warum ich mich nicht aufs Schreiben
konzentrieren konnte. Zeit hatte ich, endlich, mehr als genug.

Unwillig blätterte ich in den Seiten meines angefangenen Romans, der
von zwei Intellektuellen handelt, einst enge Freunde, die im Krieg jeder
in seinen nationalen Stall zurückkehren, weit weg von all den universellen
Werten, für die sie einst geworben hatten.

Ich hatte so viele Seiten vollgeschrieben, drei verschiedene Anfänge,
wußte aber, daß es nicht das war, was ich wollte. Als ich mich in das bereits

Geschriebene vertiefte und darüber nachzudenken begann, daß ich mich in das Denken dieser Menschen eingraben mußte, packte mich die Angst, das nicht ertragen zu können. Es war alles noch so nah, es schmerzte unerträglich. Das taugt nicht für diese Einsamkeit, dachte ich. Wenn doch jemand Vertrautes in der Nähe gewesen wäre, wenigstens für die Pausen, um Abstand zu bekommen! Wenn ich seelisch darin abtauchte und den Rückweg nicht mehr fand?

"Was mach ich in diesem öden Haus, warum bin ich gekommen, was bringt mich her?" Als ich das ausgesprochen hatte: "Was bringt mich her?" fiel mir jenes Mädchen ein, mit Gummi-Klompen und Mutters langem Kleid, das verschämt und verloren vor den unbekannten Leuten steht, unglücklich, weil sie ihr den ersten Preis überreichten: "Das hat dich auch hierher gebracht!"

Ich betrachtete den Namen meiner Heldin im Roman. Nadira. Ich nahm ein Blatt Papier und schrieb: "Ihren ersten Buchstaben schrieb Nadira auf ein Brett, das mit feinem Sand bestreut war." Dieser Satz öffnete längst vergessene Schätze meiner Erinnerung.

Einer nach dem anderen traten die Figuren meiner Eltern, Onkel und Tanten auf, als hätten sie nur auf die Einladung gewartet. Am ersten Tag zwölf Seiten. Am zweiten Tag merkte ich, daß ich die Atmosphäre, die in meiner näheren und weiteren Verwandtschaft herrschte, eingefangen hatte, aber mir fehlten einige Gestalten. Ich mußte sie erfinden. Noch immer glaubte ich, es handele sich nur um die Einleitung zu meinem Roman. In ihr wollte ich Kindheit und Jugend meiner Nadira beschreiben, ihre Entdeckung der Welt der Literatur. "Ich schreibe mal fünfzig Seiten und sehe dann, wie es sich weiterentwickelt." Ich merkte gar nicht, daß ich längst über fünfzig Seiten geschrieben hatte, die Geschichte floß dahin, von allein. Die erfundenen Gestalten mischten sich mit realen, plötzlich lebte jede ihr Leben, alle zusammen hatten mich im Griff, trieben mich voran, ich war machtlos gegen sie. Sie hielten mich bis zur vollkommenen Erschöpfung am Schreibtisch.

Morgens, kaum daß ich die Augen aufgeschlagen und ein Glas Orangensaft getrunken hatte, setzte ich mich an die mächtige alte 'Olympia': Wo war ich gestern stehengeblieben? Heute erinnere ich mich weniger an den schöpferischen Prozeß als an die Geräusche, die ihn begleiteten. Das Erwachen geschah unter dem Dröhnen einer Misch- und Brotbackmaschine. Das

Schlafzimmerfenster schaute direkt auf die Backstube im Hof, und Bäcker sind nur wenige Stunden nach Mitternacht schon bei der Arbeit. Ich hielt es bis sechs im Bett aus, dann wurde der Krach unerträglich. Ich ging ins Wohn-, das heißt ins Arbeitszimmer, aber dort hörte man bereits den Verkehr, Motorgeräusche, Bremsen, Sirenen von Polizei- und Krankenwagen. Von der einen Seite brmm, dum, dum, duuum, von der anderen der wabernde Lärm der Stadt. Dann fing ich an, in die Tasten der Schreibmaschine zu schlagen, dieses Geräusch übertönte die beiden anderen. Aber nur, bis ich innehielt, dann fegten sie wieder durchs Zimmer, vor allem, wenn ich wegen der Hitze das Fenster öffnen mußte. So ist mein Roman 'Scheherezade im Winterland' aus dem Bedürfnis entstanden, mich vor den Erinnerungen an den Krieg zu schützen, die Verlorenheit in der fremden Stadt zu vergessen und den Terror zweier Lärmquellen zu überleben.

Obwohl mich die Geschichte forttrug, hielt ich es nicht den ganzen Tag in meinem Käfig aus. Also verließ ich die Wohnung nachmittags und begann meinen ziellosen Spaziergang entlang der Königstraße im Stadtzentrum. Aber ich konnte nicht nur ziellos herumrennen, suchte mir eine Beschäftigung. Zum ersten Mal im Leben sah ich mir die Auslagen an, besonders jene, in denen Gold und Diamanten funkelten. Nicht wegen des Glanzes, sondern weil es so viele kleine Stücke gab, man brauchte eine Stunde, um alles anzuschauen. Aber schon beim dritten oder vierten Geschäft begann mein Abenteuer mit den Männern. Ich weiß nicht, wieso sie mich in der Menschenmenge bemerkten, warum gerade ich ihnen ins Auge stach, aber ich brauchte die Einkaufsstraße nur zur Hälfte hinunterzugehen, schon tauchten hinter mir die ersten dicken schwarzen Schnurrbärte auf. Noch zwanzig Schritte, und die Schnurrbärte vermehrten sich, mir schienen es wohl vor lauter Angst gar zehn an der Zahl. Ich verließ die Straße und trat in den Park, sie hintendrein. Die, die besser Deutsch konnten, trauten sich, mich auf einen Kaffee einzuladen, die anderen betrachteten mich nur und folgten mir. Hätte ich nicht Angst gehabt, wäre es wirklich unterhaltsam gewesen, plötzlich so viele Verehrer zu haben. Ich hätte gern das eine oder andere Wort mit ihnen gewechselt, fürchtete aber, daß ich sie anschließend nicht mehr los würde.

Mein Lieblingsplatz im Park lag neben einem Springbrunnen, dort saß ich ein, zwei Stunden lang auf einer Bank, beim Rauschen des Wassers beruhigte ich mich und ordnete meine Gedanken, erinnerte mich an Geschichten aus meiner Kindheit, die sich in den entstehenden Roman einbauen ließen. Aber auch dort fanden sie mich: Ein Spanier lud mich zum Sommerurlaub in seiner Heimat ein, ein Türke mit der Gebetskette in der Hand bot mir die teuersten Kleider an, wollte mich von Kopf bis Fuß einkleiden. Als ich für Klamotten kein Interesse zeigte, bot er Gold, dann Geld.

Eines Samstag nachmittags ging ich durch den großen Park bis zum Rosengarten, ein Spaziergang von mehreren Kilometern. Dort setzte ich mich auf eine Bank, genoß eine Zeitlang die Sonnenwärme, und beschäftigte mich dann mit meinem Tagebuch. Es waren meine ersten Notizen über den Aufenthalt in Stuttgart. Ich schrieb, bis mein Rücken im Schatten steif war vor Kälte.

Ich stand auf, und mir fiel ein, daß ich ziemlich weit weg von der Wohnung war. Auf dem Rückweg sah ich plötzlich eine Wasserpumpe. Wieder Erinnerungen! Mein Onkel, jener, der mir die ersten Bilderbücher geschenkt hatte, besaß ein Sommerhaus in Semizovac bei Sarajevo. Im Hof stand genau so eine Pumpe wie hier. Für mich, die ich damals Wasser nur aus Brunnen oder flachen Quellen kannte, war es ein Zaubergerät. Als ich von meinem Besuch beim Onkel nach Hause kam, träumte ich, daß mein Vater auch eine Wasserpumpe vor unserem Haus baute. Ich hatte mir schon immer gewünscht, Wasser im Überfluß zu haben.

Fast unbewußt ging ich zu der Pumpe im Stuttgarter Park und faßte den Schwengel an, ich wollte den Wasserstrahl sehen. Ein großer Mann, ein Deutscher, der sich bis dahin diskret hinter mir gehalten hatte, nutzte dies als Gelegenheit, ein Gespräch anzufangen. Er wies mich darauf hin, daß es schwefelhaltiges Wasser sei, daß man es nicht trinken dürfe. Enttäuscht ging ich weiter. Der Mann begleitete mich, wir sprachen nun über das kalte, aber schöne Wetter und daß sich der Frühling auch hier verspäte. Dann fragte er mich, wo ich herkomme und was ich allein im Park mache. Seit Tagen hatte ich kein Wort geredet, sondern nur meinen Figuren zugehört, so daß mir dieses wirkliche Gespräch gefiel. Ich brauchte zehn Minuten zum Aufwärmen, bevor ich wieder fließend Deutsch redete. Ich sagte, woher ich stammte und daß ich hier für drei Monate hergekommen sei, um eine angefangene Arbeit zu beenden. Wir kamen an der Terrasse vorbei, die zu einem Restaurant gehörte. Er lud mich auf einen Kaffee ein. Ich willigte ein, der Mann war anständig und interessant. Er erzählte mir von einigen Sehenswürdigkeiten, die ich mir unbedingt in Stuttgart ansehen müsse, bot an, sie mir zu zeigen. "Zuerst muß ich die Arbeit abschließen," sagte ich, "ich weiß nicht, ob genug Zeit für Vergnügen bleibt." Als er mich fragte, was ich denn arbeite, wich ich aus. Während wir Kaffee tranken, unterhielten wir uns lebhaft, er erzählte von sich. Seit zwei Jahren war er Witwer. Als seine Frau starb, verkaufte er den kleinen Betrieb, eine Druckerei oder so ähnlich, den sie gemeinsam geführt hatten. Ohne sie konnte er nicht weitermachen. Jetzt bereue er es, weil ihm nichts geblieben sei, weder Lebenssinn noch Interessen. Kinder hätten sie keine, seine Frau sei zu sehr mit dem Betrieb beschäftigt gewesen. Dann wollte er mehr über mich erfahren, aber mein eigenes Leben war schon immer ein Thema, das mich langweilte. Ich versuchte, mich dem zu entziehen und wies auf eine Straßenszene: Ein Mann mit langen weißen Haaren glitt auf Rollschuhen an unserer Terasse vorbei, gezogen von zwei großen schwarzen Hunden, die die Zähne bleckten. Aber es interessierte ihn nicht. Mit einem Lächeln und taktisch sehr geschickt sagte er, daß er im Augenblick nur mich ansehen möge.

Als ich mich zum Gehen erhob, wollte er sich nicht verabschieden ohne die Zusicherung, daß wir uns wiedersehen würden.

"Ich würde Sie gern heute abend zum Essen einladen, wenn Sie mögen. Können Sie sich nicht wenigstens einen Abend von Ihrer Arbeit freimachen?" "Schon möglich, aber nicht heute. Ich gebe Ihnen meine Telefonnummer, rufen Sie mich an, dann verabreden wir uns auf einen Kaffee." Ich schlug mein Tagebuch auf, um ein Blatt herauszureißen, aber so ungeschickt, daß das Heft vom Tisch fiel und der Wind die Seiten mit meiner Handschrift umblätterte. Der Mann starrte erst sie und dann mich panisch an. "Omannomann. Das alles haben Sie geschrieben?!" "Das ist mein Beruf", lachte ich. "Aber nur das Tagebuch schreibe ich mit der Hand, alles andere mit der Maschine. Und zu Hause habe ich einen uralten Computer." Ich hob das Heft auf, riß eine Seite heraus, um die Telefonnummer aufzuschreiben. "Nein danke, nicht nötig", wehrte er ab, als sei es eine Seuche, rief die Kellnerin, bezahlte und verließ grußlos die Terrasse.

Tagelang quälte mich die Frage, was diesen Mann so erschreckt hatte?!

Safeta Obhodjas: Rache und Illusion (Auszug)

"Da hockst du!" Eine Stimme riß sie wieder in die Wirklichkeit. Auf der Schwelle stand der Mann, der sie eben noch bedroht hatte. Sie drückte sich an die Wand, sie hatte wirklich Schmerzen, konnte kaum den Impuls unterdrücken, ans andere Ende des Raumes zu flüchten und sich unter dem Tisch zu verstecken. Sie mußte dringend zur Toilette, dachte, ihre Blase würde platzen. Sie erinnerte sich an ihren Schwur, daß sie nicht vor ihnen kriechen würde und erhob sich langsam.

"Ich denke, es ist an der Zeit, daß du redest. Wenn nicht, wir haben unsere Methoden." Wieder redete er in einem Singsang mit ihr. Sie zog einen Faden aus dem Ärmel ihrer Jacke und beachtete ihn nicht.

"Kennst du unsere speziellen Methoden", brüllte er sie an, und sie sah rasch an ihm hoch. "Sieh an, wie sie mich anschaut. Was für Augen, ich bin von den Socken. Nein, mich wirst du nicht täuschen, mich wirst du nicht um den Finger wickeln, ich heiße nicht Momir Banic. Du wirst schon singen, was du verbrochen hast und wer dich dazu angestiftet hat. Wir wissen schon, was für einer Sorte du angehörst. Bei dir zu Hause haben wir lauter Bücher gefunden, wenn der Klügste sich durch diese Berge gelesen hätte, der wäre durchgedreht."[5]

Begegnungen mit der Polizei

Zum erstenmal hatte ich in Kirkuk unmittelbar mit der Polizei zu tun, mit fünfzehn oder sechzehn, und zwar wegen meiner Liebe zur Literatur. Ich lief hungrig und müde nach Hause, nachdem ich den Tag im Lesesaal der Kirkuker Bibliothek verbracht hatte, mit wertvollen Ausgaben klassischer arabischer Poesie, die man nicht ausleihen durfte. Einige Verse wollte ich mehrfach lesen oder behalten, ich schrieb sie deswegen in ein Notizheft und schuf mir so meine eigene kleine Bibliothek. In Gedanken bei dem, was ich aufzuschreiben versäumt hatte, bog ich aus einer Neben- auf die Hauptstraße, von der der Weg zu unserer Siedlung abging, und rannte direkt in eine Absperrung. Etwa zehn Polizisten mit Motorrädern, diesen amerikanischen mit Beiwagen, führten von dieser Kreuzung aus, wahrscheinlich um einem kommunistischen Propagandisten das Handwerk zu legen, eine 'Observierung' unserer Siedlung durch. Sie schnappten mich und fanden meine Taschen voller beschriebener Blätter. Obwohl sie die Texte nicht verstanden, waren sie davon überzeugt, daß sie eben auf mich gewartet hätten. Sie verhörten mich, wo ich gewesen sei, wer mir die Papiere gegeben habe, wem ich sie übergeben solle. Ich komme aus der Bibliothek, es sind meine Hefte, und ich gehe nach Hause, ich wies mit der Hand in die Richtung. Die Antwort machte mich noch verdächtiger, finster dreinblickend hielten sie mich fest, verlangten ein Geständnis, aber ich blieb dabei: Ich heiße Sargon und wohne da bei meinen Eltern. Sie fuhren mich hin, versteckten mich hinter einem Baum und klopften an. Mein Vater öffnete im Pyjama, sie fragten ihn, ob er einen Sohn habe. "Ich habe drei", am Zittern seiner Stimme merkte ich, wieviel Angst er hatte. Polizei konnte damals nur Unglück bedeuten. "Wo sind deine Söhne?" "Zwei sind Zuhause, Sargon ist noch nicht zurück." "Also Sargon ist dein Sohn, etwa dieser hier?" Er mußte ihnen mehrmals versichern, daß ich sein Sohn sei und hier wohne. Sie ließen sich Zeit mit meiner 'Freilassung', ungern kehrten sie mit leeren Händen in ihre Polizeistation zurück.

Mutter und mein älterer Bruder hatten bisher schon versucht, mich vom vielen Lesen und Schreiben abzuhalten. Der Zwischenfall mit der Polizei überzeugte sie endgültig davon, daß ich mich da auf etwas sehr Gefährliches eingelassen hatte. Mein Bruder blätterte in dem Heft, in dem ich einige Erzählungen aufgeschrieben hatte, sah, daß auch die Polizei vorkam, und warf das Heft zornig und ängstlich ins Feuer. "Weißt du, du Idiot, daß du mit dem Feuer spielst, deinetwegen kommen wir noch ins Gefängnis", schrie er mich an und verbot mir, aus dem Haus zu gehen.

Ein paar Monate später saß ich trotzdem im Gefängnis, aber das hatte nichts mit Literatur oder Politik zu tun.

Es war der Georgstag, ein hoher kurdischer Feiertag. Viele Kurden waren aus der Umgebung nach Kirkuk gekommen. Auf einem Platz in der Nähe unseres Hauses veranstalteten sie ein Fest. Es handelte sich weder um politische Proteste noch um eine Demonstration, es war einfach nur ein gewöhnliches Volksfest, das ich zum ersten Mal erlebte. Jungen und Mädchen tanzten in ihren farbenfrohen Trachten, Musikanten bliesen die Zurna, Trommeln gaben den Rhythmus vor. Mit meinen Freunden stand ich am Rand und schwelgte in diesen Tönen, in diesen Tänzen. So etwas gab es in der Gegend, in der ich geboren war, nicht, dort lebten mehrheitlich Assyrer. Plötzlich tauchte ein ganzes Polizeiregiment auf und verhaftete die ganze Versammlung, Zuschauer wie Teilnehmer. Ich kam in einen riesigen Raum, in dem sich bereits Dutzende von Häftlingen aufhielten, darunter auch Bekannte von mir, links orientierte Intellektuelle. Sie begrüßten mich begeistert. Seit Monaten schmorten sie ohne Gerichtsverfahren und Urteil im Gefängnis. Sie freuten sich über jeden, der von draußen kam und ihnen Nachrichten über die Geschehnisse dort mitbrachte. Da draußen, in der Wirklichkeit, mußten sich doch einfach ein paar Veränderungen ereignet haben, die bald schon die Kerkermauern durchlöchern würden. Die Hälfte dieser Gefangenen wußte schon nicht mehr, warum sie überhaupt einsaßen, einige waren völlig vergessen, weil sie keine Verwandten oder Freunde hatten, die bei der Regierung oder einflußreichen Leuten vorstellig werden und um ihre Freilassung bitten konnten. Auch ich konnte nicht erklären, was ich verbrochen, warum man mich verhaftet hatte. Ich sagte, weil ich mir die kurdischen Festivitäten zum Georgstag angesehen hatte, aber keiner glaubte mir. Sie nahmen mich auf, als wäre ich wie sie politischer Häftling. Die Polizei respektierte diese Männer trotz allem, nicht zuletzt, weil

Sargon Boulus in Beirut, 1968

eine angesehene Persönlichkeit aus der Justiz unter ihnen war, ein Richter, der sich aus unerfindlichen Gründen den Kommunisten angeschlossen hatte. Diese Gruppe prügelten die Polizisten nicht, aber sie terrorisierten jeden Tag die Flüchtlinge aus dem Iran. Damals versuchten viele aus dem Nachbarstaat, dem Polizeiregime von Schah Reza Pahlewi zu entkommen. Wer aufgegriffen wurde, landete im irakischen Gefängnis und machte dort eben das durch, wovor er aus seinem Land geflohen war. Es war meine erste wirkliche Lektion, was das Leben und die Literatur betraf. Ich lernte Menschen kennen, die Fantastisches zu berichten wußten. Außerdem lernte ich Schachspielen. Die Figuren waren aus dem weichen Inneren der Brote, die schwarzen mit Karbid gefärbt. Fünfzehn Tage verflogen im Nu, hätte es länger gedauert, ich hätte nichts dagegen gehabt. Zum Glück vergaß man mich nicht in der Finsternis. Vater und Bruder besuchten hohe Funktionäre und baten um meine Freilassung, bewiesen, daß ich mich zur Zeit des kurdischen Festes zufällig auf dem Platz befunden hatte.

Das nächste Mal wurde ich wegen eines Gedichtes verhaftet, das den Machthabern nur deshalb verdächtig war, weil sie es nicht verstanden. Diesmal saß ich etwas länger, es war nicht so einfach, mich auszulösen. Und es war teuer, die Polizeibeamten verlangten mehr, als die Meinen damals besaßen. In einem Land, in dem die Gesetze so wackelig und so ausschließlich ins Belieben des Einzelnen gestellt sind, gehören familiäre und freundschaftliche Beziehungen zum Wichtigsten überhaupt. Wir hatten nur eine, allerdings sehr wertvolle Beziehung: ein naher Verwandter war Militärpilot, und das Militär hatte bei uns immer eine besondere Machtfülle. Der Pilot bat den General, der General einen Staatsangestellten, der Staatsangestellte den örtlichen Machthaber, bis sich am Ende einer fand, der mich freilassen konnte.

Meine komischste und merkwürdigste Begegnung mit der Polizei fand in der Wüste statt, auf der Reise vom Irak nach Beirut. Ich war vor Sonnenaufgang losgezogen, als die Augen der Wölfe noch in der Dunkelheit leuchteten und der Sand unter den geschwinden Beinen der Skorpione bröckelte. Ich lief und lief, ständig in der Angst, die Orientierung zu verlieren. Als es dämmerte, sah ich, daß ich auf dem richtigen Weg war, im Sand konnte man die Spur von Rädern erkennen. Eine Stunde lang, zwei, drei, nichts deutete darauf hin, daß ich bald das Ende dieser glühenden Ödnis sehen würde. Ich fürchtete schon, die Schmuggler hätten mich in die Irre geschickt. Irgendwann konnte ich nicht mehr weiter. Plötzlich heulte hinter mir etwas auf, am Horizont erhob sich eine Staubwolke. Innerhalb weniger Minuten tauchte neben mir ein schwarzer Mercedes mit zwei Polizisten auf. "Wohin?!" "Stinknormaler Wüstenspaziergang! Das ist nicht verboten!" "Ach ja? Du hältst uns wohl für blöd?! Steig ein!" Da saß schon ein junger Kerl in Handschellen, er sagte mir, er sei Syrer, sie hätten ihn auf der Flucht in den Irak erwischt. Ich weiß nicht, wie lang es gedauert hat, eine halbe Stunde, vielleicht weniger, und wir waren in der syrischen Grenzstadt Hassaca. Die Polizisten stiegen aus und begannen ein Gespräch mit ihren Kollegen in der Station. Es war heiß, wir kamen um vor Durst. Was tun? Ich stieg aus, gemächlich, als wolle ich mir die Beine vertreten. Niemand hielt mich auf, die Polizisten achteten nicht auf mich. Ich wandte mich zur nahegelegenen Teestube, keiner rief mir etwas zu. Ich trank einen Tee, keiner suchte mich. "Beruhige dich", sagte ich mir. "Sie können dich nicht wiedererkennen." Ich drehte einen Kreis, der Mercedes stand nach wie vor am selben Fleck. Ich fand einen privaten Geldwechsler, er verriet mir, wo die Taxis nach Homs abführen. Überleg nur, von welchen Zufällen ein Leben abhängt. Hätten mich die Polizisten damals nicht vergessen, hätte ich nicht meinen Mut zusammengerafft und wäre Tee trinken gegangen, dann würde ich jetzt nicht hier in diesem deutschen Dorf sitzen und mit einer bosnischen Schriftstellerin Erinnerungen an die Jugend austauschen.

Der nächste Zusammenstoß mit der Polizei in Beirut bedeutete das Ende meines dortigen Aufenthaltes. Nach zwei Jahren entdeckte einer, daß ich gar kein Visum für das Land hatte. Eines Tages erwartete mich ein verängstigter Yousif in der Redaktion der Zeitschrift 'Shi-r'. "Sargon, was hast du angestellt, warum sucht dich die Geheimpolizei?" Da erst erzählte ich ihm, wie ich nach Beirut gekommen war. Ein paar Monate lang spielte ich Verstecken mit der Polizei, schlief an verschiedenen Orten, bei Freunden, in Rocha, dem Ort der heimlich Verliebten. Damals war meine Freundschaft zu Ghada am tiefsten. Sie wohnte in einem der modernsten und teuersten Hotels an der Küste. Ich begleitete sie abends gewöhnlich bis zum Hotel. Sie spielte mit mir Boheme, für sie ein hübsches und exotisches Spiel. Wir saßen stundenlang auf den Stufen und redeten über Literatur und das Schicksal arabischer Literaten. Dann verschwand sie in ihrem klimatisierten Apartment, der Page verneigte sich vor ihr. Und ich suchte mir einen

Platz unter dem Felsen Rocha. Dort schliefen die Obdachlosen. Ich durfte nicht zur Tante gehen, denn dort suchte mich die Polizei.

Dann ging mir das alles auf die Nerven, ich meldete mich bei der Polizei, und sie steckten mich ins Gefängnis. Wieder ein Riesenraum, nur befand ich mich diesmal in Gesellschaft von Palästinensern. Es war die Zeit, in der sie ihren Widerstand organisierten. Viele wurden an der Grenze beim Versuch, von einem Land ins andere zu kommen, verhaftet. Im Gefängnis herrschte eine unerträgliche Hitze, wir hatten sehr wenig Wasser. Die Gefängniswärter prügelten die Palästinenser gnadenlos. In einer Ecke wimmerten die Geschlagenen, in der anderen sang und tanzte ein Bursche. Er ahmte eine berühmte ägyptische Sängerin nach. In der dritten Ecke erzählten sich die Jungen ihre erotischen Erlebnisse, oder genauer, Wunschträume. Nach wenigen Tagen war ich so erschöpft, daß ich mich kaum auf meinen Beinen halten konnte. Keiner meiner Freunde wußte, daß ich im Gefängnis war. Mit Müh und Not konnte ich einen Wärter beschwatzen, daß er mein Mädchen Bulbul anrief. Zum Glück tat er es. Bulbul informierte natürlich sofort Ghada und Yousif. Ghada klopfte an die Tür einflußreicher Leute und bekam die Erlaubnis, mich zu besuchen. Sie kam ins Gefängnis, aufgedonnert, parfümiert, mit verzückter Miene, ich dagegen war zerlumpt, dreckig, halbnackt, benommen von der Hitze.

"Sargon, ist das nicht ungeheuer romantisch?!" rief sie. Ich habe sie schon immer beneidet, weil sie nie das wirkliche Leben kennengelernt hat. "Laß die Romantik, Ghada, ich bitte dich, hol mich hier raus!" Sie rief stehenden Fußes den Boß. Die Polizei entließ mich mit der Auflage, ich müsse den Libanon verlassen, entweder in den Irak zurück oder ins Ausland gehen. Ich wollte weiter, nach Amerika, also brachte mich mein Mentor zum amerikanischen Botschafter. Als ich ihm von der amerikanischen Literatur erzählte, von Schriftstellern, deren Name er noch nie gehört hatte, sagte er nur, hier ist das Visum, geh nur. Ohne Paß überquerte ich den Ozean.

Der erste Polizeieinsatz, den ich in Amerika sah, war die Auflösung einer Anti-Vietnamkrieg-Demonstration. Es war wirklich furchtbar, die galoppierenden Pferde, die Schlagstöcke, niedergetrampelte Menschen auf der Straße. Wenig später erlebte ich unmittelbar mit, wie die Indianer zum letzten Mal versuchten, wenigstens einen Zipfel von ihrem Land zurückzubekommen. Dieses Ereignis, das ich gemeinsam mit der libanesischen Schriftstellerin Etel Adnan sah, hat sich unauslöschlich in mein Gedächtnis gegraben. Ich verbrachte damals ein paar Tage im Häuschen meiner Freundin in den Bergen, und sie erzählte mir viel von den Indianern, deren Kultur, ihrem Niedergang, der Ausweglosigkeit und dem Alkoholismus, dem Leben in Reservaten, von ihrem persönlichen Engagement für die Rechte der Indianer. Den Weißen genügte der Genozid an diesem Volk nicht, auch nicht, daß sie ihnen von ihrem ganzen Land nur ein paar steinige Täler gelassen hatten, die nicht einmal die Wölfe ernährten, nein, sie verhinderten mit allen zur Verfügung stehenden polizeilichen Mitteln, daß die wenigen, die noch die Kraft hatten, sich für die Menschenrechte der Überlebenden einzusetzen, zum Zuge kamen. Die Mehrheit der Amerikaner stellte sich dieses Volk so vor, wie es die Filmindustrie darstellte: als Wilde, die tapfere Cowboys und Soldaten in die ewigen Jagdgründe schicken.

An jenem Morgen fuhr mich Etel nach San Francisco. Ich wollte mir dort Arbeit und Wohnung suchen. Wir hielten bei einem Motel in der Nähe des berühmten Alcatraz-Gefängnisses, wollten dort ausruhen und übernachten. Das Städtchen wimmelte von Indianern, die aus dem ganzen Land hier zusammenkamen. Ihre Führer hatten die Idee, symbolisch wenigstens ein Stückchen Land zu besetzen und für sich zu erobern. Ich schaute mir das zusammen mit Etel an: Kinder, Frauen, Männer, Greise, alle in traditioneller Indianerkleidung, geschmückt mit Glasperlen und vielfarbigen Federn. Fast jeder überlebende Stamm hatte Vertreter geschickt. In den Nachmittagsstunden setzten die bunten Grüppchen in Kanus zur Insel über. Dort zündeten sie Feuer an, deren Widerschein auf der Wasseroberfläche um die Insel herum hüpfte. Sie rauchten die Friedenspfeife, schlugen die Trommeln, führten alte Indianertänze auf. Es dauerte die ganze Nacht lang.

Und am nächsten Morgen: Die Polizei drang mit unerträglichem Getöse auf ihren Motorbooten zur Insel vor, stürzte sich auf die Indianer, schlug sie unbarmherzig mit Schlagstöcken, Gewehrkolben, Peitschen, sie stapften über die Leute hinweg. Die vielfarbigen Federn vermischten sich mit dem Wasser, der Asche, dem Blut. Die Anführer wurden verhaftet, das phantastische Bild einer buntgemischten, exotischen Versammlung zerbrach unter dem Jammern und Sirenengeheul in zahllose Stücke. Mit ihm zerbrach die Hoffnung der Indianer, eines Tages aus den Reservaten herauszukommen und sich von dem Übel zu befreien, das da Desorientierung und Alkoholismus heißt.

189

Es ist eine Tatsache, daß die Polizei in Amerika in den zurückliegenden Jahrzehnten immer weiter verstärkt wurde. Nach dem Fall des Ostblocks und terroristischen Anschlägen ist Sicherheit in diesem Land zur Obsession geworden. Die Kontrolle der Bürger mit Hilfe von Computersystemen hat die Grenze zur Vollkommenheit erreicht. Es reicht, wenn du ein Konto in einer Bank hast und mit Kreditkarte zahlst, und alle Informationen zu deiner Person sammeln sich bei der Bank. Du kannst sicher sein, daß jedes zehnte Telefongespräch abgehört wird. Wer nicht weiß ist, wird ständig kontrolliert und beobachtet. Vieles, was die Maschinerie am Laufen hält, merkst du nicht, und du denkst, es betrifft dich nicht, aber die Polizei läßt dich schon wissen, daß sie immer da ist, hinter deinem Rücken. Besonders beim Autofahren. Ich bin immer ein achtsamer Fahrer, aber das half nichts. Sie sind mir so oft gefolgt, haben mich angehalten und kontrolliert, daß ich am Ende die Nerven verloren und das Autofahren fast ganz aufgegeben habe. Und dann habe ich auch das Leben in Amerika fast ganz aufgegeben. Ich bleibe immer länger in Europa. In diesen Ländern habe ich, einmal durch die Kontrollen am Flughafen, wenigstens die Illusion, ein freier Mensch zu sein.

*

Die Belagerung und Bombardierung von Sarajevo begann Anfang April zweiundneunzig, während der Festtage zum Ende des Ramadan. Wir hatten alles gesehen, die Vorbereitungen, die Kanonen über Sarajevo, die Panzerkolonnen. Wir hatten gesehen, daß jeder Serbe in Pale Waffen nach Hause trug, hatten Äußerungen gehört, die Muslime würden den bevorstehenden Krieg nicht überleben, und trotzdem hofften wir, das seien nur leere Drohungen, um sich auf politischer Ebene eine möglichst gute Ausgangsposition zu verschaffen. Das Sprichwort hat einfach recht, das da lautet, die Hoffnung tröstet den Letzten. Erst hofften wir, daß die Führer sich schon irgendwie über die Machtverteilung verständigen würden, und als alle Verhandlungen gescheitert waren, hofften wir, daß die Weltmächte dem Genozid Einhalt gebieten würden, denn damals konnte wirklich keine Rede vom Zusammenstoß zweier Heere sein. Auf der einen Seite stand die gut vorbereitete, mit allen Waffen und Nahrungsmitteln ausgerüstete serbische Armee, auf der anderen wir Zivilisten, mit leeren Händen und noch ohne

ne muslimische Familie gerettet vor Ustasas, die ihn erschießen wollten. Auch diese Geschichte hatte ich in meinem 'Tresor' verstaut, ihr aber nicht allzu große Bedeutung beigemessen. Schließlich war es fünfzig Jahre her, es war an der Zeit, daß wir uns von den Sünden der vorigen Generationen lösten. Wie konnte ich ahnen, welche Rolle dieser Mann in schicksalhaften Augenblicken für uns spielen sollte.

Mit der Beschreibung dieser Ereignisse, den Gefühlen und dem seelischen Zustand in jenem Sommer zweiundneunzig könnte ich mehrere Bücher füllen. Ich will darüber schreiben in meinem Roman vom Krieg, wenn ich je den Mut dazu aufbringen sollte. Für jetzt beschränke ich mich auf die Skizze einiger Tage, denn diese Zeit ist in meinem Bewußtsein noch immer in einem chaotischen Zustand gegenwärtig. Ich weiß nicht, ob ich in der Lage bin, sie in einem literarischen Text widerzuspiegeln.

Morgen, Übergang vom nächtlichen zum täglichen Alptraum. Sein erstes Zeichen ist das Donnern der Kanonen auf den Bergen über Sarajevo. Die Einwohner der eingekreisten Stadt mußten sicher bei Morgengrauen in die Keller und Schutzräume. Nach einer halben Stunde psychischer Aufbauarbeit gehe ich hinaus, um Milch und Brot zu kaufen. Ich denke weniger an die Gefahr, auf der Straße umgebracht zu werden. Es widert mich an, diese Menschen zu treffen, ich kann ihnen weder ins Gesicht noch in die Augen sehen. Denn für sie ist der Tod und das Töten in der Stadt Normalzustand geworden, etwas, das eben getan werden muß, um den großen Sieg zu erringen. Keiner fragt mehr, welcher.

Die Situation zu Hause ertrage ich auch nicht. Mein Mann und mein ehemaliger Mentor, Sreten Kluberic, kauen seit dem Morgen das Thema durch, daß die serbische Armeeführung Absichten habe, wieder für Ordnung zu sorgen und die Vertreibungen der Zivilisten zu beenden. Beide wissen, daß das eine Lüge ist, wiederholen es aber trotzdem dauernd, weil es besser zu ertragen ist als die Wahrheit. Sreten wird gleich in die Redaktion der serbischen Nachrichtenagentur gehen, er arbeitet dort als Französischübersetzer und Lektor für Serbisch.

Mein ehemaliger Mentor tauchte eines Tages, abgemagert und krank, an unserer Tür auf. Der Krieg hatte ihn in Grbavica erwischt, einem serbischen Stadtteil von Sarajevo. Für erste Aufregung sorgte ein geplatztes Furunkel. Als er sich ein wenig erholt hatte, beschloß er, nach Pale zu ziehen und eine Arbeit zu suchen, bei der er die serbische Idee propagieren konnte. Aber wir waren seine Freunde aus der guten alten Zeit, und er kam, um bei uns zu wohnen und uns, so gut er vermochte, vor radikalen Serben zu schützen. Während ich ihn zur Tür begleite, frage ich ihn verzweifelt: "Sie haben doch gesagt, daß sie nicht mehr mit schwerer Artillerie auf die Stadt schießen wollten. Und jetzt hör nur, wie das kracht." "Du solltest nicht mehr darüber reden", antwortet er im Gehen. Als er schon halb die Treppe hinunter ist, kommt Fikret. Das ist ein Junge von zweiundzwanzig, dreiundzwanzig Jahren, der in diesem Sommer sozusagen unsere Kinder vertritt. Als die Leute aus seinem Dorf vertrieben, das Dorf also ethnisch gesäubert wurde, hatte jemand in die Menge geschossen und ihn in den Bauch getroffen. Man brachte ihn in ein serbisches Krankenhaus, die Ärzte retteten sein Leben, und dann wußten die Polizisten nicht, was sie mit ihm anstellen sollten, denn seine Familie war längst in Sarajevo. Zuerst wollten sie ihn in ein 'Kriegsgefangenen'-Lager stecken, aber da mischte sich der Sohn eines ehemaligen Freundes seines Vaters ein. Sie schickten ihn zu seiner alten Tante Hasna, die mit ihrem Mann noch in Pale überlebt hat. Seitdem kommt der Junge jeden Tag zu uns, weil er hier scheinbar sicherer ist.

Strom haben wir schon lange nicht mehr, Gott sei Dank, so kommt der Haß wenigstens nicht durch den Fernseher zu uns. Ich mache Feuer mit Holz, das mir meine Freundin M. gegeben hat. Wir zwei kennen uns seit der Kindheit, weder Drohungen noch Kriegsgesetze hindern sie daran, auch weiterhin meine Freundin zu sein und zu helfen, während ihr Mann und dessen gesamte Familie an vorderster Front in den serbischen Reihen kämpfen.

Nach dem Frühstück mit Milch, Brot, ein bißchen Marmelade, gehe ich ins Wohnzimmer und schlage den historischen Roman 'Lavrans Tochter' auf. Ich lese, daß der schwedische König im zwölften Jahrhundert nicht gegen das Gesetz einen Verräter bestrafen durfte. In dem Moment klopft es an die Tür. Ich muß öffnen, sonst würden sie sie eintreten. Ein Mann und eine Frau dringen in die Wohnung, bewaffnet. "Wir haben unsere Wohnung in Sarajevo verloren, ihr müßt uns eure geben." Eine Stunde lang Drohungen und Erklärungen, die von der Polizei beendet werden, die diesen Leuten befiehlt, unsere Wohnung augenblicklich zu verlassen. An uns gerichtet die Frage: "Warum geht ihr nicht fort?! Ihr seht doch, daß ihr nicht bleiben könnt." "Wo sollen wir hingehen, wenn alles abgesperrt ist?!" "Boß

Koroman kennt Wege." Als sich alles beruhigt hat, koche ich Kürbis und
Maismehl zum Mittagessen. "Gut, daß sie gegangen sind", sagt die Schwiegermutter, als wir uns zum Essen setzen. Sie sagt es, als seien ungebetene
Gäste gegangen, nicht Menschen mit Waffen in der Hand. Unsere Nana ist
zu alt, sie versteht nicht, was um sie herum vorgeht, wiederholt nur, daß sie
nicht nach Sarajevo will, weil es dort weder was zu Essen noch Strom noch
Wasser gibt und daß dort ständig Granaten fallen. Kaum habe ich mühsam
ein paar Bissen hinuntergeschluckt, pocht wieder jemand an die Tür. Diesmal mache ich nicht auf, sondern frage, wer da sei. "Igor, Merimas Klas-
senkamerad." "Kind, was machst du denn hier?!" Verdattert stehe ich vor
einem fast zwei Meter großen Jungen. "In Belgrad hieß es, hier in Pale liefe
alles normal, und man könne Arbeit finden", erklärt er später, nachdem die
erste Überraschung abgeklungen ist. Igor war der beste Freund meiner jüngeren Tochter, sie hatten zusammen das Gymnasium in Sarajevo besucht.
Er floh vor dem Krieg nach Belgrad und kommt nun zurück, weil ihn die
Propaganda glauben machte, in Bosnien lebe man jetzt völlig normal. Er
kennt nicht eine serbische Familie in Pale, sondern kommt ausgerechnet zu
uns.

Nachmittags spielen mein Mann, Igor und Fikret Remi. Unser Freund
Sreten kommt auch, übersetzt an meinem Schreibtisch einen Text und erklärt mir, wie schwer unsere Grammatik ins Französische übertragbar sei.
Über seine Schulter lese ich heimlich ein paar Sätze: faschistische Propaganda pur, mein Volk wird als Mudschahedine bezeichnet, die die gesamte europäische Ordnung bedrohen. Durch Sretens Übersetzungen erreichen
solche Texte die französischsprachige Welt. Ich frage ihn, wie er das übersetzen kann. "In den entscheidenden Momenten muß man zu seinem Volk
stehen", antwortet er. "Du stehst ja auch zu Deinem." "Aber das Verbrechen! Wie kannst du auf der Seite des Verbrechens stehen, du bist Schriftsteller!" "Sag so was nicht, wenn dir was an unserer Freundschaft liegt!"
Abends versuche ich im Schein einer Kerze zu lesen, aber nicht das Buch
über die mittelalterliche schwedische Demokratie, das halte ich nicht aus.
Alle Bücher meiner Bibliothek wirken blaß gegen das, was hier vorgeht.
Deswegen suche ich nach etwas Tiefschwarzem, etwas, das noch stärker
ist als meine Hoffnungslosigkeit. Ich wähle 'Narziß und Goldmund', und
die Männer diskutieren über den Ausgang des Krieges. In meiner Phantasie verbindet sich das, was sie reden, mit dem, was ich im Buch lese. Die

Bilder der von der Pest verwüsteten Städte entsprechen meiner Vorstellung von unserem Land nach dem Krieg.

Am nächsten Tag zieht Sreten aus. Er hat ein Zimmer in dem Hotel bekommen, in dem auch die Nachrichtenagentur untergebracht ist. Er verspricht, oft wiederzukommen. Igor war draußen und kommt verängstigt zurück. Er hat richtige Cetniks gesehen und weiß, daß man ihn in Belgrad hinters Licht geführt hat. In Pale hat er nichts anderes zu erwarten, als daß ihn die Militärpolizei einkassiert, in eine Uniform steckt und an die Front schickt. Aber er ist nicht zum Kämpfen hergekommen, sondern um Arbeit zu finden und normal zu leben. Die Männer spielen wieder Karten, ich koche das Mittagessen, Schnitzel aus Reis. Die Nachbarin kommt, die Kinder rufen uns aus Belgrad über ihr Telefon an. Ich sage ihnen nicht, wie es uns geht, sondern versuche sie dazu zu überreden, sich Pässe zu besorgen und ins Ausland zu gehen, weil sie mit dem bißchen Geld nicht durch den Winter kommen würden. Sie wollen nicht ohne uns. "Wie kannst du ihnen so etwas Hartes erzählen, bis zum Winter ist der Krieg doch vorbei!" Mein Mann ist wütend auf mich, als ihm erzähle, worüber wir gesprochen haben. Wieder steht jemand an der Tür, eine Frau in Schwarz, ein Zeichen, daß jemand gestorben ist, der ihr nahestand. Sie fragt, ob wir die Wohnung tauschen wollen. Ihre liegt in Hrasno in Sarajevo. "Und wie sollen wir nach Sarajevo kommen?" "Wenn ihr nicht nach Sarajevo wollt, dann kommt ihr unter die Erde."

Igor versteckt sich in unserer Wohnung und sucht nach einer Möglichkeit, um nach Belgrad zurückzugehen. Fikret kommt zu uns, jedesmal bringt er furchtbare Nachrichten mit. Nachbarn kommen, heimlich, wenn sie einfach einmal offen reden wollen. Auch Sreten besucht uns, stolz, weil er so mutig und so gut ist. Er rechtfertigt den Faschismus, ist aber selbst kein Faschist, er steht darüber. Er wiederholt seine frühere Ansicht: Wenn das Böse umgeht, bleibt keiner sauber. Ich darf ihn nicht fragen, wer denn das Böse auf den Weg gebracht hat. Während ich in der Schlange beim Gemüse anstehe, höre ich zwei Schwangere erzählen: Die serbische Armee könnte nicht so zielsicher schießen, wenn nicht Serben aus Sarajevo melden würden, wo die Wasserstellen liegen, an denen sich die Leute sammeln. "Sobald eine etwas größere Gruppe beisammen ist, erfahren es unsere Leute auf den Bergen und treffen genau." Später verlautbart die serbische Agentur, daß die Muslime selbst Minen legen und ihre eigenen Leute um-

196

bringen. "Ich garantiere dir, daß sie nur deswegen Zivilisten mit Granaten treffen, um eine Intervention herbeizuführen", sagt Sreten kategorisch. "Die Serben haben längst bewiesen, daß sie damit nichts zu tun haben."

Zu unserer großen Erleichterung verläßt Igor mit Hilfe einiger Freunde Pale, er fliegt mit dem Helikopter zurück nach Belgrad.

Oktober zweiundneunzig, der Winter steht bevor, unsere Nahrungs- und Holzvorräte sind erschöpft. Die Kriegsberichte werden immer schlimmer, die Zahl derer, die unsere Wohnung wollen, wird immer größer. Auch die Kinder in Belgrad hungern. Mein Mann lehnt Flucht immer noch ab, und ich finde nicht den Mut zu sagen: "Ich gehe! Bleib, wenn du willst." Die Nachbarn erzählen uns, daß letzte Nacht wieder eine muslimische Familie ermordet wurde. Wir sind bald an der Reihe, Firkets Tante und wir sind die Letzten. Sreten kommt noch immer, aber sie drohen auch ihm. Er verspricht, daß er sich erkundigt, ob uns UNO-Soldaten nach Sarajevo bringen können. Wieder ein nächtlicher Angriff, die Polizei kommt, um uns zu schützen, sagt aber klar und deutlich, das sei das letzte Mal gewesen. Es seien derart viele Serben gefallen, sie wollten keine Muslime schützen. "Geht zu Koroman, er kann euch helfen." Am nächsten Morgen gehen wir zu dem Mann. Er sieht uns an, als bitte er uns um Verständnis. Auch er begreift nicht, wieso sich alles so sehr zum Schlechten gewendet hat. Als es anfing, hatte auch er nicht mit einem solchen Reigen von Verbrechen gerechnet. Er werde uns helfen, Pale zu verlassen, er habe schon anderen geholfen und verstehe nicht, warum er in Sarajevo auf der Liste der Kriegsverbrecher stehe. Er müsse auf der Seite seines Volkes kämpfen. Ich erinnere mich an die Geschichte von seinem Vater. Erledigt dieser junge Mann seine abstoßende Polizeiarbeit aus einem Pflichtgefühl gegenüber seinem Volk und rettet den einen oder anderen Muslim, wenn er daran denkt, was ihm sein Vater gesagt hatte?

An die letzten zwölf Stunden in Pale erinnere ich mich nur noch bruchstückhaft. Der Bruder des Polizeichefs zog in unsere Wohnung, und ich bat darum, daß Fikret mit uns gehen dürfe. Der Gedanke, daß sie den jungen Kerl morgen umbringen würden, war mir unerträglich. Ich bat, daß sie die Schwiegermutter und die Schwägerin irgendwie nach Sarajevo bringen. Die alten Frauen würden sie wohl durchlassen. Männer hatten keinerlei Chancen, lebend in Sarajevo anzukommen. "Ihr dürft nicht mehr auf die Straße gehen! Ich bringe euch ins Krankenhaus, dort landet der Helikopter", sagte uns der Mann, der uns retten wollte. "Fürchtet euch nicht, der Pilot ist ein Verwandter von mir, er hält Wort!" Er hielt sein Versprechen, brachte uns hin und setzte uns in den Helikopter mit den Verwundeten. Wir starben vor Angst, man würde uns erkennen. Beim Abschied fuhr mir plötzlich durch den Kopf, daß ich allein diesem Mann, den ich vor ein paar Tagen noch nicht kannte, verdankte, daß wir lebend aus Pale kamen. Ich dachte an die Töchter, ich sah in Fikrets Gesicht mit seinen zitternden bleichen Lippen. Dann streckte ich die Hand aus und umarmte unseren Retter. "Ich danke dir", sagte ich. "Auch darüber wird eines Tages jemand schreiben", antwortete er und ging.

Im Hubschrauber überflogen wir die Romanija. Das letzte Bild aus meiner Heimat, das mich lange verfolgte, waren die ausgebrannten, toten muslimischen Dörfer in Ostbosnien.

Polizeikommandant Koroman hielt auch sein zweites Versprechen, er schickte die beiden alten Frauen nach Sarajevo. Aber sie kamen nicht auf der anderen Seite an. Jemand schoß auf sie, als sie über die Brücke gingen.

Safeta Obhodjas: Scheherezade im Winterland
(Auszug)

Nadira hatte vor langer Zeit einmal gelesen oder vielleicht von Zineta gehört, sie konnte sich nicht mehr daran erinnern, daß das Leben wie ein Fluß neben den Menschen herfloß und sie von seinen Ufern aus Netze hineinwarfen, um aus dem mächtigen Strom ihren Teil des Glücks zu fischen. Das Wasser war stets mulmig und undurchsichtig, die Netze wurden auf Verdacht geworfen, so daß man meist das fing, was man gerade nicht erleben und im Gedächtnis behalten wollte. Aber was man fing, konnte man nicht mehr fortwerfen, man schleppte es weiter als unnütze, aber ewig gegenwärtige Last. Das Schöne funkelte nur kurz, aber so stark, daß es die Illusion verlieh, das Leben sei es wert, gelebt zu werden.

Reise ans andere Ufer

Al Habbaniya, Kirkuk, Bagdad. Anfangs fand ich Bagdad in jeder Hinsicht
weit. Einige Monate später kam meine ganze Familie nach, wir kauften ein
Haus am Tigrisufer. Ich studierte, traf mich mit Leuten, lernte Englisch,
vertiefte mich in die Welt- und vor allem in die amerikanische Literatur.
Dann begriff ich, daß es eine scheinbare Weite war, beschränkt auf den
Kreis junger Menschen, meiner Kollegen und Freunde, die die Welt noch
ändern wollten. Die Gesellschaft insgesamt war geistig abgestorben. Alle Versuche sozialer Veränderungen und Revolutionen waren gescheitert,
dank der Gewalt von Polizei und Militär herrschte Schweigen. In diesem
gewaltigen Meer der Verstummten gab es uns, ein paar hundert oder tausend junge Leute, die schreien wollten. Aber wen anschreien, wer wollte
hören? Deine Stimme wird ein Flüstern, verliert sich im gewaltigen tauben
Ohr des Universums. Ich begriff, daß mir Bagdad zu eng war, zu eng für
meine literarischen Absichten. Mein Wunsch, etwas von der Welt zu sehen,
wurde stärker. Ich wollte wissen, ob die Bücher die Wahrheit sagten, ob
meine aus dem Lesen gewachsene Vorstellung der Wirklichkeit entsprach.
Natürlich galt der erste und mächtigste Traum Amerika. Ein solcher Traum
war für einen jungen Mann ohne Paß und Geld ziemlich irreal. Ich wartete,
wie in meiner Kindheit, an dem Ufer jenes Sees, darauf, daß etwas kommen
und mich mitnehmen würde.

Eines Tages lud mich mein Freund, der verstorbene Jabra Ibrahim, ein.
Er hatte tolle Neuigkeiten, Yousif al Khal war in Bagdad und wollte mich
sehen. Wir unterhielten uns ein paar Minuten, und er sagte: " Bagdad ist zu
klein für dich, komm nach Beirut, dort kannst du dich entfalten."

Komm nach Beirut! Ich wäre spornstreichs gegangen, aber ich hatte nur
die Flügel der Poesie, keine anderen. Ich überlegte, erkundigte mich nach
heimlichen Wegen, die aus dem Irak führten. Und ich geriet an den Richtigen. Einer meiner Bekannten, der Literaturkritiker Shuja', wußte mehr von
diesen Wegen als alle anderen und willigte ein, mir zu helfen. Im Dreilän-
dereck zwischen Syrien, Irak und Iran gab es ein Dorf, in dem er ein Haus

"A rhythm that left its memory at Harun al-Rashid's court, an imagery that is not confined to geography or nature, an appetite for humor, these are some of the major elements Sargon Boulus has brought to contemporary Arab verse. This liberation of the language, necessarily linked to one's own, Boulus has achieved better than any young Arab poet, for it was for him a matter of survival; it is so easy to be lost on a geographical map if you are living in America and writing in Arabic. Because it was such a basic necessity, his attempt at interiorizing his time and space (both past and present) has freed him and freed his poetry as well. This is why he can move about the earth *which is no idea/ but a road awaiting a footstep,* just like poetry."

Sargon Boulus, Georgetown University, 1981

hatte. Es war kein gewöhnliches Dorf am Rand der Wüste, sondern ein richtiges Schmugglernest. Der Bruder meines Freundes war der Berühmteste unter ihnen. Er kannte die Experten für die Schleichwege durch die Wüste, und wußte, wie man den Grenzkontrollen entging. Ich sagte meinem Freund Jabra Ibrahim, daß ich in ein paar Tagen Bagdad verließe, und er glaubte, ich habe alle Papiere und das Flugticket beisammen. Ihm kam gar nicht in den Sinn, daß ich durch die Wüste wollte. Ich nahm das Geld, das mir der Verkauf der Bücher eingebracht hatte, und ging. Ich war dreiundzwanzig oder vierundzwanzig Jahre alt, das richtige Alter für Abenteuer, um die Verbindung zu den Wurzeln durchzuschneiden. Ich hatte keine Angst vor dem, was mich erwartete. Es war die entscheidende Wende meines Lebens. Ich ging durch die Wüste von der einen in die andere Welt und öffnete die Tür zu meinen Visionen.

Ich wartete eine Zeitlang in dem Schmugglernest, fast sicher, daß ich auf einem anderen Planeten gelandet war. Ich lebte in der Familie des Bruders meines Freundes, der mich dorthin gebracht hatte. Frauen wie Schatten, fast unsichtbar, fast unhörbar. Hätte nicht plötzlich ein Teller mit Essen vor dir gestanden, du hättest nicht geglaubt, daß es sie überhaupt gibt. Sie nähern sich mit halbabgewandtem Gesicht, damit du ihnen nicht in die Augen schauen kannst, verschwinden, noch bevor du ihre Anwesenheit ahnst. Die Nächte verbrachte ich im Café in der Ortsmitte. Noch heute sehe ich das Bild, auf dem Regal ein steinaltes Radio, ihre einzige Verbindung zur Außenwelt. Dort trafen sich die Schwarzmarkthändler, hier tauschten sie ihre Waren, informierten sich über Dinge, die man gesehen hatte, dort, wo man grade herkam. Die Männer gingen nachts über nur ihnen bekannte Wege nach Syrien und in den Iran, beschafften dort Waren, Transistoren, warme Kleidung, Frauenschmuck, Seife. Von diesem Café aus fand die Ware dann ihren Weg 'auf den Markt'. Auch die Hirten, deren Herden in der Nähe weideten, kamen, gierig nach Neuigkeiten und der Möglichkeit, mit Menschen zu reden. Jeden Abend trieb sich dort eine Frau mit einem Mantel herum. Ihr Liebhaber, einer der bekanntesten Schmuggler, war kurz zuvor bei einer Abrechnung ums Leben gekommen. Sie konnte sich nicht mit dem Verlust abfinden, sah die an, die vor kurzem noch seine Freunde und Komplizen waren, als suche sie ihn. Dann stand sie lange im Halbdunkel und wartete, wahrscheinlich in der Hoffnung, daß er doch noch kommen würde.

Ein Leben am Rand der Welt, wie ich es nie wieder erlebt habe.

Ich blieb solange dort, bis ich einigermaßen vertraut war mit der Wüste, bis ich einige ihrer Geheimnisse kannte. Mein Gastgeber nahm mich Abend für Abend auf einen Spaziergang mit, wir gingen so weit weg, bis man die Lichter der Siedlung nicht mehr sehen konnte. Statt dessen sah man im Dunkeln andere, grünliche Lichter. Das waren Wolfsaugen, etwa ein Dutzend fluoreszierende Augen, die, wie in einem Spiel, verschwanden und auftauchten. Der Sand um uns herum vibrierte vor Leben, die Skorpione wuselten nach allen Seiten davon, gefährliche Insekten sirrten. "Nimm dich in acht! Wenn sie dir ins Gesicht fliegen, kriegst du sie nur noch mit einem Stück Haut wieder ab", warnte mich mein Freund.

Weder die Angst vor der Polizei noch die Gefahr, die von den Wüstentieren ausging, konnten mich zurückhalten. Ich war wild entschlossen, auf die andere Seite zu wechseln.

Meine letzte Wohnung im Irak war eine Hütte in der Nähe der Grenzstation. Lange wartete ich auf einen günstigen Moment, um mich unbemerkt daran vorbeizuschleichen. Einmal kam ein Mann mit einem Tuch auf dem Kopf. Als er meine Absicht durchschaute, gab er mir Käse und Brot für den Weg mit. "Hab keine Angst, du schaffst es", sprach er, als segnete er mich.

Ich schaffte es und war einen Monat später in Beirut. Als erstes suchte ich Yousif auf. Er saß in seinem Büro am Tisch, und als er mich sah, sagte er bloß: "Ich wußte, daß du kommen würdest." Als hätte er mich erwartet. Schon am nächsten Tag fand sich eine Arbeit für mich in der Redaktion.

Bald nach meiner Ankunft in Beirut fing die Liebesgeschichte mit der Journalistin Bulbul B. an, deren Vater Richter und Oberhaupt einer großen Familie war, Drusen, die in den Bergen hinter Beirut beheimatet sind.

Unsere Bekanntschaft begann mit ihrem Anruf in der Redaktion. Sie schlug mir ein Interview vor. Ich war nicht nur überrascht, sondern auch mißtrauisch; ich hatte noch nie mit einer Frau über derart komplexe Fragen wie die Lage der arabischen Literatur und meinem Beitrag zu den eigentlichen Möglichkeiten der arabischen Sprache geredet. Yousif setzte meinen Zweifeln ein Ende. Er konnte gar nicht nachvollziehen, warum ich nicht sofort eingewilligt hatte. "Das Mädchen ist eine ausgezeichnete Journalistin", sagte er mir.

Bulbul B. stellte gut vorbereitete Fragen. Es erwies sich, daß sie meine Arbeit seit längerem verfolgte und sich gut mit der Literatur auskannte. Ich muß zugeben, daß ich mich ziemlich geschmeichelt fühlte. Ein Fotograf porträtierte mich, die Bilder und ein langes Interview erschienen in einer angesehenen libanesischen Zeitung. Hätte ich mir ein schöneres Willkommen wünschen können? 'Schau, das ist die Macht der Poesie', sagte ich mir. 'Du bist ein Habenichts, wohnst bei Verwandten, lebst von der Hand in den Mund, deine Honorare lösen sich innerhalb von wenigen Stunden im Café in Nichts auf. Aber die Leute lesen, was du geschrieben, worüber du nachgedacht hast, und eine gebildete Frau mit wunderschönen Augen verliert nicht das Interesse an dir.'

Nach dem Interview schaffte es Bulbul immer wieder, in meiner Nähe aufzukreuzen. Sie war oft in dem Café 'Hufeisen'. Ich brauchte ein paar Wochen, bis ich kapierte, daß das nicht aus rein beruflichem, kollegialem Interesse geschah. Ich hatte nichts gegen eine so ungewöhnliche Liebesbeziehung. Wir zwei wurden unzertrennlich. Bulbul besaß ein Auto, allein oder in Gesellschaft unternahmen wir häufig Ausflüge in die Umgebung. Von den Bergen ringsum boten sich herrliche Blicke aufs Meer. Sie tat alles, damit ich die Stadt lieben lernte, aber ich sagte ihr von Anfang an, daß ich nicht bleiben würde, daß ich nach Amerika wollte. Natürlich wußte ich damals nicht wie, ich hatte einfach das Gefühl, daß wieder etwas geschehen und meinem Leben eine ganz andere Richtung geben würde. Mir schien, Amerika sei das einzige Land, in dem ich mich richtig frei fühlen könnte. Aber mein Mädchen glaubte, es würde mich schon irgendwie in Beirut halten, an sich und an die Stadt binden können. Bulbul hoffte auf eine Heirat. Aber da sie darüber mit mir nicht direkt reden konnte, versuchte sie es indirekt, über meine Tante, bei der ich wohnte. Die Tante wiederholte, sooft sie mich sah: "Nie und nirgends findest du eine bessere, schönere, klügere Lebensgefährtin als Bulbul." Ich lehnte es ab, darüber zu sprechen. Ich fragte mich, was die Frauen wollten, wie sie auf die Idee verfallen konnten, ich mit meinem Kopf voller Träume könne die Rolle des Gatten und Vaters spielen. Für mich hätte die Heirat mit einer reichen Braut nicht nur Abhängigkeit, sondern auch die Anpassung an die ungeschriebenen Gesetze der Familie bedeutet, und dazu bin ich wirklich nicht in der Lage. Die Ehe als Möglichkeit, eine legale Aufenthaltsgenehmigung im Libanon zu bekommen, lehnte ich kategorisch ab, und danach fand ich mich im Gefängnis wieder, um aus dem Land gewiesen zu werden. Die Kenntnis der amerikanischen Literatur verschaffte mir in der Botschaft die Ausreisegenehmigung, und so schipperte ich, nachdem ich die tödlichen Spiele am

Strand von Beirut hinter mir gelassen hatte, auf das Land meiner Träume
zu. Mein Freund und Mentor begleitete mich mit den Worten: "Junge, geh
und bilde dich, verdien' ein bißchen Geld, und dann kommst du wieder zu-
ick. Schick alles, was du schreibst, wir werden es veröffentlichen, brich
die Verbindung zu deiner kulturellen Heimat nicht ab!"

Und ich ging nach Amerika und versank, ohne Spur, ohne Stimme. Ich
kam mit dem Schiff in New York an, hatte weder Geld noch kannte ich eine
Menschenseele dort. Noch heute wundere ich mich, wie ich überlebt habe. Nachdem ich meinen letzten Dollar für ein Hotelzimmer bezahlt hatte,
in dem sonst nur Prostituierte lebten und arbeiteten, mußte ich etwas unternehmen. Zum Glück hatte ich die Telefonnummer und die Adresse der
Schriftstellerin Etel Adnan. Aber sie wohnte weit weg, in einem Städtchen
bei San Fransisco. Ein schwarzer Junge brachte mich zu einem Zentrum,
das Einwanderern half. Sie riefen Etel an. Sie bestätigte, daß sie mich kenne und schickte mir sofort eine Karte, um zu ihr zu kommen.

Ich blieb ein paar Tage bei ihr und begab mich sofort auf die Suche nach
Arbeit. Ich machte alles mögliche, bis ich mich traute, bei einer großen Firma vorzusprechen. Mir halfen wohl meine guten Englischkenntnisse, vielleicht auch mein Selbstvertrauen, jedenfalls stand ich vor dem Boß und
behauptete, ich sei jeder Arbeit gewachsen. Er schätzte meine Fähigkeiten trotzdem nicht ganz so hoch ein, führte mich in einen Kellerraum, in
den sich ganze Ströme von Post ergossen. Dort saß etwa ein Dutzend junger Leute und sortierte Briefe. Das wurde nun auch meine Aufgabe. Nach
ein paar Tagen war es Routine, und ich begann, mich für die Kollegen zu
interessieren. Sie kamen von überall her, Weiße, Schwarze, Chinesen, Japa-
ner, auch Araber. Wir waren jung, wir lachten, kabbelten uns mitunter, aber
ohne Schärfe, freuten uns, wenn wir in eins der Sekretariate da oben geschickt wurden zum Postholen. Harmlose Flirts und das Lächeln einer Frau
auf ein Kompliment hin verkürzten und verschönten den Tag. Nach der Arbeit ging ich ins Kino, in den Park oder in mein gemietetes Zimmer. Aber
schreiben konnte ich nicht. In diesem Kampf ums Überleben war kein Platz
für Poesie. Meine Zunge verstummte unter dem Schlag der absurden amerikanischen Wirklichkeit. Mir schien das Arabische unfähig, das, was ich
erlebte und sah, wiederzugeben. Trotzdem steckte ich tief in diesem neuen
Leben, es war so voller neuer Eindrücke, aus denen sich eine Barriere zwischen meinem einstigen und meinem jetzigen Selbst errichtete. Die Einfälle

aus den Beiruter oder Bagdader Tagen durchdrangen diese Barriere nicht. Ich bekam allmählich das Gefühl, daß meine inneren Quellen austrockneten. Das nahm ich wahr wie eine Krankheit, die nur die Zeit heilen konnte, ich mußte warten, bis der Vorgang in meinem Bewußtsein abgeschlossen war. Ich malte mir aus, wie ich begänne, auf Englisch zu schreiben. Aber die Aussicht begeisterte mich nicht sonderlich, es gab so viele englische Schriftsteller und so wenig gute arabische.

Bis mich ein Vorfall für kurze Zeit wieder an die Vergangenheit band. Es war Nacht, ein Klopfen an der Tür riß mich aus dem Schlaf. Meine Vermieterin teilte mir mit, eben sei eine junge Dame eingetroffen, die behaupte, meine Freundin zu sein. Sekunden später stand vor mir, der ich vor Erstaunen stumm und verwirrt war, mein Mädchen aus Beirut. Ich träumte nicht, Bulbul war wirklich da, überglücklich, weil sie mich in der riesigen Stadt gefunden hatte. Ich lauschte schockiert ihrem Bericht, wie sie nach San Fransisco gekommen war. Nach meiner Abfahrt hatte sie lange auf eine Nachricht von mir gewartet. Da ich nichts von mir hören ließ, fragte sie in der Redaktion nach, wo ich sei und was ich mache. Sie erfuhr den Namen der Firma, bei der ich arbeitete, setzte sich ins nächstbeste Flugzeug und flog nach Amerika. Dort fand sie einen Taxifahrer, der die Adresse der Firma wußte, und der Portier suchte ihr in der Liste der Angestellten meine Adresse heraus. Dann rief er ihr ein anderes Taxi, und so erreichte sie mein Apartment. Ich sah sie noch immer verwundert an, nicht weil ich mich fragte, wie sie mich aufgespürt hatte, sondern warum sie den Weg auf sich genommen hatte, was sie von mir erwartete.

Wir sprachen in einer anderen Nacht darüber. Ihr Abenteuer hatte denselben Grund, aus dem sie mich an Beirut hatte binden wollen. Nur daß sie jetzt einen umfassenden Vorschlag unterbreitete: Wir konnten ja wählen, wo wir leben würden, ob im Libanon oder in Amerika oder manchmal hier, manchmal da. Wie sollten wir leben, wo ich doch kein Geld besaß, ich hatte gerade erst angefangen zu arbeiten?! Geld sei kein Problem, ihr Vater hatte genug. "Aber ich will nicht das Geld von deinem Vater, ich will mein eigenes verdienen." Sie verstand es nicht, beharrte darauf, Amerika sei kein Land für mich, was wolle ich da, so weit fort von meinen Freunden und meiner Sprache? Was würde ich suchen, was hätte ich bisher gefunden, ob ich denn nicht schon erkannt hätte, daß der ganze amerikanische Traum aus leeren Versprechungen bestehe?! Wenn ich bliebe, würde ich verschwinden, ich hätte schon aufgehört zu schreiben und zu veröffentlichen. Wir debattierten und stritten mit allen möglichen Argumenten, eine ganze Nacht lang. Ich wankte nicht, sie konnte mich nicht überreden, in den 'ruhigen Hafen der Ehe' einzulaufen. Nein, das war nichts für mich, wenigstens nicht jetzt, wo mein Leben an der Schwelle neuer Abenteuer stand, von denen ich nicht wußte, welche es sein würden, aber ahnte, daß sie mich erwarteten.

Das Mädchen war mit der ewig weiblichen Hoffnung nach San Fransisco gekommen, daß die Liebesaffäre in die Sicherheit eines gemeinsamen Heimes und einer Familie münden würde, und Bulbul reiste enttäuscht und verweint ab, weil mich kein Beweis ihrer Anhänglichkeit beeindruckt hatte. Ich glaube noch ihren Fluch zu hören: "Gott gebe, daß du niemals Ruhe finden wirst!" In meinen Ohren klang es wie ein Segen, das genau wollte ich: mich so bald nicht beruhigen.

Und wie hätte ich mich auch angesichts solcher Herausforderungen beruhigen sollen, die mir dort allenthalben begegneten! Ich hätte Indianer sein können, Hippie, ich hätte mit der Malerei anfangen, eine Schauspielschule besuchen, in Brooklyn studieren können, hätte einen Poesie-Marathon nach dem anderen ansehen, Tage in der größten Bibliothek der Welt verbringen können. Ich konnte mit der amerikanischen Jugend demonstrieren gehen, mich mit Frauen aus Spanien, China, Mexiko vergnügen.

Schon die erste Begegnung mit San Fransisco inspirierte mich, ich spürte in mir wieder die Melodie der arabischen Sprache. Ich lauschte der Veränderung, die Quelle sprudelte langsam lebhafter, der Melodie folgten Worte. Vielleicht wegen der dortigen offenen, kosmopolitischen Literaturszene, ganz anders als in New York, wo die verschlossenen Autoren europäischen Zuschnitts lebten, jeder eine Welt für sich. Es war eine Stadt, die in sich viele Städte barg. Plötzlich warst du in Paris, London, Berlin, im chinesischen, thailändischen und was weiß ich für einem Viertel. 'Wahrscheinlich bin ich deswegen nach Amerika gekommen, genau so habe ich es mir in meinem Traum vorgestellt', dachte ich. Aber auf jeden Fall stehen in Amerika unglaublich widersprüchliche Dinge nebeneinander. Ich weiß noch, wie ich nach langer Zeit wieder anfing, poetisch zu denken. Ich fuhr mit dem Auto auf der Straße nach El Camino Real, alles wirkte unwirklich und aufregend, die Natur, die Geschichte, Spuren aus der Zeit, als Kalifornien zu Mexiko gehörte. Jahrhundertelang waren Missionare über diesen Weg gezogen, Pilger zu Fuß oder zu Pferd, und die Gebäude am Straßenrand waren ehemalige Missionsstationen. Es vermittelte mir plötzlich die Illusion, dieses Land habe eine Vergangenheit, nicht wie mein Babylon, aber immerhin wehte der Wind einer geistigen Tradition. Ich hatte mich kaum in Überlegungen vertieft, was dieser Weg einst bedeutet haben konnte, als mein Blick auf ein schauderhaftes Bauwerk mit dem Schriftzug 'Dogsbar' fiel. Ich hatte in Amerika schon Restaurants und Bars gesehen, die nach allem, was flog oder auf vier Beinen lief, benannt waren, allein, nicht einmal ein Alptraum hätte mir enthüllen können, daß jemand an einem heiligen Weg ein 'Hundelokal' baut. Ich ging hinein, und im Nu löste sich meine Illusion von den Jahrhunderten auf. Die Atmosphäre da drinnen war billigstes Hollywood-Kino oder schlimmer. Tische, Stühle, Barkeeper, besoffene Cowboys, fürchterliche Countrymusik. Als ich abends in meine Behausung zurückkehrte, schrieb ich das Gedicht über die 'Hundebar' am kalifornischen Missionarsweg. Es strömte, nicht auf Englisch, sondern in arabischer Sprache.

Damals war ich oft bei Etel Adnan, in ihrem Haus in den Bergen. Sie zeigte mir alles über das Leben der Indianer. Von ihr lernte ich, was die Hippies eigentlich wollten. Meine Freundin spielte beide gern nach. Es gefiel mir, daß ich nach langer Zeit wieder mit einer richtigen Schriftstellerin Kontakt hatte, obwohl sie nie arabisch schrieb, sondern französisch und englisch. Dann wurde ich eine Zeitlang selbst Hippie. Ich ließ das Haar wachsen, es fiel mir halb über den Rücken herab, und für ein paar Monate wohnte ich mit richtigen Hippies auf einem Dampfer aus der Zeit von Mark Twain. Studentinnen hatten mich hingeschleppt, die ich bei den Anti-Vietnamkrieg-Märschen kennengelernt hatte. Das Boot lag zwischen den Jachten der berühmtesten Hollywood-Stars. Wir hatten die kalifornische Sonne, eine Juke Box und einen Grill für die Hamburger. Alle liefen ganz frei und nackt herum, auch die Mädchen und ihre Kinder. Sie brieten Hamburger und tanzten zu der Musik von Bob Dylan und Janis Joplin. Ich schrieb dort Gedichte, andere als jene im Orient. Es war ein Gefühl, als versänke ich kurz in einem Traum und würde sofort wieder in die Wirklichkeit zurückgerissen, als betrachte ich die Lage mit den Augen von Ruhami, dem mystischen persischen Dichter, der im zwölften Jahrhundert schrieb: "Wenn ihr auf der Arche Noah betrunken schlaft, warum sorgt ihr euch wegen der Sintflut?"

Natürlich ging das nicht lange so. Ich mußte arbeiten, um zu überleben. Obwohl ich jeden Tag neue Gedichte und Prosaminiaturen in meine Hefte notierte, war ich für meine Freunde in Beirut noch immer der 'verlorene Sohn'. Ich weiß nicht, warum, aber das verfolgt mich mein Leben lang: Ich verlasse einen Ort und finde nie mehr zu ihm zurück. Ich gehe und breche alle Verbindungen ab, solange mich jene, die ich zurücklasse, nicht aufsuchen. Selbst wenn es mir am neuen Ort schlecht ergeht, ich kann einfach nicht in das Gewesene zurück. Auch damals suchten sie mich auf. Eben in jenem Sommer dreiundsiebzig reiste eine Dame nach San Fransisco, eine gebürtige Assyrerin, Violet Yacoub, und brachte mir einen Brief von Adonis. Er hatte ihn ihr mitgegeben, falls sie mich zufällig träfe. Sie hatte es nicht dem Zufall überlassen, sondern mich ausfindig gemacht, und als sie mir sagte, von wem sie einen Brief dabei hatte, läuteten in meinem Kopf Dutzende von Glocken. Adonis! Adonis schickt mir einen Brief, fragte ich mich ungläubig. Ich las ihn in einem Zug durch. Er war schöner als alle Liebesbriefe zusammen. "Du bist immer unter uns", schrieb der Freund. "Du bist nicht fortgegangen. Obwohl du nicht hier bist, bedaure ich sehr, daß deine Gedichte nicht in unseren Zeitschriften publiziert werden. Ich bitte dich, schick mir etwas! Schick wenigstens ein paar Verse für mein Magazin 'Muwaquif'. Ich will, daß du zu uns zurückkommst." Auch ich wollte wieder unter die Fittiche meiner Kultur. Ich gab Frau Yacoub alle Gedichte mit, die ich hatte, und das war mein großes Comeback in die arabische Literatur. Adonis veröffentlichte diese Gedichte in allen bedeutenderen Zentren des Orients, sogar in Marokko. Die Reaktion war phantastisch. Ich bekam Briefe von Freunden und Lesern. Sie schrieben mir, daß es das Beste sei, was ich je verfaßt habe. Dabei hatte ich sie nicht bewußt oder in der Absicht, sie zu veröffentlichen geschrieben. Die Gedichte hatten sich einfach selbst ereignet, wie, kann ich bis heute nicht erklären.

Dann war da dieses große Projekt, die Zeitschrift 'Mundus Artium'; die Universität in Houston, Texas, bestellte bei mir eine Anthologie moderner arabischer Lyrik. Ich arbeitete wie besessen. Der erste, den ich ins Englische übersetzte, war Yousif al Khal. Als habe ich seine Hoffnungen auf meine Rückkehr nicht ganz enttäuscht. 'So ist es noch besser', dachte ich. 'Schaffen und wirken in beiden Kulturen zugleich.'

Ich setzte mein aufregendes Leben fort, las, lernte, erforschte die arabische Sprache, und meine Blicke wanderten immer öfter gen Europa. Ich wollte wieder über den Ozean.

Der Fluch meiner Beiruter Bulbul erfüllte sich auf phantastische Weise.

*

An einem Mittwoch am Ende des kalten, schneereichen März zweiundneunzig fuhren Ivica Roric, ein Kollege, und ich von Tuzla nach Sarajevo zurück. Wir waren beide müde und unausgeschlafen, aber wann immer sich unsere Blicke trafen, leuchteten unsere Gesichter. "Wir haben's geschafft, wir haben's geschafft", trällerte er vor sich hin, während er wegen der kurvigen Straße das Lenkrad bald nach rechts, bald nach links drehte. Am Abend zuvor hatten wir unsere erste gemeinsame Buchvorstellung veranstaltet, für die posthum erschienene Gedichtsammlung von Avdo Mujkic, 'Das letzte Gespräch', deren Überschriften aus Koransuren stammten. Der Saal war voll, die Stimmung gut, das Publikum interessiert, und Roric und Esic voller verlegerischer Ideen und Pläne. Sie wollten im neuen und, wie wir noch glaubten, demokratisch gewählten System einen privat geführten Verlag aufbauen. Und ich war die erste Mitarbeiterin.

"So machen wir weiter", sagte Ivica zu mir, während wir eine lange Panzerkolonne überholten. Es sah aus, als wollten nur wir und unzählige Militärfahrzeuge von Tuzla nach Sarajevo fahren. "Mit jeder Neuerscheinung klappern wir halb Bosnien ab und tragen den Leuten das Buch mit lebhaften Worten an." "Woher kommen die vielen Panzer, wo fahren die hin?" "Als ob sie selbst das wüßten. Sie werden's erfahren, wenn sie ankommen. Aber vielleicht geht ihnen unterwegs das Benzin aus, dann kommen sie nie an", antwortete er lachend, und dann redeten wir wieder über den vorigen Abend, über das, was wir vergessen hatten. "Wir brauchen Musik. Nächstes Mal engagieren wir einen Gitarristen", Ivica platzte förmlich vor Begeisterung.

Drei Tage später, an einem Samstag, trotz Bajram und obwohl in der Umgebung von Sarajevo geschossen wurde, erstellten Ivica und ich einen Finanzplan für den Verlag. Bevor wir damit fertig wurden, kam Ilija. Er war für Werbung und Vertrieb verantwortlich. Bestürzt sah er, was wir da taten. "Ihr seid nicht normal, ihr habt ja keine Ahnung, was da draußen vorgeht. Die Serben verlassen massenweise die Stadt, Autokolonnen verstopfen die

Ausfallstraßen. Irgendwas steht uns bevor, ich sag's euch, Sarajevo wirkt wie verhext."

Ich winkte ab, das bahnte sich schon lange an, ich konnte nicht jeden Tag an das denken, was Generäle und Politiker ausheckten. Trotzdem verloren wir die Lust, unseren Plan fertigzumachen und beschlossen, sofort nach Hause zu gehen. Ich nahm Unterlagen mit, um meinen Teil dort am Sonntag abzuschließen. Ivica sagte mir beim Abschied, daß er mit seiner Familie vielleicht nach Deutschland gehen und dort abwarten würde, bis sich die Situation wieder beruhigt hätte. Meine Familie und ich hatten nicht vor wegzugehen.

Ich kehrte mit dem letzten Bus, der von Sarajevo nach Pale fuhr, heim. In der Nacht entstand zwischen der Stadt und den Vorstädten die Front, ich konnte nicht mehr zur Arbeit fahren. Im Büro in Sarajevo lagen wichtige Dokumente und das Manuskript meines Romans 'Ein bosnisches Gastmahl', das einzige existierende Exemplar.

Kollege Ilija brachte dieses Manuskript Monate später nach Pale. Er übergab mir das Bündel Papier und die Telefonnummer unserer 'Chefs', sie waren tatsächlich in Deutschland. Dann verabschiedete er sich und meldete sich pflichtgemäß beim Militär. Sie behielten ihn gleich da. Seine erste Aufgabe bestand in der Bewachung eines Nahrungsmitteltransports. Am nächsten Tag wurde er bei der Fahrt durchs Romanija-Gebirge verwundet.

Ich hatte die Telefonnummer, aber ich wollte die Kollegen nicht anrufen. Ich war wütend auf sie, weil sie so weit fort geflohen waren. Ein paar Tage später konnte ich sie nicht mehr anrufen, weil unser Anschluß gesperrt wurde. Erst Monate später erreichte ich Ivica, im Spätsommer zweiundneunzig. Wir übernachteten bei Nachbarn, die Frau Serbin, der Mann Kroate. Sie hatten uns angeboten, bei ihnen zu schlafen, weil uns am Tag zuvor ein paar Soldaten aus unserer Wohnung werfen wollten. Die Polizei nebenan hatte das verhindert und auch daß wir getötet wurden, aber die, die sich unsere Wohnung unter den Nagel reißen wollten, hatten gedroht, sie würden wiederkommen. In der nächsten Nacht schon würden wir in einer Paljaner Höhle verschwinden. Wir wußten nicht wohin, jedenfalls nicht weiter als eben in die Wohnung unserer Nachbarn, die selbst nicht recht wußten, ob sie uns helfen durften. Wir saßen in ihrem Zimmer und lauschten auf jedes Geräusch im Treppenhaus, warteten darauf, daß jemand in unsere Wohnung einbrechen würde. Vor mir stand das Telefon und mir fiel ein, daß es da etwas außerhalb dieser Dunkelheit, des Hasses und der Granatexplosionen gab. Rasch ging ich in unsere Wohnung und holte die Telefonnummer meiner Freunde in Deutschland. Ich war ihnen nicht mehr böse. Zutiefst bedauerte ich, daß nicht auch wir längst schon diese Hölle verlassen hatten.

"Was, du bist noch in Pale!?" schrie Ivica, als er meine Stimme hörte. "Pack dich und hau sofort ab, warte nicht bis morgen!"

Aber mein Mann wollte nichts davon hören. Sein Motto lautete, daß wir sicher seien, weil schon seine Vorfahren in früheren Kriegen Pale nie verlassen hatten. "Früher war es schlimmer, und das haben wir auch überlebt", sagte er. "Bis zum Winter ist der Krieg ohnehin aus."

Aber er war nicht aus, und einen Monat später mußten wir fliehen. Wir wandten uns nach Belgrad. Von dort rief ich wieder die Freunde an, mit denen ich im Frühjahr davon geträumt hatte, mit unseren Büchern jedes Städtchen in Bosnien-Herzegowina zu besuchen. Wir wußten nicht weiter, und ich kannte sonst niemand im Ausland.

"Da raschelt was, bist du ganz sicher, daß du mich nicht aus dem Grab heraus anrufst?" Ivica hatte seinen schwarzen Humor nicht verloren.

"Ich lebe, aber warum, keine Ahnung. Ich weiß nicht wohin, hier können wir nicht bleiben. Wir haben an Dänemark gedacht, dort nehmen sie noch Flüchtlinge", sagte ich ihm, nachdem er sich allmählich darüber beruhigte, daß wir lebend und gesund aus Pale herausgekommen waren. "Was wollt ihr in Dänemark? Wir schicken Marija Vranic, eine Freundin, an die tschechoslowakische Grenze, sie holt euch ab, kommt her, kommt zu uns nach Wuppertal." "Wo liegt denn das?"

Noch Tage später konnte ich mich nicht soweit sammeln und mir diesen Namen merken, auch nicht, in welchem Teil Deutschlands wir gelandet waren. "Mama, erinnerst du dich nicht, das haben wir doch gelernt? Engels ist hier geboren." "Welcher Engels?"

In meinem Hirn war schiere Leere. Zwischen meinem früheren Ich und der fast zerbrochenen Flüchtigen in Deutschland klaffte ein Abgrund.

"Ich bin vierzig Jahre alt", sagt Scheich Ahmed Nurrudin in Selimovics Roman 'Der Derwisch und der Tod'. "Ein scheußliches Alter, man ist noch jung genug, um Wünsche zu haben, aber zu alt, um sie zu verwirklichen."

Ich glaubte nicht, daß es ein scheußliches Alter sei, im Gegenteil, meine Zeit schien gerade erst anzufangen. Ich hatte zwei Arten von Träumen.

Safeta Obhodjas bei einer Lesung im Frauentreff in Berlin, 1998

Die einen hingen mit meinen Freunden zusammen, den frischgebackenen Verlegern. Ich hatte geglaubt, daß wir in naher Zukunft mit unseren Büchern durch ganz Bosnien ziehen und nicht ein Dorf im herzegowinischen Karst auslassen würden. Die anderen waren meine eigenen, verbunden mit meiner Familie und der Literatur, denn beide gehörten in mir unzertrennlich zusammen. Geschrieben hatte ich jahrelang in der Zeit, die ich vom Familienleben erübrigen konnte, und deswegen harrten viele hübsche Ideen und Themen in meinem literarischen Schatzkästlein auf bessere Tage mit weniger Verpflichtungen. Ich war überzeugt, daß diese Tage erst kommen würden, wenn die Kinder aus der Schule wären und auf eigenen Füßen ständen. Und das rückte Anfang zweiundneunzig in Reichweite. Die ältere Tochter stand vor ihrem Diplom in Maschinenbau, die jüngere hatte das Gymnasium abgeschlossen. Zugegeben, ich war stolz auf sie, aber auch auf mich, weil ich es geschafft hatte, meine Pflichten und Wünsche übereinzubringen.

Allmählich umkreisten meine Pläne die Zukunft. Ich wollte nur als freie Mitarbeiterin bei dem Verlag mein Geld verdienen, so daß ich meine Zeit selbst einteilen konnte. Ein neuer Band mit Erzählungen, ein Roman waren fertig. 'Ich veröffentliche die Erzählungen, damit ich etwas in der Hand habe, und mit dem Roman warte ich, bis sich der nationale und nationalistische Krawall etwas gelegt hat. In der Zwischenzeit schreibe ich etwas anderes. Durch die Arbeit im Verlag lerne ich sicher neue Leute kennen, dann fehlen mir die Gespräche mit Kluberic nicht so sehr. Ich darf mich nie mehr so sehr an jemand binden. Außerdem bleibt mir mehr Geld für mich, wenn die ältere Tochter eigenes verdient. Ich muß meinen Paß abstauben, es wäre schon schön, etwas von der Welt zu sehen, das kann ich mir jetzt erlauben. Mein Mann kann sich aussuchen, ob er mitfährt oder zu Hause bleibt.' Ich war mir nicht so sicher, ob das ohne Machtkampf abgehen würde, aber ich war fest entschlossen. Wenn er weiterhin starrköpfig auf seinem Flecken Erde hocken wollte, würde ich mich auf mein Recht berufen, in meinem Leben mehr als die Straße zwischen Pale und Sarajevo zu sehen.

Ich durfte noch den Geschmack verwirklichter Träume kosten. In Tuzla hatten wir die Buchvorstellung organisiert, in derselben Zeit kam der Umbruch meiner neuen Prosasammlung, vier Tage später hielt Dzeneta nach fünf Jahren Technikstudium endlich ihr Diplom in Händen. Und während

wir unsere kleinen Erfolge feierten, sannen andere darauf, wie sie uns vernichten und vertreiben könnten, weil wir eine einzige Sünde begangen hatten: Muslimische Namen zu tragen. Nicht ich, andere sorgten dafür, daß
wir eine weite Reise antraten, und das ohne Paß und jede Hoffnung auf
Rückkehr.

Die deutschen Politiker, vielleicht weil sie ihr Gewissen wegen ihres
Anteils am Zerfall Jugoslawiens reinwaschen wollten, nahmen Flüchtlinge
aus Bosnien-Herzegowina auf. Mehr als zweihunderttausend kamen in das
Land. Die Regierenden waren bereit, Gelder für ihre Ernährung und für den
Bau von Heimen zu ihrer Unterbringung bereitzustellen, auf alten Schiffen,
in Kasernen, Containern und ungenutzten Schulen. Aber die Möglichkeit,
ein halbwegs würdiges Leben zu leben, boten uns Menschen, die in verschiedenen ökumenischen Organisationen Flüchtlingshilfe betrieben. Sie
halfen unseren Kindern in der Schule, sagten uns, wo es Sprachkurse gab,
fanden eine Arbeit und anständige Wohnungen für uns. Sie sammelten für
unsere Verwandten und Freunde daheim und milderten das Gefühl der Einsamkeit und Verlassenheit. Am Anfang unseres Flüchtlingsdaseins halfen
uns meine Kollegen aus Sarajevo, Ivica und Äimo, die später in Deutschland ihren Verlag gründeten, und deren Freundin Marija Vranic. Sie machte uns mit Deutschen bekannt, die Bosnien und seinen Bewohnern helfen
wollten, den geflohenen ebenso wie jenen, die dort eingekesselt waren.

Im Haus der Familie de Homont, die meinen Töchtern Unterkunft und
Essen gab und mir und meinem Mann eine Bleibe in einem Ferienheim be-
sorgte, wurde ein Treffen veranstaltet. Freunde und Bekannte der Familie
versammelten sich, um eine Gesellschaft zur Unterstützung der Kriegsopfer
in Bosnien zu gründen. Alle Anwesenden nannten ihre Namen und sagten
mit zwei, drei Sätzen, was sie gemacht hatten oder machten. Zum ersten
Mal im Leben stellte ich mich so vor. Außer meinem Namen erwähnte ich,
womit ich mich in Sarajevo beschäftigt hatte und wieso ich jetzt in Deutschland war. Nachdem das übersetzt wurde, sah mich eine hagere Frau mit
dicken Brillengläsern für Weitsichtige verwundert an. "Warum sagen Sie
nicht alles?" fragte sie. "Wir haben gehört, daß Sie Schriftstellerin sind."
Das hatte ihnen sicher meine jüngere Tochter verraten, die sich mit ihren
Deutschkenntnissen aus der Schule ganz gut zurechtfand. Die Frage über-
raschte mich. 'Schriftstellerin! Das ist doch nicht wichtig, daß ich mich in
meiner Freizeit mit Schreiben beschäftigt habe', fuhr mir durch den Kopf.

"Naja, ich habe ein paar Sachen geschrieben und veröffentlicht", antwortete ich und glaubte immer noch nicht, daß das die Anwesenden wirklich interessierte.

"Und jetzt schreiben sie nicht mehr", fragte ein weißhaariger Mann, von dem ich wußte, daß er Arzt war.

"Wissen Sie, ich kann nicht behaupten, daß ich das alles abgestreift hätte, das Schreiben ist mit mir hierher gekommen, in meinem Kopf. Ich habe schon ein paar Notizen gemacht, Szenen für ein Hörspiel. Aber was kann ich damit anfangen?" "Es wäre vielleicht nicht schlecht, einen Übersetzer zu finden, damit wir Ihre Sachen lesen können", sagte die Frau mit der Brille.

So fing es an. Als Astrid Philippsen, Übersetzerin aus Berlin, die erste Übersetzung abgeschlossen hatte, veranstalteten meine neuen Freunde – Gudrun und Wolfang Klosterkötter, Ingrid und Otto Buchholtz – mit der Gesamtschule eine öffentliche Lesung meines Hörspiels 'Die Balkanpest'. Sie sagten mir, nach der Lesung würde das Publikum Fragen stellen.

Als mir klar wurde, was da auf mich zukam, packte mich die Angst. Zu Hause in Sarajevo hatte ich Veröffentlichungen gehabt, aber niemals habe ich mit meinen Lesern geredet, niemals mußte ich erklären, was ich geschrieben hatte. Ich wußte nicht einmal, ob mir das in meiner Sprache gelungen wäre, und jetzt war ich auch noch gezwungen, in Deutsch zu reden. 'Es ist jedenfalls nicht schlimmer als das, was du überlebt hast', sagte ich mir und lernte auswendig, was ich sagen wollte. Dieses erste Zusammentreffen mit einem Publikum verlief wie in Trance. Ich erinnere mich deutlich an meine Scham, weil ich die Fragen nicht verstand und wie lange die Leute warten mußten, bis ich mir meine Antwort im Kopf zurechtgelegt hatte, die sie ihrerseits sicher nicht gut verstehen konnten. Einige der Anwesenden gaben Kommentare zu meinem Text ab, fragten, ob es möglich sei, heute in Europa Massenvernichtungslager zu bauen. "Wenn es nicht so wäre, wenn das nicht die Wahrheit wäre, wäre ich nicht hier, sondern zu Hause!" antwortete ich, und darauf folgte eine scharfe Reaktion einer Deutschen, die mit einem Serben verheiratet war. Sie hielt eine bittere Rede darüber, daß in Bosnien ein Bürgerkrieg geführt werde, daß dort alle gleichermaßen umkämen, wie ungerecht die Sanktionen gegen die Serben seien. Ich habe damals nicht verstanden, was sie sagte, man hat es mir später übersetzt. Da zerriß mich die Qual, daß ich die Sprache nicht verstanden und nicht hatte erklären können, wer da in meinem Land starb und warum. Wie konnte sie von Velbert aus wissen, was in Bosnien vor sich ging? Ich wollte fragen, woher sie ihre Informationen hatte, aus der serbischen Propagandamaschinerie?

Mein Kampfgeist war geweckt. Wie besessen lernte ich nun Deutsch. Anfangs war es einfach das Bedürfnis, all diese inhaltslosen Tage mit etwas Sinnvollem zu verbringen, dann blieb ich wegen der Menschen dabei, die mich immer öfter einluden, über Bosnien zu reden, über die bosnischen Frauen, wie und warum die Bosniakinnen Opfer der Soldateska wurden, über die bosnische Kultur, die in Europa nahezu unbekannt war. Das ließ sich mit dem schmalen Vokabular aus dem 'Deutsch für Ausländer'-Lehrbuch nicht bewältigen. Deswegen begann ich schon nach den ersten Lektionen deutsche Bücher zu lesen, zuerst Märchen. Ich erinnerte mich, daß ich die ersten Buchstaben in meiner Sprache mit dem Bilderbuch über die kleine Meerjungfrau gelernt hatte. Anfangs war es, als würde ich durch einen dichten, dunklen Schleier lesen, mehr ahnen als verstehen, was da stand. Las ich denselben Text drei-, viermal, wurde der Schleier dünner, die Geheimnisse der fremden Sprache enthüllten sich, ich drang allmählich in die Syntax ein. Es half, die Fragen, die während meiner Lesungen gestellt wurden, besser zu verstehen, und ich konnte meine Gedanken leichter ausdrücken. Die Sprache lernte ich leicht, nicht jedoch, diplomatisch zu sein. Fand sich ein serbischer Lobbyist im Publikum, der die Aufgabe hatte, meine Lesung zu stören, gelang es mir nie, Ruhe und Würde zu bewahren. Leider passiert es mir immer noch, daß ich heftig auf Provokationen reagiere. Tagelang raubt mir das dann viel Energie.

Meine schriftstellerische Arbeit in Deutschland war also kein bewußter Anfang, geboren aus dem Wunsch, meine Träume zu verwirklichen, oder aus dem Verlangen eines Schriftstellers, seine Kunst in einer anderen Sprache zu sehen. Träume hatte ich keine mehr, und die Texte, in denen ich einst unsere Gesellschaft und die Lage der Frauen beschrieben hatte, bekamen einen anderen Sinn und Zweck. Sie wurden zur Informationsquelle über ein Volk und eine Kultur, denen zu dieser Zeit die Vernichtung drohte. Mitarbeiter von humanitären Organisationen glaubten der kroatischen oder serbischen Propaganda nicht, denn die Berichte der Nachrichtenagenturen von Journalisten vor Ort wichen davon völlig ab, sprachen von gewaltsamen ethnischen Säuberungen, die an den bosnischen Muslimen verübt

217

wurden. Die humanitären Organisationen wollten die Opfer retten, die sich nicht selbst verteidigen konnten. Und ich versuchte, mit meinem Engagement dabei zu helfen.

Natürlich ist es ziemlich schwer, in Deutschland einen Verlag zu finden, damit haben selbst deutsche Autoren große Probleme. Mit meiner Suche und den Ablehnungsgründen könnte ich ein ganzes Buch füllen. Aber davon will ich jetzt nicht reden. Wenn man nur hartnäckig ist, findet sich immer ein Weg. Ewald Hein hatte kurz zuvor in Ratingen seinen kleinen Melina-Verlag gegründet, um bedrohte Kulturen zu unterstützen. Er war durch den Maler und Bildhauer Nesim Tahirovic aus Tuzla bereits mit Bosnien in Berührung gekommen. Ich hatte noch zwei Manuskripte, die Romane 'Hana' und 'Ein bosnisches Gastmahl'. Eben damals schickte Dr. Brigitte Döbert/Kleidt dem Verlag einen Brief mit der Anfrage, ob man an Übersetzungen aus den Sprachen der Völker Jugoslawiens interessiert sei; sie hatte schon jahrelange Erfahrung darin. Bald begann sie mit der Übersetzung des ersten Manuskriptes. Als wir uns zum ersten Mal trafen, um einige Turzismen abzuklären, sagte sie mir, sie kenne mich schon. "Wo sind wir uns begegnet?" fragte ich erstaunt. "Ich habe in Belgrad studiert, und zum Abschied hat mir Professor Damnjanovic Ihr Buch geschenkt, 'Zena i tajna'. Daher kenne ich Sie."

Im Laufe der letzten Jahre übersetzte sie meine Bücher ins Deutsche, und ich lebe und überlebe nun schon das dritte Jahr in diesem Land als freie Künstlerin. Ich bin den Mitgliedern des Velberter ökumenischen Arbeitskreises mehr als dankbar, sie haben mir den Weg geöffnet, mir wieder ein geistiges Leben ermöglicht. Es ist wegen der bosnischen Tragödie, wegen der Sorge um meine Angehörigen, die in Sarajevo geblieben sind, wegen meiner Töchter hier, wegen jener, die wir verloren haben, oft höllisch und bedrückend eng, so eng, daß ich mich zu wenig um meinen Körper kümmere, um meine gesundheitlichen Probleme. Einmal bin ich, als ich zu meiner Arbeit in der Kantine eilte, auf dem nassen Laub ausgerutscht und der Länge nach hingeschlagen. Es tat weh, aber ich achtete nicht darauf, ich stand auf und ging weiter, als sei nichts passiert. Zuhause fragte ich mich dann, woher bloß die blauen Flecken auf der Hüfte kamen. Mir fiel der Sturz wieder ein. 'Wie kannst du dich so stoßen und den Schmerz nicht spüren?' wunderte ich mich.

Später, nachdem einige Zeit verstrichen war, bemächtigte sich eine andere Frage meiner: "Wie ist es möglich, so vereinsamt zu sein, ohne daß es schmerzt? Vielleicht schmerzt es ja, aber man spürt es nicht."

Sargon Boulus: Invocations before sailing

Be with him if you will
the sleepless one on his night journey

Visit his unfurnished cave
by the distant shore of the poem:

Go to water source
and come back dying of thirst.

You would be foolish
to put your heart in chains

One day you may need every one
of its countless mistakes:

Armed with a simple bow
and some arrows, let it go.

If it must hunt the unicorn,
first it has to enter the forest.

Let there be always under your feet
some generous land to make you feel safe.

If one day it proves to be
too narrow, find the sea. And sail.[6]

Zwei fremde Länder

So weit ich auch gegangen bin, wo immer ich mich befand, in mir lebten als Kern meiner inneren Sicherheit Kindheit und Jugend. Es gab in Bagdad ein Haus, in dem wohnte mein Vater, ein ruhiger, geduldiger Mann, der sich nie über irgendwelche Ungerechtigkeiten des Lebens beschwerte. Oft ging ich in Gedanken jenen Weg, den wir zwei einst zu Fuß zurückgelegt hatten, er als Heiler, eilig, um dem Tod zuvorzukommen, ich als der Laternenträger, um ihm den Weg zu erhellen, damit er nicht stolperte.

Den Irak habe ich in den über dreißig Jahren, seit ich ihn als junger Mann verlassen hatte, nur einmal besucht. Neunzehnhundertvierundachtzig lud man mich zu einem großen Kulturfestival ein. Trotz des iranisch-irakischen Krieges nahm ich an. Nach meiner Ankunft huldigte ich zuallererst dem wilden Euphrat und dem sanften Tigris. Mir schien, sie allein waren noch dieselben. Der Gedanke inspirierte mich, das erste in der Heimat geschriebene Gedicht handelt von den beiden Flüssen. Trotz der Genugtuung, wieder zu Hause zu sein, obwohl mich die Jüngeren als großen arabischen Dichter ehrten, obwohl die Spuren meiner Arbeit noch zu sehen waren, obwohl ich wieder im Haus meines Freundes Jabra Ibrahim Jabra Gespräche führen konnte, habe ich den Besuch wegen der Kriegsbegeisterung in quälender Erinnerung. Es war ein Festival im Schatten vieler Toter, jeden Tag wurden zahllose Särge von der Front gebracht mit gefallenen Soldaten. Darunter waren Kinder früherer Freunde und Bekannte, Menschen, die mir trotz des zeitlichen Abstandes nahe standen. Mütter durften nicht um ihre Söhne weinen, denn die Söhne waren fürs Vaterland gestorben, und Allah würde sie mit dem Paradies belohnen. Sie waren als Kämpfer für den Glauben gestorben, wenn auch im Kampf gegen Muslime. Die Kriegspropaganda verheimlichte diese Absurdität.

Man behandelte mich wie einen Fremden, selbst meine Freunde. Und es war ja auch so, daß wir wohl viele Jugenderinnerungen teilten, ich aber mit amerikanischem Paß eingereist war. So mancher beneidete mich, weil ich jederzeit wieder ausreisen konnte.

221

Glücklich war ich, weil ich meiner Familie zeigen konnte, wie weit ich es mit meinem Schreiben und Lesen gebracht hatte. Ich lud sie alle ein, ich wollte ihr Gastgeber sein in Bagdad. Mein Vater betrat das Hotel, in dem ich abgestiegen war, unwillig, mit einem Gesichtsausdruck, als wisse er mit diesem Luxus nichts anzufangen. Und als riesige Platten mit Essen aufgetragen wurden, wollte er schier unter den Tisch kriechen, bloß damit er diese Verschwendung nicht mit ansehen mußte. Er sah förmlich durch mich hindurch: "Was lotst du mich hierher, zu Hause wäre es schöner gewesen." Damals mochte ich der Tatsache, daß er inzwischen ein alter Mann war, nicht ins Auge sehen, daß er nicht mehr der war, den ich in meiner Erinnerung mitgenommen hatte und daß auch meine Jugend und deren Schwung längst hinter mir lagen. Ich war aufmerksam und freundlich zu diesem alten, mir unbekannten Menschen. Aber ich trauerte, weil jener Vater aus meiner Erinnerung nirgends zu finden war. Nach dem Festival verließ ich den Irak mit dem Gefühl, daß wir uns, wer weiß warum, verpaßt hatten, und doch wußte ich, daß er in das Haus zurückkehrte, in dem ich meine schönste Zeit in Bagdad verlebt hatte.

Ich glaubte nicht daran, daß mein Vater alt geworden war, aber ein paar Jahre später, gerade als die amerikanische Kriegsmaschinerie sich im großen Stil auf den Golfkrieg vorbereitete, erreichte mich die Nachricht von seinem Tod. Ein paar Tage zu spät, und selbst wenn sie pünktlich gewesen wäre, hätte ich wegen des Krieges nicht zur Beerdigung gehen können. Als man es mir sagte, er ist nicht mehr, er wurde vor ein paar Wochen zu Grabe getragen, trübte sich mein Bewußtsein. "Gab es da, wo meine Wurzeln lagen, wirklich niemanden mehr?" Der persönliche Verlust gewann inmitten des Kriegs eine Dimension, die meine Psyche weder kontrollieren noch überwinden konnte.

Fast dreißig Jahre lebe ich in Amerika und sonstwo auf der Welt, aber ich habe mich immer als Iraker gefühlt, war diesem Land mit seiner uralten Kultur verbunden. Ich habe es als junger, abenteuerlustiger Mann verlassen, suchte Wissen, wollte kosmopolitisch leben. Aber niemals habe ich mich von meiner Sprache oder meinem kulturellen Hintergrund losgesagt. Ich fühlte mich immer auch als Botschafter der Kultur meines Landes. Ich verlor nie den Glauben daran, daß eines Tages dort an den Ufern von Euphrat und Tigris, im Mittleren Osten, die Diktatur verschwinden würde, daß die Völker sich aus der Gewalt des Weltmonopolismus lösen und mit der

Erneuerung ihrer Zivilisation beginnen würden. 'Das verfluchte Öl', dachte ich oft, 'wenn es da nicht so viel Öl gäbe, an dem so viel Geld hängt, dann würden sich auf diesem Gebiet nicht so viele weltpolitische und religiöse Interessen kreuzen.' Als der iranisch-irakische Krieg beendet war, der Millionen junger Leben fortgetragen hatte, glaubte ich, das sei das letzte große Blutvergießen dort gewesen. Denn es hatte sich wieder einmal als vergeblich erwiesen, auch die modernsten Waffen brachten nicht den Sieg. Meine Hoffnung erfüllte sich nicht, die Amerikaner erhoben sich, um die Iraker zu schlagen, obwohl neunzig Prozent von ihnen nicht einmal genau wußte, wo das Land lag. Ebensowenig hatten sie damals gewußt, wo Vietnam war, trotzdem schickten sie Tausende dort in den Tod. Es war, als wollten sie sich am Irak für ihre Niederlage in Vietnam rächen. Warum sollten sie nicht siegen, wo sie doch so mächtige Waffen hatten? Die Generäle mit allen nur erdenklichen Sternen an den Epauletten machten sich begeistert auf den Fernsehbildschirmen breit, geradezu euphorisch, weil Amerika endlich einen Feind hatte, den man aus der Luft angreifen konnte. Mich packte das Entsetzen, als ich begriff, in was für einem Land ich da lebte.

Als ich einst in Amerika ankam, war es voll geistigem Schwung, die Studentenbewegung, die Hippies, die Anti-Vietnamkriegs-Demonstrationen. Meine ganz persönliche Beziehung dazu war die Gedichtsammlung von Ho Tschi Min, die kurz vor meiner Ankunft in Beirut in meiner Übersetzung erschienen war. In Berkeley trug ich wie die Studenten eine brennende Kerze und brüllte im Chor Verse aus diesem Band. Damals war ich wie ein Teil der amerikanischen Jugend, die das Diktat der gewaltsamen, monströsen Bewußtseinsmanipulation verworfen hatten, eine Weltauffassung, die überall nur Feinde sah, die Massen in kalte und wirkliche Kriege drängte, Milliarden von Dollars in Waffen aller Art und Kaliber steckte. Das Bild von Amerika aus jenen ersten Tagen des Exils ist tief in meinem Bewußtsein verankert. Ich glaubte an den Widerstandsgeist der sechziger und siebziger Jahre, er würde wieder erwachen, sobald die Posaunen zum nächsten Krieg geblasen und die Waffen aus den Depots geholt würden, um gegen einen fernen Feind zu ziehen. Wie konnte ich ahnen, daß dieser künstlich geschaffene Feind mein Land sein sollte. Kurz zuvor noch hatten sie Saddam Hussein gegen den Iran unterstützt. Ich konnte nicht glauben, daß das 'politisch korrekte' Amerika zulassen würde, daß die Generäle einfach ihren Job erledigten. Als tonnenweise amerikanische Bomben im Irak explodierten, hatte sich der Widerstandsgeist und der Wille zu universalen Werten längst verflüchtigt, das Amerika meiner Träume war verschwunden. Um mich herum entstand ein Vakuum, in meinem Kopf entstand ein Vakuum, ich lebte nicht mehr in einem anderen Land, ich lebte auf einem anderen Planeten. Welchen Sinn hatte ich nur früher in der Literatur sehen können, woher die Illusion, es sei wichtig, für das Schreiben zu leben? Ich konnte nicht lesen, nicht schlafen, jede Nachrichtensendung war ein Alptraum. Immer dieselbe Leier wurde dort angestimmt: Die Iraker seien keine Menschen, sondern Monster, eine Gefahr für die Welt, wir müssen noch mehr Flugzeuge schicken, noch mehr Bomben werfen, unsere Macht beweisen. Es wurden Bilder gezeigt, die amerikanische Piloten aufgenommen hatten. Sie machten aus ihren Flügen eine Todes-Show. Während des Fluges ließen sie eine Kamera hinaushängen, man konnte genau sehen, daß die Bomben nicht militärische, sondern zivile Ziele in irakischen Städten trafen. Man konnte Knaben rennen sehen und wie sie in der Explosion zerrissen wurden. Aber das interessierte niemand, eine Nation im Siegestaumel, auf den Plätzen feierte und grölte man. Mehrere Tage hintereinander wurde die Äußerung eines mächtigen Propagandisten gesendet, der behauptete, es mache zuviel Mühe, jeden Tag Flugzeuge rüber zu schicken. Es würde doch genügen und wäre viel effektiver und besser, wenn man gleich eine Atombombe wie in Hiroshima werfen und kurzerhand alles Leben vernichten würde. Keiner widersprach ihm oder erklärte ihn für verrückt. Ein berühmter General schlug in seiner TV-Show vor, alle bedeutenden Denkmäler im Irak zu zerstören und so das Wesen des Volkes zu töten. Das Massaker an den irakischen Soldaten, die ihre Waffen wegwarfen und aus Kuweit flohen, wurde als großer Sieg gefeiert. Für die irakischen Soldaten galt das Kriegsrecht nicht, auch nicht die Kriegsgefangenenkonventionen, nicht die Genfer Konvention, alle wurden gnadenlos umgebracht, abgeschossen im Wüstensand wie beim Tontaubenschießen. Die wunderschöne tausendjährige Stadt Basra wurde in eine Ruine verwandelt. Mehr als die Hälfte der Palmen, die mit ihren Früchten die Lebensgrundlage der Stadt bildeten, wurden von den Bomben geköpft. Amerika befreite ein paar stinkreiche Scheichs und machte für sich selbst den Weg zum Öl frei, wie viele dabei auf der Strecke blieben, war egal. Ja, ein paar Intellektuelle protestierten gegen den Krieg, ein

paar amerikanische Lyriker verfaßten Anti-Kriegsgedichte, aber ich war
entsetzt, als ich merkte, wie sie die Welt sahen. Mein Kollege Galway
Kinnel schrieb, für ihn sei auch der alte Goldschmied im berühmten Basar
von Bagdad ein menschliches Wesen. "Mann", schrie ich im Traum, "der
Basar von Bagdad ist über tausend Jahre alt, Goldschmiedehammer und
meißel, mit denen sie aus dem Kupfer Schüsseln, Tabletts und Backformen
treiben, das ist die schönste Musik des Orients, jedes so geschmiedete
Gefäß ist ein Kunstwerk. Du bildest dir zu viel auf deine Gnade ein, wenn
du ihm erlauben willst, ein menschliches Wesen zu sein. Dort haben
die Völker ihre Geschichte und Kultur gelebt, und ihr kauft seit Jahren
mit Dollars fremde Vergangenheiten ein und zeigt sie als eure eigene
her, mehr Anstand, als ihren Schöpfern Menschlichkeit zuzugestehen,
bringt ihr nicht auf. Von euren Piloten, die filmen, wie sie Kinder töten,
von denen, die solche Bilder anschließend im Fernsehen als Nervenkitzel
präsentieren, von denen könnt ihr sagen, es seien menschliche Wesen."

Mein persönlicher Verlust, daß der Tod meines Vaters die letzte Verbindung zur Heimat unterbrochen hatte, daß das Land, in dem ich lebte, sich
plötzlich in solch schrecklichen Dimensionen darstellte und mein nächtlicher Alptraum wurde, all das führte dazu, daß ich zu menschlichen Beziehungen nicht mehr fähig war, ich konnte keine Gefühle mehr zeigen.
Damals durchlebte ich Tage vollständiger Verbannung, nur daß ich nicht
wußte, wohin man mich verbannt hatte, wann und wie ich zurückkehren
konnte. Ich hielt mich von allen Menschen fern, auch von meinen Freunden, je ferner desto besser. In allen Gesichtern sah ich nichts als Heuchelei.
Selbst jene, die meine Ansicht teilten, wirkten auf mich wie Simulanten.
Ich mied sie gleichermaßen. Ich setzte mich ins Auto und fuhr über Stra-
ßen weit weg von San Fransisco, wollte so weit wie möglich fort von der
Stadt und Menschen. Aber jedesmal tauchte irgendwo die Polizei auf, mein
Aussehen machte mich verdächtig, und sobald sie per Computer meinen
Führerschein überprüften, war ich noch verdächtiger, weil geboren im Irak.

Ich konnte nur Bücher lesen, die stärker waren als der Druck, der auf
mir lastete. Und solche ließen sich nur schwer auftreiben. Am Ende studierte ich tagelang in irgendeinem Motel Dantes 'Inferno'.

Der einzige Zufluchtsort, an dem ich ein bißchen Ruhe fand, war ein
verlassener Ort an der Mole. Dort saß ich stundenlang, sah den Möwen
zu, lauschte den Wellen und überließ mich meinen Erinnerungen. Erneut

durchlebte ich die Kindheit in al Habbaniya, die Jugend in Kirkuk und Bagdad, ich hörte die Hämmer der Schmiede im Basar von Bagdad, erinnerte mich an die wunderbaren Menschen, die ich dort kennengelernt hatte, lief über die Tigrisbrücke zu Jabra Ibrahim, feierte mit meinen Freunden den Tag, an dem er uns die Honorare auszahlte.

Und wenn ich wegen des Regens zu Hause bleiben mußte, schloß ich mich in der Garage ein, in der ich schon früher oft gelesen und gemalt hatte, ließ die Rollos herab und setzte eine Sonnenbrille auf. Nichts von draußen sollte zu mir dringen. Besonders terrorisierte mich das Telefon, denn irgendjemand rief dauernd an und legte dann auf. Dunkle Mächte wollten die Iraker, die in Amerika lebten, um ihren Verstand bringen.

Die Belastung war zu groß für meine Lebensgefährtin Elke. Sie half mir, soviel sie konnte, unterstützte mich seelisch, schrieb mit großer Beharrlichkeit erschütternde Briefe an verschiedene Institutionen. Schließlich hatte sie selbst erfahren, was es bedeutet, ein ganzes Volk zu bestrafen. Sie hatte ihre Kindheit in Hamburg verbracht und dort die Bombenangriffe der Alliierten und den Hunger nach dem Zweiten Weltkrieg erlebt. Und dann erkrankte auch sie auf Grund ihrer schweren Arbeit. Mir wurde klar, daß es für sie und für mich besser wäre, wenn ich ginge. Zu meinem Glück traf eine Einladung aus Berlin ein. Dort fand ein Lyrik-Happening statt, und ich sagte mir: "Geh, vielleicht tut dir der Tapetenwechsel und Europa gut." Amerika war mir unerträglich geworden. Zufällig saß ich im Flugzeug dann neben einem jungen Soldaten lateinamerikanischer Abstammung, der am Golfkrieg teilgenommen hatte. Er erzählte mir, was ich schon wußte, daß es im Irak um die unbarmherzige Zerstörung von Land und Leuten gegangen sei, daß das eigentliche Ziel war. Der Zugang zum Öl reichte ihnen nicht, das hätte man schon im ersten Anlauf geschafft.

Ein Teil meiner amerikanischen Hölle trage ich mit mir herum, bis heute habe ich sie nicht ganz abgestreift. Es fiel mir schwer, wieder emotionale Beziehungen aufzubauen, ohne die meine dichterische Quelle versiegt. Zum Glück hatte ich in Paris und London genug gute Freunde, die mir nicht abnahmen, daß ich nicht mehr schreiben wollte. Sie wußten, daß ich Geld zum Überleben brauchte, überredeten mich, ein Essay zu diesem oder jenem Thema zu schreiben, zu übersetzen. Einladungen zu Lesungen und Vorträgen trafen aus verschiedenen arabischen Städten ein. Die schönste Überraschung erlebte ich während eines Festivals in Oman: In kleinen Wüstenstädtchen wie Abu Dhabi oder Dubai oder Sharjah kannte man meine Lyrik, meine Bücher hatten die Oasen der dortigen Beduinen erreicht. Selbst die Bewohner der Wüste schätzten meinen Beitrag zur arabischen Sprache und Kultur.

Dann bekam ich das Stipendium im Heinrich-Böll-Haus in Köln. Die dortige Atmosphäre sorgte für einen richtigen Schub in meinem poetischen Schaffen. Aufenthalte in Deutschland haben mir immer zur Ruhe und schöpferischen Kraft verholfen. In Schöppingen habe ich zum Beispiel im vorletzten Winter einen Band aus meiner Hippy-Zeit abgeschlossen, unter dem Titel 'Wenn du auf der Arche Noah einschläfst'. Letzten Sommer wurde er in Beirut gedruckt. Beirut hat trotz allem etwas von seiner offenen Tradition bewahrt, das Verlagswesen erholt sich, dort erscheinen Bücher, die in der ganzen arabischen Welt vertrieben werden. Ich schreibe viele Essays und übersetze Werke jener Autoren, die eine besondere Biographie haben, die zwischen zwei oder drei Kulturen gelebt haben. Es hilft mir, meine Lage als 'Heimatloser' nicht so tragisch zu nehmen. Wenn ich daran denke, daß ich einst zwei Heimatländer hatte und jetzt kein einziges! Zwei fremde Länder. Ja, der Fluch meiner Beiruter Liebe Bulbul – Gott gebe, daß du niemals Ruhe finden wirst – hat sich auf die schlimmste Weise erfüllt.

Die Rückkehr nach Amerika verschiebe ich von Mal zu Mal. Ich habe überhaupt keinen Bezug mehr zu dem Land. Ich glaube nicht, daß sich das noch mal ändern wird. Die Agonie des Irak setzt sich fort, ich sehe kein baldiges Ende, und Sinn hat das alles schon längst nicht mehr. Falls Sadam Hussein verschwände, würde die amerikanische Maschinerie, um ihre Existenz zu rechtfertigen, einen anderen Feind finden. Aber ich fürchte, auch das Land, aus dem ich stamme, wird verschwinden.

Letzten Sommer konnte ich mich bei meinem Aufenthalt in Jordanien davon überzeugen, daß sich das Volk dort trotz Diktatur, trotz Sanktionen und Bombenangriffen, trotz des alltäglichen Sterbens und Hungerns seinen gesunden Menschenverstand bewahrt hat, seine Menschlichkeit, die Solidarität und seinen Stolz. "Gewiß, Herr Clinton, eure Phantom-Kampfflugzeuge haben viele unserer Häuser und Städte zerstört, aber auf unseren Straßen und in unseren Bahnhöfen wohnen nicht Millionen Obdachloser wie in deinem Land. Bei dir werden ganze Familien in Friedenszeiten aus ihrer Wohnung geworfen, bei uns hat jeder trotz Bomben und Sanktionen ein Dach überm Kopf. Wen wundert's, daß ihr unseren Kindern das Recht auf medizinische Versorgung verwehrt, wenn in eurem Land nur die Privilegierten Zugang dazu haben. Was ist das für eine Gesellschaft? Millionen sitzen im Gefängnis, hausen in Ghettos und auf der Straße!? Was ist das für eine Gesellschaft, in der die Vollstreckung der Todesstrafe zum öffentlichen Spektakel wird? Wenn das eure Demokratie ist, die ihr uns um jeden Preis aufzwingen wollt, dann ist unsere Diktatur weitaus humaner."

(Ende März 1999)
Sargon: Deine Vesna Parun packt ihre Koffer wieder.
Safeta: Arme Dichterin, wenn sie wüßte, wie oft und in welchem Zusammenhang wir ihren Namen in diesem Winter erwähnt haben.
Sargon: Lebt sie noch?
Safeta: Keine Ahnung, ich werde jemand in Zagreb fragen. Willst du zum Abschied noch einen bosnischen Kaffee aus der Dzezva?
Sargon: Gern. Mmh, wie das duftet. Bei deinem Kaffee haben wir in ein paar Monaten unsere Leben noch einmal durchlebt. Vielleicht hätten wir unsere Gespräche doch aufnehmen sollen.
Safeta: Nein, wozu. Für mich war es so eine größere Herausforderung, aus den Erinnerungen ein Mosaik zu legen, ohne je zu wissen, wann die Steinchen ihren Platz finden würden. Es war eine großartige Erfahrung, Bruchstücke aus deinem Gedächtnis auf meine Art zu bearbeiten und zusammenzusetzen.
Sargon: Weißt du, daß ich dabei viel von dir gelernt habe?
Safeta: Und ich dachte, daß ich viel von dir lerne.
Sargon: Ich wollte verstehen, wie du die Erinnerung freilegst. Woher kommt das, daß du immer genau weißt, was du haben willst?
Safeta: Darüber spreche ich lieber nicht, denn darin liegt das Geheimnis, wie dieses Buch entstanden ist.
Sargon: Warum sollten wir das Geheimnis nicht verraten?
Safeta: Weil wir es vielleicht selbst nicht kennen. Das ist genauso, wie wenn du tagelang nach dem Vers oder dem Wort suchst, der oder das dem Gedicht

Vollkommenheit verleiht. Später glaubt der Leser, ein Wort hätte einfach das andere ergeben. Und du vergißt bald selbst, wieviel Mühe dich die Suche gekostet hat.

Nein, ernsthaft, es war keine im voraus fertige Methode, sondern etwas ganz anderes. Ach, das Wasser kocht über. Wir haben nicht viel Zeit, der Bus geht in einer halben Stunde.

Sargon: Und, wohin gehst du jetzt, mit deiner Dzezva im Gepäck?

Safeta: Zurück nach Wuppertal, dort wohnen meine Töchter. Ich habe beschlossen, daß ich da daheim bin, obwohl ich nur fünf, sechs Leute dort kenne.

Sargon: Wolltest du nicht nach Bosnien, du hast von einer Einladung nach Sarajevo erzählt.

Safeta: Ende April fahre ich in die Heimat. Da kommt nach einer Pause von zwölf Jahren wieder ein Buch von mir auf Bosnisch heraus, 'Seherezade u zemlji dugih zima'. Ein Kulturinstitut der Bosniaken, 'Preporod' (Wiedergeburt), hat mich eingeladen und eine Lesung und ein Treffen mit Studenten organisiert.

Sargon: Ist der Krieg dort wirklich zu Ende?

Safeta: Alle sagen, nein. Er wird nur mit anderen Mitteln geführt. Die Bosniaken müssen noch immer beweisen, daß sie ein Recht auf ihre Sprache und ihr Land haben. Mein Beitrag zu diesem Überlebenskampf ist es, in dieser Sprache Bücher zu schreiben.

Sargon: Hast du eine Wohnung in Sarajevo, ich würde dich gerne besuchen.

Safeta: Ich habe keine Wohnung, ich habe nichts, ich werde mal hier, mal dort wohnen.

Sargon: Und danach?

Safeta: Ich werde versuchen, abwechselnd in Bosnien und Deutschland zu arbeiten. Und du?

Sargon: Ich gehe erst nach Köln, dann vielleicht nach Berlin, zu Adonis, und dann nach Marokko. Dort gibt es jährlich eine Veranstaltung, die jeweils einem bekannten arabischen Autor gewidmet ist. Dieses Jahr haben sie mich eingeladen.

Safeta: Wieder hast du dein Versprechen vergessen. Das mit dem Armreif der Königin habe ich dir verziehen, aber ich hatte gehofft, einmal im goldenen Kleid durch die Straßen von Marrakesch zu spazieren.

Sargon: Nein, ich hab's nicht vergessen; wenn ich's versprochen hab, halt ich es auch. Aber später einmal. Dieses Frühjahr hab ich dort zuviel zu tun und zu viele Leute zu treffen, ich käme nicht dazu, dir alles in Marrakesch zu zeigen. Wir fahren als Touristen hin, ohne Verpflichtungen.

Safeta: Soll ich dir wieder dieses bosnische Sprichwort erzählen, Versprechen – leere.

Sargon: Nein, bitte nicht, Sprichwörter sind für Leute, die keine Träume mehr haben. Aber ich hab noch welche.

Safeta: Dabei hattest du gesagt, du hättest sie verloren. Wann hast du sie wiedergefunden?

Sargon: Ein kleiner Traum findet sich immer.

Safeta: Dann fahren wir vielleicht nach Marrakesch.

Sargon: Nicht vielleicht, ganz bestimmt.

Sargon Boulus: Who knows the Story

The century is almost over;
How did it start, when will it end,
against whom is this battle being
waged?

Since it began: From the first chapter
Before speech.

Those who stayed behind,
read the writing on the wall.

He who migrated, never found the
promised land.

Speak, what will you say?
Or don't speak, and just listen.
Listen to any voice that may reach
you.

Toss your old key into the ocean
as long as: no lock, neither a door,
nor a house.
Visit our forsaken land sometimes.
The magic ring you covet, is to be
found there.

The woman you sought after, to no
avail,
for so long, awaits you there, now.

Open your hands. Auction off your
heart. And
hear the story.

The day is coming; countless are the

signs
The people ask for bread. The tyrant
sees a dream
that defies interpretation.
The peddler of fatwas, purple-clothed
with the blood of sacrifice,
rips through the luxurious fabric of
your dreams
with a dagger of righteousness
beating his little tabla all through the
night
between your ears – his ultimate joy:
that your never sleep.
The deadlier your migraines, the
higher he soars.
It is a world clouded with mysteries.
Mysteries are embedded in words, but
what they tell is only one part of the
story.

The audience believed it.
The judge was suspicious of the details.
The scientist thoght it was a dance:
between the particles and monkeys and
trees.
Between the seed, the ant, and Mars
and the galaxies whose giant arms
embrance a cloud of dust.

Don't speak; what will you say.
Or speak, and listen
to whoever comes along.

The Chinese poet
dead more than a thousend
years ago, whispers in my ear;
'From this high tower,
I am startled to see
how ferocious is the storm.

The walled city looks empty
when the leaves fall'.
Li Dong

Maybe it's the wind, Master Li Dong,
reciting the story of the flood once more.

My tribe knows it well.
It knows its master and narrator.
It knows its heroes, those windmill
shadows
Don Quixote fought valiantly
once upon a time: today
the coughing of a sick child
without medicine behind the walls
of siege, is enough to make it fall.

My tribe. This page. This pen. This
wall.
It is the sap, Master. The sap rising
in the trunk of life and the tree.
No. It is the sea of silence, and this
tiny boat has a story.

My friend who died yesterday in exile
battling his final pain,
know the story from beginning to end
in a single moment of yearning.

Let the current take what it wants.
Let me remain in my place.
Give me this single moment, and let
me be:
I want to hear the story.[7]

Poetry reading

Charles Boyle reading with Sargon Boulus

Banipal held its first Arab-English evening for Arab poets at the Poetry Society in London last November. The Poetry Place basement venue was packed out and Banipal was urged to organise other such evenings.

Banipal's editor, Margaret Obank, introduced each pair of poets and readers, and the evening began with Australian-born poet and translator of Russian and Turkish poets Richard McKane powerfully reading the work of Amjad Nasser from Jordan. Palestinian poet Nathalie Handal, who writes in English, read several of her poems. British storyteller Fran Hazelton and Iraqi poet Hashim Shafiq then alternated, Fran reading one of Khaled Mattawa's translations followed by the Arabic original eloquently read by Hashim. In the second half of the evening, Fran Hazelton read the poems of Syrian poet Maram al-Massri who had been unable to attend (see pages 40-41). And, to complete the evening, Sargon Boulus, the Iraqi Assyrian poet who has lived in America since 1969, and British poet Charles Boyle read a selection of Sargon's work. These were topical poems, and Sargon delighted the enthusiastic audience with a very dramatic performance of his poems, especially of his latest, unpublished one, 'Who Knows the Story', reproduced below.

ST

Sargon Boulus   Who knows the story

Sargon Boulus: Who knows the story? Veröffentlich in: "Barnipal", Zeitschrift für moderne arabische Literatur. London: 1998

من يعرفُ القصّة

أوشك القرنُ هذا أن ينتهي
كيف بدأتْ، متى تنتهي. ضدَ من هذه المعركة

منذ بدأتْ، من أولَ الفصل. قبل الكلام.

من بقيوا، قرأوا الكتابةَ على الجدار.

من هاجرَ، لم يجد الأرضَ الموعودة.

تكلّمْ، ماذا ستقولُ.
أو لا تتكلّم، واصغِ الى الهدير.
إلى أيَ صوتٍ يأتيك من هناك.
آنذاك
يمكنك أن ترمي بمفتاحك في البحر
طالما: لا القفل في الباب، لا الباب
في البيت، لا البيت
هناك.

زُرْ أرضنا المنسيّة أحياناً.
زُرْ تاريخنا المهدّم: الخاتمُ الذي
تريدهُ، موجودٌ هناك.
المرأة التي عذّبك البحثُ عنها، تنتظرك هناك،
الآن.

٩

a-d: Who knows the story? Arabisches Original

235

إفتحْ يديك. ضعْ قلبَك في المزاد. واسمعِ القصةَ.

اليومُ أتِ. لا حصرَ للعلامات.
الشعبُ يطلبُ خبزاً. كلُ رغيفٍ رايةٌ للحداد.

التاريخُ: في حالة الهارب من مداهمة وشيكة.
السبّاحُ ماهرٌ، لكن التيار أقوى.

الحزنُ في مجراه العميق
يطفحُ حياً على ضفاف الصلوات.

بائعُ الفتاوى وخردوات اللاهوت
الأرجوانيّ الثياب من دماء القرابين
يعبرُ، خنجرَ التقوى، في نسيج أحلامك الباذخة
ويقرعُ طبلته المليئة بالريح
طوالَ الليل بين صدغيك، فنشوته الكبرى:
ألّا تنامَ، أو تستريح.

ضالّته: حجرٌ يسقطُ في بئر مخاوفك المهجورة.
في صداعك المزْمن: تَجلّيه.

العالمُ ظواهرُ ماديّةٌ لها أسرارها:

10

b

الأسرارُ خبيئةٌ في الكلمات

لكنها لا تروي سوى جزءاً من القصّة.

الجمهورُ صدّقها. القاضي ارتاب في

تفاصيلها. العالمُ ظنَّها رقصة:

بين الذرّات والأشجار والقرود. بين البذرة والنملة والمريخ

وأذرعة المجرّات التي تُعانقُ الغبار.

لا تتكلّم، ماذا ستقول.

أو تكلّمْ، واصغِ الى أيٍّ كان.

الشاعرُ الصينيُّ الميتُ منذ أكثر من ألف عام

يهمسُ في أذني:

«من هذا البرج العالي

يُدهشني أن أرى كم هوجاءُ هي العاصفة

المدينة المسوّرة تبدو خالية

عندما تسقط الأوراق».

لي دونغ

ربّما هي الريحُ يا سيّدي لي دونغ

جاءت لتسرد علينا، مرّة أخرى، قصّة الطوفان.

11

c

قبيلتي تعرفُها جيداً، جيلاً بعد جيل-
تعرفُ من سيَدها
ومن راويها، تعرف ان أبطالها
أطيافُ طواحينٍ حاربها دون كيخوته
بضراوة ذات يوم: اليومَ تكفي
سَعْلَةُ طفلٍ مريض خلفَ
جُدران الحصار، لتنهار.

قبيلتي: هذه الصفحة. هذا القلم. هذا الجدار.

إنَه النسغُ الصاعد يا سيَدي
في جذع الحياة والشجرة.
لا. إنه بحرُ الصمت. وهذا
القاربُ الصغيرُ له قصَة.

صديقي الذي مات بالأمس في المنفى
وهو يصارعُ الألمَ الأخير
عرف القصَة من أولها الى آخرها
في لحظة حنينٍ واحدة.

دع التيَار يأخذ ما يريد. دعني أبقَ في مكاني.
إعطني هذه اللحظة، ودعني.
أريدُ أن أسمعَ القصَة.

12

d

Safeta Obhodjas: Schweigen

Diesmal begriff sie: Nein, auch in dieser Stadt, deren En-
den eine rumpelnde, hängende Bahn verbindet, gab es kein
Zimmer, kein Kellerloch, in dem sie sich mit ihren Alpträu-
men verkriechen könnte. Ihr Status sei völlig klar: Mit der
Bürgschaftserklärung erklärten ihre Angehörigen, daß sie
für Unterbringung und Unterhalt aufkommen würden. Der
Beamte in der Ausländerbehörde konnte nicht verstehen,
was sie von ihm wollte. Schließlich habe sie wesentlich
mehr Glück als viele andere Flüchtlinge, die noch immer
in Containern oder sogar in Turnhallen lebten, auf zehn,
mit Paravents abgegrenzten Quadratmetern. Sie bewohne
bei ihren Verwandten immerhin ein eigenes Zimmer, und
niemand wolle sie vertreiben. Der Beamte hatte anfangs
ruhig gesprochen, wurde aber plötzlich ausfällig, schnick-
te ungeduldig mit den Händen und wiederholte, puterrot:
"Verschwinde, verschwinde!"

Aischa bemühte ihre Fähigkeit, unangenehme Situationen von
ihrer grotesken Seite zu nehmen, und versuchte die Tränen
mit einem Lächeln zu überspielen: "Aber mein Herr, so ein
roter Kopf steht Ihnen gar nicht."

Es mißlang, das Grinsen geriet zur weinerlichen Grimasse,
und der in der fremden Sprache hervorgestoßene Satz wirk-
te allzu gewöhnlich.

'Mir bleibt nur derselbe Weg zurück, auf daß ich in meinem
Glück schwelge!' dachte sie beim Verlassen der Schwe-
bebahn. Sie überquerte die Brücke und die mit Autos ver-
stopfte Kreuzung. Wunderlich war das Leben in diesem rei-
chen, konsumorientierten Land. Die Straßen waren Aborte
für dicke Haushunde und die Automobile Rüstungen, in de-

nen die Menschen herumfuhren. Die Leute bestanden nicht mehr aus Fleisch und Blut, ihr Lachen suchte nicht das Lachen der anderen, sondern sie bugsierten ihre blechgepanzerten Körpermassen auf vier Gummirädern durch die Stadt, mehr oder weniger geladen vor Wut, wenn andere Panzer sie in ihrem Hasten störten.

Diese wenig willkommenen, spöttischen Gedanken gingen Aischa durch den Sinn, während sie mit dem Bus durch den Vorort fuhr. Die Straße führte an zweistöckigen Häusern vorbei, versteckt im dichten Grün, und war wie immer öde und leer, ohne den Widerhall menschlicher Schritte, ohne Stimmen, bedeckt mit Hundedreck und verwelkten Blütenblättern von den Rosen in den Vorgärten.

Dort, in einer Vierzimmerwohnung auf zwei Ebenen mit Garten und rundum verglaster Terrasse, lebte die Familie ihrer Tante Maida. Mittag war vorbei, und so hoffte sie ihr rundliches Tantchen in sanfter Stimmung neben einer halbleeren Sektflasche anzutreffen. Leider erfüllte sich die Hoffnung nicht, die dämpfende Wirkung war diesmal ausgeblieben und die Tante auf dem Gipfel der Verzweiflung. Trotz unzähliger Versuche schaffte sie es nicht, ihren Mann zu noch einem Urlaub zu überreden, diesmal auf Mallorca, und da fuhren doch alle Leute hin, die etwas auf sich hielten. Die durchwachte Nacht, Tränen, Verzweiflung, all das spiegelte sich im Gesicht der Tante. Aischa hatte Mitleid, öffnete rasch eine Flasche mit dem schäumenden Getränk und reichte der betrübten Tante ein Glas. Bald schon bereute sie es, denn der Sekt verscheuchte die Verzweiflung und weckte die Bereitschaft, weiter für eine Handvoll Sand auf Mallorca zu kämpfen. Aischa verzog sich in ihr Kämmerlein und übte den deutschen Satzbau.

Am späten Nachmittag geschah etwas, das sie in ihren kühnsten Träumen nicht erwartet hätte. Markus brachte eine freudige Nachricht. Sie war ein paarmal mit ihm ausgegangen, er hielt ihre gelegentlichen Streifzüge durch Fußgängerzonen und das Herumhocken in zwei, drei belanglosen

Discos für etwas Ernstes und kam mit seinem hundert Pfer-
de starken Motor angefegt, um ihr die Einladung zu seinen
Eltern zu übermitteln. Sie wollten das Mädchen, mit dem
er ausging, kennenlernen und baten sie für den nächsten
Samstag zum gemeinsamen Lachsessen auf die Terrasse ih-
res Hauses.

Sie überlegte ein, zwei Augenblicke lang, wandte sich kurz ab,
um ihr spöttisches Lächeln zu verstecken. "Werden zum
Lachs auch Dias vom Sommerurlaub gereicht?" Unschul-
dig klapperte sie mit den Augenlidern, während sie Mar-
kus dabei zusah, wie er seine Brille sorgfältig reinigte. Er
blickte hoch, ahnte, daß sie sich wieder einmal über ihn
lustig machte. Gern hätte er ihre Absichten durchschaut,
fragte er sich doch, warum sich diese ungewöhnliche jun-
ge Frau aus einem fernen orientalisch-bosnischen Kaff we-
der für seine Motoren begeistern konnte noch für seine Ge-
schichten vom Urlaub und seine Beteuerungen, daß er sie
als seine 'Freundin' wollte, ignorierte.

"Weißt du, meine liebe Tante serviert ihren Gästen zum Grill-
würstchen immer halbnackte Familienmitglieder auf Dias
oder Filmchen von ihren ach so aufregenden Ausflügen in
die Welt. – Aber ich werde zu euch kommen; vielleicht hat
deine Familie ja interessantere Ärsche", fügte sie in ihrer
Sprache hinzu.

"Pardon?" fragte er, entnervt, weil er den Kern ihrer Aussage
in dem fremdländischen, ihm unverständlichen Satz vermu-
tete.

"Mausilein, ich freue mich über die Einladung und nehme sie
an", sagte sie ernsthaft. "Meine Tante ist nur eine übersät-
tigte Provinzlerin, die den Hals nicht vollkriegt. Ich habe
noch gar nichts von dem kennengelernt, was sich deutsche
Kultur nennt. Vielleicht finde ich bei euch etwas davon."

"Wie bitte?!"

241

*"Mein lieber Motorradheld, warte bis ich deine Sprache be-
herrsche, dann werde ich es dir erklären. Hoffentlich ver-
stehst du es."*

*An diesem Abend ließ es sich nicht vermeiden, daß sie im Kreis
ihrer Verwandten speiste mit Unmengen von Würstchen
und Koteletts, Salat und Bier und einer fröhlichen Tante in
weiten, bunten Hosen und einem roten Tuch um den Hals.
Ihr Eugen konnte es nicht fassen, am Morgen hatte er ein
heulendes Eheweib zurückgelassen, und jetzt empfing ihn
seine Gattin, als hätten sie sich in der Frühe außer der
Reihe geliebt.*

*Die Tante war stolz auf die anheimelnde Atmosphäre, die sie
geschaffen hatte, und ihrem Männchen behagte es. Ah-
nungslos mampfte es Würstchen mit großen Bissen und
tunkte den Schnauzer in die Schaumkrone auf seinem
frischgezapften Bier. Die Kinder erwarteten derweil mit
Spannung die schicksalsträchtige Entscheidung: Würde
Mutters Mallorca siegen oder Vater den neuen Fernseher mit kinoähnlichem Bildschirm durchsetzen? Sie hätten gern das eine wie das andere gehabt und hofften, Papa
würde einen Kredit aufnehmen und beides bezahlen.*

*Das Gefecht begann mit der dritten Würstchenrunde auf dem
Grill. Minutenlang lauschte Aischa diesen vollgefressenen
Leuten, wie sie sich stritten und gegenseitig als Egoisten
beschimpften.*

*"Darf ich etwas sagen?" fragte sie, als ihr das Gezeter der
Tante fast das Trommelfell zerriß und Eugen aussah, als
wolle er aus der Haut fahren.*

Beide verstummten und wandten sich ihr zu.

*"Ihr wart schon im Urlaub, und einen Fernseher habt ihr auch.
Mit dem Geld könntet ihr eure Verwandten ernähren, die
sich irgendwie in Sarajevo durchschlagen. Es würde sogar noch was übrigbleiben. Und sie müßten nicht Hungers
sterben."*

Sie starrten sie an, zuerst erstaunt, und dann kochte im Nu ihr Zorn hoch.

"Du undankbares Ding!" kreischte die Tante. "Mußt du uns jedesmal die Stimmung verderben mit deinem Hunger in Sarajevo. Uns hängen deine Geschichten und dein Bosnien zum Hals raus, immer nur Hunger und Hunger und Tod. Geh in dein Zimmer, ich mag dich nicht mehr sehen! Das hat man nun davon, füttere einen Welpen und er wird dich auffressen!"

"Ich halt dieses Gespenst mit seinen hungrig aufgerissenen Augen nicht mehr aus", stöhnte Onkel Eugen. "Bin ich ihr etwas schuldig, hab ich ihr was getan?! Wenn es da unten wirklich so schlimm wär' wie sie's erzählt, wären die doch alle längst krepiert. Maida, da hast du uns einen richtigen Mühlstein um den Hals gehängt."

In der nächsten Woche nahm sich Aischa vor, Markus nicht mehr auszulachen. Sie dachte nicht daran, seine 'Freundin' zu werden, aber sie redete sich gut zu, daß er durchaus etwas Aufmerksamkeit verdiene. Eingesperrt in ihr Zimmerchen bereitete sie sich gehörig auf die Begegnung mit seinen Eltern vor. Diese wußten vermutlich, daß sie aus Bosnien kam, vielleicht hatten sie sie gerade deshalb eingeladen und wollten von einer Überlebenden wissen, was dort wirklich geschah.

Stundenlang saß sie am Tisch und versuchte, auf Deutsch zu schreiben. Dann lernte sie das Geschriebene auswendig. Sie freute sich, daß sie sich konzentrieren konnte. Nicht einmal das Gejodel aus dem Wohnzimmer störte sie; die Tante feierte ihren Erfolg, hatte sie dem Gatten doch Mallorca abgerungen.

Markus wunderte sich über Aischas neue Sanftmut. Ohnehin hatte er nicht so recht gewußt, wie er diese schönäugige Wildkatze aus Bosnien seinen Eltern vorstellen sollte. Aber jetzt, seit sie mehr Deutsch als Englisch sprach und ihr spöttisches Grinsen und die Ausrufe in ihrer eigenen

Sprache bleiben ließ, sah sie richtig intelligent aus. Und den Eltern gegenüber konnte er sich damit brüsten, daß sie dank seiner so schnell Deutsch gelernt hatte.

Ihr bangte vor der Begegnung, aber zu ihrer großen Erleichterung wurde sie nicht gefragt, ob ihre Muttersprache arabisch und ihre Eltern Kommunisten seien. Als erstes sollte sie das Haus besichtigen, und sie guckte in alle Zimmer, ohne daß es sie wirklich wahrnahm, was sie sah. Ihr fiel nur auf, daß die Wände vollgehängt waren mit Fotos und Stilleben in Öl, mit Hirschgeweihen und in Metall getriebenen Reliefs. Dann führte man sie in den Garten, zeigte ihr alles, vom Vogelhäuschen bis zum Rasensprenger. Sie schaute sich brav alles an, begriff aber nicht, wozu und warum und was sie dazu sagen sollte. Dann trafen ein dicker, verschmitzter Onkel mit Ehefrau und eleganter Tante in beigem Kostüm ein. Sie hatten keine Zeit, um von ihr richtig Notiz zu nehmen; sie begannen augenblicklich mit dem Rassehündchen zu spielen, das ihnen um die Beine hüpfte. Bis zum Mittagessen stand das süße Vieh im Mittelpunkt, auch diskutierte man Pläne für einen Springbrunnen, der im Hof gebaut werden sollte. Markus' Mama war unangenehm überrascht, weil sie sich nicht für den kleinen Hund interessierte, er war doch so goldig und niedlich. Es war klar, daß ihr das bei der Frau ein dickes Minus eintrug.

Markus' Vater, ein großer Mann mit Glatze und würdigem Betragen, servierte den Aperitif; dann wurden alle zu Tisch gebeten. Aischa mußte sich zum Hinsetzen regelrecht zwingen, sie schüttelte Markus' Hand ab.

"Sie sind aus Jugoslawien?" zeigte der Onkel unvermittelt Interesse an ihr. Er sah ihr nicht in die Augen und schmunzelte. "Ich bin dort in Urlaub gewesen, auf Hvar. Uh, die haben ausgezeichnete Weine."

"Ich bin nicht aus Jugoslawien, ich bin aus Bosnien, aus der Umgebung von Sarajevo", sagte sie leise, um korrekte Grammatik bemüht.

"Ja, ja. Ich habe gehört, daß da jetzt Krieg ist. Schade, war ein schönes Land. Weine gab's da! Und Mädchen! Nirgends hab ich so viele nette Mädchen gesehen. Krieg, wozu nur Krieg?!"

"Das weiß ich nicht, mein Herr, ich bin aus Bosnien. Dort herrscht kein Krieg, dort soll ein Volk vernichtet werden."

Das Gespräch wurde von entzückten Ausrufen unterbrochen. Markus' Mama und die Haushaltshilfe stellten Platten mit Lachs, Beilagen und Salaten auf den Tisch.

Teller und Mäuler waren voll, keiner hatte Zeit zum Reden. Man hielt nur einen Moment inne, um das Glas zu erheben.

"Bist du allein hier in Deutschland oder mit deiner Familie?" fragte Markus' Mutter, als der erste Hunger gestillt war.

"Ich bin allein", antwortete sie rasch, sie versuchte, sich an die auswendig gelernten Sätze zu halten. "Ich bin die einzige aus meiner Familie, die noch lebt." Ihre Stimme zitterte, sie starrte in die Schnittblumen auf dem Tisch, um die Beherrschung nicht zu verlieren. "Wir wohnten in einem kleinen Ort bei Sarajevo. Der Ort war mehrheitlich muslimisch, lauter Neubauten und eine alte Moschee. Zunächst hielten sie uns wie in einem Lager, dann sagten sie, wir könnten nach Sarajevo gehen. Wir liefen über eine Brücke, da haben sie geschossen. Mutter und Schwester fielen auf mich. Später kamen die Blauhelme und zogen die Überlebenden heraus. Sie wollten nicht kommen, solange wir lebten. Erst nachdem sie uns getötet hatten."

Auf den Gesichtern ringsum Nichtverstehen und Ungläubigkeit.

"Ja", sagte der Onkel, "ich hörte, daß es im Zweiten Weltkrieg in Kroatien ein großes Konzentrationslager gab, das habe ich irgendwo gelesen. Jasenovac, nicht?"

"Woher kannst du so gut Deutsch?" fragte die Tante. "Hast du zu Hause die Schule besucht?"

*"Ja, ich habe in Sarajevo Architektur studiert und Englisch ge-
lernt. Ich hatte eine Freundin, die studierte Musik", sie bemerkte den grammatischen Schnitzer und seufzte tief. "Ich
weiß nicht mal, ob sie noch lebt. Sie hat so schön gesungen,
Sevdalinken genauso gut wie Opernarien. Noch heute höre
ich nachts ihre Stimme."*

*"Ach, bin ich dumm! Tante Else, bin ich dumm!" rief da Mar-
kus' Mutter und sprang auf. "Ich habe ganz vergessen, dir
das Bild aus Wien zu zeigen. Weißt du, wir waren in dem
Schloß, in dem sie diese Fernsehserie drehen, und wir haben uns mit Karel Gott fotografieren lassen, stell' dir vor,
er hat mir ein Autogramm für die liebe Tante Else gegeben! Marietta und ich, wir haben wie die Backfische zwei
Stunden vor dem Schloß gewartet."*

*Aischa verbrachte die Nacht im Krankenhaus, völlig benom-
men. Am nächsten Morgen, nachdem die Nebel von den
Beruhigungsmitteln zerstoben waren, versuchte man ihr zu
erklären, daß sie Markus' Mama mit der Meerrettichsah-
ne, Tante Else mit Gemüsebrocken beworfen hätte, löffel-
weise. Und dazu in ihrer Sprache herumschrie. Sie redeten
auf sie ein, konnten ihr aber nicht ein einziges Wort ent-
locken. Inzwischen ist sie eineinhalb Monate in der Klinik,
und alle nennen sie die stumme Bosnierin. Eine Kranken-
schwester behauptet, daß sie sich tagsüber ganz normal
benimmt, liest oder schreibt, sich nachts aber niemals zudeckt. Jeder wüßte gern warum. Aber sie will und kann ihnen nicht erklären, daß jede Decke wie ein Alptraum auf
ihr lastet; wenn sie sich zudeckt, träumt sie unaufhörlich,
daß ihre Toten über ihr, der Lebenden, liegen.*[8]

Anmerkungen

1. Erstveröffentlichung in: Die Horen, I/1998 (übersetzt von Khalid al Maaly und Heribert Becker)
2. Meša Selimović, Der Derwisch und der Tod. Übersetzt von Milo Dor. Salzburg: Otto Müller Verlag 1994, S. 317
3. Safeta Obhođaš: Scheherezade im Winterland. Aus dem Bosnischen von Brigitte Kleidt. Ratingen: Melina 1998, S. 57f
4. Erstveröffentlichung in: BANIPAL, Magazine of modern arab literature. No. 1, February 1998 (englische Fassung von Boulus)
5. Safeta Obhođaš: Rache und Illusion. Ein bosnisches Gastmahl. Aus dem Bosnischen von Brigitte Kleidt. Ratingen: Melina Verlag 1996. S. 272
6. Erstveröffentlichung in: BANIPAL, Magazine of modern arab literature. No. 1, February 1998 (englische Fassung von Boulus)
7. Erstveröffentlichung in: BANIPAL, No. 4, Spring 1999 (englische Fassung von Boulus)
8. Erstveröffentlichung in: Behar, Časopis za kulturu i društvena pitanja. Broj 14-15, IX-XII, Zagreb 1994

SAFETA OBHODJAS ist eine von vielen bosnischen Schriftstellern und Intellektuellen, die wegen der sogenannten "ethnischen Säuberung", welche in ihrer Heimat zwischen '92 – '95 stattgefunden hatte, die Rettung im Exil suchen mußten. Sie wurde 1951 in Pale, in der Nähe von Sarajevo, in einer bosnisch-muslimischen Familie geboren. Sie hat in Sarajevo studiert und gearbeitet und hat mit ihrer Familie zusammen in Pale gelebt. Zwischen 1980 – 92 hat sie mehrere Hörspiele, Erzählungen und das Buch "Die Frau und das Geheimnis" veröffentlicht. Im Jahr '92 wurde sie mit ihrer Familie aus ihrer Heimat vertrieben. Seitdem lebt sie in Deutschland, in Wuppertal (NRW).

Sie war die erste bosnische Schriftstellerin, die sich in ihrer Prosa mit der Herausforderung der Moderne auseinandergesetzt hat. Schwerpunkt ihres literarischen Werks war die Situation der Frauen in dieser kulturell- und religionskomplexen Gesellschaft. Ihre präzisen und neutralen Beobachtungen der Ereignisse und Menschenschicksale hat sie mit Hilfe von Humor und Ironie in ein fließendes Erzählen verwandelt, wobei die Spannung nie nachläßt.

In der deutschen Übersetzung sind von 1996 – 1998 ihre Romane "Hana", "Rache und Illusion – ein bosnisches Gastmahl", "Scheherzade im Winterland" und Erzählungen "Das Geheimnis – die Frau" im Melina Verlag Ratingen erschienen.

SARGON BOULUS ist ein Vertreter der Generation irakischer Schriftsteller, die seit Jahrzehnten im Exil leben. Er wurde 1944 im Nord-Irak in einer assyrisch- christlichen Familie geboren. Schon 1967 verließ er, zu Fuß, ohne Geld und ohne Papiere, seine Heimat und lebte zunächst in Beirut, wo er Mitherausgeber der Literaturzeitschrift Shi'r war. Zwei Jahre später wanderte er nach San Francisco aus, dort lebt er bis heute, unterbrochen von längeren Auslandsaufenthalten in Griechenland und Deutschland, unter anderem als Stipendiat der Heinrich Böll-Stifung und der Stiftung Künstlerdorf Schöppingen.

Schwerpunkt seines literarischen Schaffens ist die Lyrik, er ist aber auch Autor von Kurzgeschichten und Übersetzer englischsprachiger Poesie. In seinen Gedichten hat Sargon Boulus eine in der arabischen Poesie einmalige Diktion mit starken erzählerischen Elementen entwickelt.

Auf Deutsch erschienen die Erzählungen "Ein unbewohnter Raum" bei Edition Orient, Berlin 1996, und der Gedichtband "Zeugen am Ufer" im Verlag Das arabische Buch, Berlin 1997. Zuletzt erschien in englischer Sprache 1998 der Band "If you were sleeping in Noah's Ark". Auch seine Gedichte sind in die Anthologie "Die Farbe der Ferne. Moderne arabische Lyrik" im C.H.Beck Verlag München eingegangen.

Christentum und Islam im Dialog
Christian – Muslim Relations

herausgegeben von
Prof. Dr. Andreas Feldtkeller
(Humboldt-Universität Berlin),
Prof. Dr. Klaus Hock (Universität Rostock),
Dr. Tarek Mitri (World Council of Churches, Genf)
und Prof. Jorgen S. Nielson
(University of Birmingham)

Barbara Bürkert-Engel
Charles de Foucauld: Christliche Präsenz unter Muslimen
Analyse und kritische Auseinandersetzung mit einer Islamrezeption in Biographie und Nachlass
Die Studie zu Charles de Foucauld (1858–1916) analysiert parallel zum biographischen Werdegang die Entwicklung seines Islam-Verständnisses und die verschiedenen theologischen Ansätze, mit denen er über 15 Jahre des Zusammenlebens mit algerischen Tuareg zu deuten suchte. Die Widersprüchlichkeit seiner Zugänge zum Islam ist ebenso Thema der kritischen Auseinandersetzung wie einzelne innovative Motive der Inkulturation im Rahmen einer Missionsmethodologie, die ideologische Verstrickung des weißen marabout und Mönch-Missionars in das Zeitalter des Kolonialismus und seine Rezeptions- und Wirkungsgeschichte im maghrebinischen und frankophonen Raum.
Die wissenschaftliche Foucauldforschung öffnet sich mit dieser Arbeit auch einer deutschsprachigen Leserschaft und bezieht neben der umfangreichen Briefliteratur zum ersten Mal auch systematisch seine linguistischen Studien und alle arabischen Textfragmente mit ein.
Bd. 1, 2000, 376 S., 25,90 EUR, br., ISBN 3-8258-4873-6

Augsburger Schriften zu Theologie und Philosophie

herausgegeben von
Prof. Dr. Hanspeter Heinz,
Prof. Dr. Klaus Kienzler
und Prof. Dr. Klaus Mainzer
(Universität Augsburg)

Klaus Kienzler; Gerda Riedl;
Markus Schiefer Ferrari (Hrsg.)
Islam und Christentum
Religion im Gespräch
Der vorliegende Band "Islam und Christentum.
Religion im Gespräch" ist Ergebnis einer von der Katholisch-Theologischen Fakultät der Universität Augsburg im November 2000 veranstalteten Tagung. Fachleute verschiedener Fakultäten und Organisationen sowie Vertreter des Islam erörtern kulturelle und religiöse Probleme im Zusammenleben von Muslimen und Christen in der Bundesrepublik Deutschland. Gemeinsam suchen sie Zugänge zu religiösem Verständnis sowie zur rechtlichen Positionierung der beiden Religionen. Einen aktuellen Schwerpunkt bildet dabei die Frage nach dem islamischen Religionsunterricht an staatlichen Schulen. Doch auch theologische Berührungspunkte und die Lebenssituation der Muslime kommen ausgiebig zur Sprache.
Bd. 1, 2001, 216 S., 20,90 EUR, br., ISBN 3-8258-5569-4

Yearbook of the Sociology of Islam
edited by Helmut Buchholt and Georg Stauth

Georg Stauth (ed.)
Islam – Motor or Challenge of Modernity
Bd. 1, 1998, 224 S., 24,90 EUR, br., ISBN 3-8258-3276-7

Helmut Buchholt; Georg Stauth (eds)
Investigating the South-South Dimension of Modernity and Islam
Circulating Visions and Ideas, Intellectual Figures, Locations
Bd. 2, 2000, 240 S., 24,90 EUR, br., ISBN 3-8258-4583-4

Armando Salvatore (ed.)
Muslim Traditions and Modern Techniques of Power
This volume deals with historical and contemporary articulations of the relation of tension between the civilizing impetus of Muslim traditions, and modern forms, fields and techniques of power. These techniques are associated with the process of state-building, as well as with the related constraints of disciplining, normative cohesion, control of the territory and monitored social differentiation. The contributions conceptualize Muslim traditions as deriving their legitimacy, authority, as well as normative and organizing power from being embedded in the discourses and institutions of Islam, which constitute one major center within world history, by now also encompassing Muslim communities within Western societies.
Bd. 3, 2001, 336 S., 30,90 EUR, br., ISBN 3-8258-4801-9

LIT Verlag Münster – Hamburg – Berlin – London
Grevener Str. 179 48159 Münster
Tel.: 0251 – 23 50 91 – Fax: 0251 – 23 19 72
e-Mail: vertrieb@lit-verlag.de – http://www.lit-verlag.de

Preise: unv. PE